LITERATUR
REISEN Wege
Orte
Texte

Literaturreisen
Die Donau
von Passau bis Wien

Susanne Schaber

Ernst Klett Verlag für Wissen und Bildung
Stuttgart • Dresden

Herausgeber der Reihe Literaturreisen: Jürgen Wolff

1. Auflage 1993
Alle Rechte vorbehalten
© Ernst Klett Verlag für Wissen
und Bildung GmbH, Stuttgart 1993
Karten: Günther Bosch, Stuttgart
Druck:Druckerei Auer GmbH, Donauwörth
Einbandgestaltung: Eckart Roese, Stuttgart

 Gedruckt auf Papier,
das aus chlorfrei gebleichtem Zellstoff
hergestellt wurde.

Die Deutsche Bibliothek – CIP-Einheitsaufnahme

Literaturreisen Die Donau von Passau bis Wien /
Susanne Schaber. – 1. Auf. – Stuttgart ; Dresden :
Klett Verlag für Wissen und Bildung, 1993
(Literaturreisen – Wege, Orte, Texte)
ISBN 3-12-895240-X
NE: Schaber, Susanne

Inhalt

Vorwort

„Wer das Dichten will verstehen
Muß ins Land der Dichtung gehen;
Wer den Dichter will verstehen
Muß in Dichters Lande gehen."
J. W. v. *Goethe, Noten und Abhandlungen zu*
besserem Verständnis des West-Östlichen Divans

Kein leichtes Unterfangen, einen Literaturreisen-Band über die Donau zu schreiben und der Flut an Reisebeschreibungen, die sich auf diesem Terrain seit Jahrhunderten tummeln, eine weitere hinzuzufügen. In der Hoffnung, eine Facette aufzuspüren, die sich zwischen tausend anderen behaupten kann? Trotzdem: Unterwegs in Dichters Lande – und zugleich im Land der Dichtung, unterwegs an der Donau zwischen Passau und Wien.

Um die Dichter besser zu verstehen, die dort geboren worden sind und gelebt haben, um sich an den Kuriositäten zu ergötzen, die man in den skurrilsten Literaturgedenkstätten als Heiligtümer hortet oder ganz einfach einen Zugang zu finden zu einer Landschaft, die sich auf vielfältige Weise als Nährboden für eine ganze Reihe von größeren und kleineren Werken der Weltliteratur bewährt hat?

Immerhin: Ein „melodischer Strom" ist der „Ister" allemal. Ein Fluß, an dessen Ufern Götter wohnen, darauf wartend, von den Menschen aufgestöbert zu werden in einer Zeit, da sich die Poesie des Herzens und die Versöhnung wieder zu ihrem Recht verhelfen. So jedenfalls will es Friedrich Hölderlin.

Er ist einer der prominentesten Dichter – so man in solchen Kategorien denken mag –, für die die Donau Inspiration und Metapher bedeutet hat. Doch neben ihm stehen eine ganze Reihe anderer. Zu Wort kommen können in diesem Band natürlich nicht alle. Das Buch versteht sich vielmehr als kursorischer Streifzug durch die Literaturgeschichte, als Gang durch die Epochen, als Spaziergang quer durch die verschiedensten Stilrichtungen: als Anregung, eine Landschaft auch literarisch neu zu entdecken.

Wien, im Juni 1992   Susanne Schaber

I. Passau und Umgebung

Literarische Stationen:
PASSAU: Nibelungenlied, Hans Carossa, Reiner Kunze
ZWICKLEDT: Alfred Kubin, Ernst Jünger, Hans Carossa
LACKENHÄUSER: Adalbert Stifter, Hermann Lenz, Reiner Kunze
OBERPLAN: Adalbert Stifter

Entfernungen (Orientierungswerte):
Passau–Zwickledt: 10 km; Passau–Lackenhäuser: 46 km; Lackenhäuser–
Oberplan (Horni Planá): 80 km; Oberplan (Horni Planá)–Passau: 94 km

„Sie entspringt im Schwarzwald
von Ulm an ist sie schiffbar
in Passau vereinigt sie sich
mit Inn und Ilz."
Franz Tumler, Sätze von der Donau, S. 11

Die Nibelungenstadt Passau

Passau und seine drei Flüsse: Kaum jemand, der bei dieser Stadt nicht gleich an den Übermut der Natur denkt, hier drei relativ bedeutende Ströme münden zu lassen. Ilz und Inn vereinigen sich mit der Donau, um sich dann mit gebündelter Kraft bis ans Schwarze Meer durchzuschlagen. Passau lebt von dieser geographisch außergewöhnlichen Lage: Sie ist es, die das Stadtbild prägt und Schaulustige an die Flußufer treibt. Schon Ludwig Bechstein, der als Dichter und Märchensammler gleichermaßen bekannt ist, war von den drei Flüssen fasziniert, wie dem Bericht von seiner „Donau-Reise", 1838/39 erschienen, zu entnehmen ist:

Blick auf Passau, um 1840

Die Stadt zerfällt in das eigentliche Passau, die Innstadt, Bojodurum der Römer, von dem Alpenstrome Inn, der hier aus reizenden Thälern des Hochgebirgs seine gewaltige Wassermasse der Donau zuwälzt; die Ilzstadt, von der Ilz, die vom linken Ufer einfällt, und dem stark befestigten Anger, neben dessen Fortificationen auch noch die alten Bergfesten Oberhaus und Unterhaus am linken Ufer schirmend Wache halten. Erstere – jetzt ein bayerisches Staatsgefängnis, wo manches brave deutsche Herz der Stunde der Befreiung entgegenschlägt, – weckt wohl in Manchem ein bitteres Gefühl. – Prächtig ist der Blick auf die Innmündung; denn ihr Strom fluthet noch breiter daher, als die Donau, die ihn aber an Tiefe übertrifft; die Donau-Brücke aber ist von Stein, hat der Pfeiler zwölf und mißt 760 Fuß. Obschon Passau nicht arm ist an Sehenswürdigkeiten der Kunst und des Gewerbefleißes, so ist doch ungleich lohnender die Naturanschauung in seiner nahen Umgebung.
(Ludwig Bechstein, Die Donau-Reise, S. 44)

Auch heute noch kann man Bechsteins Beschreibung glauben. Trotzdem wird sich der Literaturfreund nicht mit der bloßen Betrachtung der drei Flüsse begnügen müssen. Passau ist eine Stadt, die nicht nur in literarischer Hinsicht einiges zu bieten hat, sondern auch, wie Bechstein schon bemerkt hat, mit einer herrlichen Umgebung aufwarten kann: Besonders der Sauwald, der Bayrische Wald und der Böhmische Wald laden ein.

Passau selbst ist zwar nicht direkt reich an literarischen Gedenkstätten, doch das heißt noch lange nicht, daß die Stadt nicht in die Literatur eingegangen ist. Im Gegenteil: Hier lassen sich neben dem Nibelungenlied, dem wohl prominentesten Aushängeschild der Stadt, auch noch eine Reihe anderer Textzeugnisse entdecken, die in der einen oder anderen Weise in Passau entstanden oder dort angesiedelt sind. Ob nun Adalbert Stifter, Hans Carossa oder Reiner Kunze: Passau ist auf recht unterschiedliche Weise Gegenstand der Literatur geworden.

Ein Spaziergang durch die Altstadt mag zwar wenig konkrete Hinweise auf diese literarischen Zeugnisse bieten, hält dafür aber ein bestens restauriertes barockes Stadtbild und etliche kunsthistorisch interessante Bauten bereit.
(Außerdem wird jeder Bierfreund auf seine Rechnung kommen, während sich Weinliebhaber auf die Fahrt durch die Wachau freuen werden.)

Nachtlager bei den Burgunden

Die Dreiflüssestadt Passau: Wer kennt sie nicht aus dem Nibelungenlied, jenem erratischen Block, der eines Tages in der Literaturgeschichte auftaucht und eine überraschende Fülle unterschiedlicher Stoffe und Sagenkreise vor dem Leser ausbreitet. Von unbekannten Dichtern verfaßt und in mehreren Handschriften überliefert, wirft es nach wie vor ungelöste Rätsel um seine Entstehung auf, die die Literaturwissenschaft um 1200 ansetzt. Die mehr als 2000 auf 39 „Aventuiren" verteilten Strophen geben darauf keine Antwort. Sie erzählen ganz einfach von Siegfrieds Werben um die burgundische Königstochter Kriemhild und seine Vermählung mit ihr, von seiner Ermordung durch Hagen und Kriemhilds schrecklicher Rache mit Hilfe des Hunnenkönigs Etzel.

Allein, der heutzutage archaisch anmutende Stoff und dessen schillernde und zugleich suggestive Umsetzung sind zeitlos und lassen ein pralles, faszinierendes Heldenepos vor dem Leser erstehen, das in der deutschsprachigen Literatur seinesgleichen sucht. Schon die ersten Zeilen erzeugen jenen Zauber, der selten abreißt:

> Uns ist in alten mæren   wunders vil geseit
> von helden lobebæren,   von grôzer arebeit,
> von fröuden, hôchgezîten,   von weinen und von klagen,
> von küener recken strîten   muget ir nu wunder hœren sagen.
> (Nibelungenlied, Str. 1)

Kein Wunder also, daß es kaum ein anderes literarisches Werk gibt, das über Jahrhunderte hinweg eine so breite wie vielfältige Rezeption erlebt hat, zuletzt während der NS-Zeit, als man die „Nibelungentreue" als höchste Tugend feierte. Wissenschaft und Kunst haben sich immer wieder mit dem Nibelungenlied beschäftigt und mit ihm gerungen. Besonders die Dichter hat dieser Stoff zu zahlreichen Bearbeitungen und Neuschöpfungen angeregt: Hans Sachs, Ludwig Tieck, Friedrich Hebbel, Bertolt Brecht oder Heiner Müller sind nur einige der Namen, die man in der Zwischenzeit mit dem Schicksal der Nibelungen verbindet. Hier in Passau ist es unmöglich, nicht über die Nibelungen zu stolpern, die, so hat es den Anschein, omnipräsent sind: Da gibt es neben der Nibelungenpassage, einem riesigen Einkaufszentrum samt Tiefgarage, noch die Nibelungenhalle, in der Karel Gott oder Nicole gleichermaßen gastieren wie die Kastelruther Spatzen. Im Prunksaal des Rathauses schließlich stößt man auf ein kolossales Gemälde von Ferdinand Wagner, einem Historienmaler der Münchner Schule des späten 19. Jahrhunderts: Er hat, nicht ohne Pathos, den Einzug Kriemhilds nach Passau prunkvoll nachempfunden. Mit dabei auf dem Bild und im Lied ist Kriemhilds Oheim Pilgrim, damaliger Bischof von Passau.

Dieser Pilgrim ist es auch, auf den man sich immer wieder beruft, wenn man sich in Passau mit dem Nibelungenlied brüstet. Hinter seiner Figur steckt nämlich, wie vermutet wird, Bischof Wolfger von Passau, der die Entstehung des Epos gefördert und ermöglicht hat. Vielleicht hat man ihn deshalb in der Figur des Passauer Bischofs Pilgrim verewigt, als Dank sozusagen. Gerade in dem Teil des Liedes, der in Passau und Österreich angesiedelt ist, spielt er als Onkel und Begleiter Kriemhilds eine bedeutende Rolle.

Die erste Begegnung der beiden findet in Passau statt: Als Kriemhild ihre Reise nach Ungarn antritt, um den Hunnenkönig Etzel zu heiraten, macht sie bei ihm Station und schlägt an seinem Hof ihr Nachtlager auf. Der Zug von Worms in die Heimat Etzels ist es übrigens auch, den der Dichter des Nibelungenlieds besonders ausführlich und sachkundig beschreibt: Die Stationen dieser Reise der Donau entlang durch Ober- und Niederösterreich muß er, wie daraus ersichtlich ist, gut gekannt haben.

Passau ist dabei die letzte Rast auf heute deutschem Boden, wie in österreichisch gefärbtem Mittelhochdeutsch beschrieben wird. Die Prosaübertragung von Franz Fühmann ist zwar weniger poetisch, dafür zeitgemäßer als so mancher Versuch, das Nibelungenlied nachzudichten und in Verse zu zwingen:

> Die boten lâzen rîten: wir suln iu tuon bekant,
> wie diu küneginne   füere durch diu lant,
> oder wá vón ir schieden   Gíselher und Gérnôt.
> si heten ir gedienet,   als in ir triuwe daz gebôt.
>
> Unz an die Tuonouwe   ze Vergen si dô riten.
> si begónden urloubes   die küneginne biten,
> wan si wider wolden   rîten an den Rîn.
> done móhtez âne weinen   von guoten friunden niht gesîn.
>
> Gîselher der snelle   sprach zer swester sîn:
> „swenne daz du, vrouwe,   bedurfen wellest mîn,
> ob dir iht gewerre,   daz tuo du mir bekant,
> sô rîte ich dir ze dienste   in daz Etzelen lant.“

Die ir mâge wâren,   kustes' an den munt.
vil minneclîche scheiden   sach man an der stunt
die snellen Búrgónden   von Rüedegêres man.
dô fuort' diu küneginne   vil manige méit wól getân,

Hundert unde viere,   die truogen rîchiu kleit
von gemálet rîchen pfellen.   vil der schilde breit
fuort' man bî den vrouwen   nâhen ûf den wegen.
dô kêrte von ir dannen   vil manic hêrlîcher degen.

Si zogeten dannen balde   níder durch Béyerlant.
dô sagte man diu mære,   dâ wæren für gerant
vil únkunder geste,   dâ noch ein klôster stât,
unt dâ daz In mit fluzze   in die Túonóuwe gât.

In der stát ze Pazzouwe   saz ein bischof.
die hérberge wúrden lære   unt ouch des fürsten hof.
sie îlten gegen den gesten   ûf in Beyerlant,
dâ der bischof Pilgrîn   die schnen Kriemhilden vant.

Den recken von dem lande   was dô niht ze leit,
dô si ir volgen sâhen   sô manige schne meit.
dâ trûte man mit ougen   der edeln ritter kint.
guote herberge   gap man den gesten sint.

Der bíschof mit síner nifteln   ze Pazzouwe reit.
dô daz den burgæren   von der stát wárt geseit,
daz dár kóeme Kriemhilt,   des fürsten swester kint,
diu wart wol enpfangen   von den koufliuten sint.

Daz si belîben solden,   der bischof hetes wân.
(Nibelungenlied, Str. 1290–99)

Bei Pföring an der Donau verabschiedeten sich Gernot und Giselher von Kriemhild. Giselher sprach: „Wenn du je Hilfe brauchst im
wilden Hunnenland, liebe Schwester, so laß es mich wissen, und ich
reite zu dir und stehe dir bei!" Da küßte ihn Kriemhild, und dann
küßte sie auch Gernot. Dann winkte sie den burgundischen Rittern
zum Abschied zu.

Durch Bayern reisten sie rasch, und als sie den Inn erblickten, atmeten sie auf, daß der gefährlichste Weg überstanden war. In Passau erwartete sie ihr Onkel, der hochberühmte Fürstbischof Pilgrim, der die Bücher und Bilder liebte und alles auf Pergament schreiben ließ, was in der Welt geschah. Er bewirtete seine Nichte aufs freundlichste und bat sie zu bleiben, und auch die Passauer Kaufleute hätten die reichen Gäste gern länger beherbergt.

(Übertragung von Franz Fühmann, aus: W. Storck, Das Buch der Nibelungen)

Bischof Wolfger trat nicht nur einmal als Mäzen auf. An seinem Hof waren Dichter wie Walther von der Vogelweide oder Albrecht von Johannsdorf zu Gast, die er mit Geld und bisweilen auch mit Anstellungen unterstützte: Passau wurde auf diese Weise eines der kulturellen Zentren des Hochmittelalters.

Davon bemerkt man im Passau von heute allerdings wenig. Zwei Großbrände in den Jahren 1662 und 1680 zerstörten die Stadt vollständig. Mit dem Wiederaufbau wurden, der damaligen Mode entsprechend, italienische Baumeister betraut. Auf den Ruinen der romanischen und gotischen Bauten errichtete man barocke Häuser und Kirchen, die das südländische Flair der Drei-Flüsse-Stadt ausmachen. Vom einstmals so berühmten Passauer Hof des Bischofs Wolfger ist nichts mehr übriggeblieben. Nicht einmal seinen genauen Standort hat man rekonstruieren können: Liegen seine Überreste unter dem Dom St. Stephan, oder muß man sie in St. Nikola suchen?

Lediglich eine kurze literarische und natürlich fiktive Beschreibung der frühmittelalterlichen Stadt und besonders deren Lage ist durch Adalbert Stifters (1805–1868) „Witiko" erhalten geblieben, der in drei Bänden zwischen 1865 und 1867 erschienen ist. Witiko bricht, nachdem er in Passau die Schule besucht hat, 1138 von dort auf, um in Böhmen, dem Land seiner Vorfahren, sein Glück zu suchen:

Am oberen Laufe der Donau liegt die Stadt Passau. Der Strom war eben nur aus Schwaben und Bayern gekommen und netzt an dieser Stadt einen der mittäglichen Ausgänge des Bayerischen und Böhmischen Waldes. Dieser Ausgang ist ein starkes und steiles Geklippe. Die Bischöfe von Passau haben auf ihm eine feste Burg gebaut, das Oberhaus, um gelegentlich ihren Untertanen Trotz bieten zu können. Gegen Morgen von dem Oberhause liegt ein anderer Steinbühel, auf dem ein kleines Häuslein steht, welches einst den Nonnen gehörte und daher das Nonngütlein heißt. Zwischen beiden Bergen ist eine Schlucht, durch welche ein Wasser hervorkömmt, das von oben gesehen so schwarz wie Tinte ist. Es ist die Ilz, es kömmt von dem Böhmich-Bayerischen Walde, der überall die braunen und schwarzen Wässer gegen die Donau sendet, und vereinigt sich hier mit der Donau, deren mitternächtliches Ufer es weithin mit einem dunklen Bande säumt. Das Oberhaus und das Nonngütlein sehen gegen Mittag auf die Stadt Passau hinab, die jenseits der Donau auf einem breiten Erdrücken liegt. Weiter hinter der Stadt ist wieder ein Wasser, das aus den fernen mittäglichen Hochgebirgen kömmt. Es ist der Inn, der hier ebenfalls in die Donau geht und sie auch an ihrer Mittagsseite mit einem Bande einfaßt, das aber eine sanftgrüne Farbe hat. Die verstärkte Donau geht nun in der Richtung zwischen Morgen und Mittag fort und hat an ihren Gestaden, vorzüglich an ihrem mitternächtigen, starke waldige Berge, welche bis an das Wasser reichende Ausgänge des Böhmischen Waldes sind.

(Adalbert Stifter, Witiko, Gesammelte Werke, Bd. 9, S. 11 f.)

Arzt- und Dichtersein in Passau

Noch plastischer als bei Stifter ist die Schilderung Hans Carossas (1878–1956), der lange Jahre in Passau gelebt und ordiniert hat. (Für Interessierte: Eine Gedenktafel an einem unauffälligen Haus in der Passauer Innenstadt, Theresienstraße 19, erinnert an seine Praxis, sein Grab findet sich im Passauer Vorort Heining.)

Carossa, dessen Vater viele Jahre als Arzt in Pilsting und Passau gelebt hatte, studierte in München, Leipzig und Würzburg Medizin und Naturwissenschaften. 1903 kehrte er in seine Heimat zurück, um in Passau seinen Vater zu vertreten. In seinem Roman „Ungleiche Welten", dem letzten Band seiner Autobiographie, die ganz nach dem Vorbild von Goethes „Wilhelm Meister" oder „Dichtung und Wahrheit" angelegt ist und sich stilistisch an Rilke und Hofmannsthal orientiert, beschreibt er das Passau der Jahrhundertwende:

Wenn man zu Beginn dieses Jahrhunderts die Bevölkerung eines Ortes zahlenmäßig angeben wollte, so sprach man in unserer Gegend wohl meistens von Einwohnern, zuweilen aber auch, wie in alter Zeit, von ‚Seelen', und die Stadt Passau hatte vierundzwanzigtausend Seelen.

Von geschichtlichen oder politischen Schicksalen der Stadt soll übrigens hier nicht die Rede sein; jedenfalls ist Passau mit seiner Umgebung seit Jahrhunderten eines der wunderbarsten, merkwürdigsten Stadt- und

Landschaftsbilder Deutschlands gewesen und wird es vermutlich immer bleiben. Wer zum ersten Male vom Mariahilfberg oder von der Burg Oberhaus über die Stadt hinsieht, wird vor der Schönheit und Kühnheit ihrer Lage fast erschrecken, und es ist begreiflich, daß die verschiedenartigsten Geister sich von ihr angezogen fühlen. Der Erforscher der Erdrinde übt seinen Scharfsinn, wenn er die schweigsamen Orakel des Gesteins befragt, um die Vorgänge kennenzulernen, die sich in Urzeiten ereignet und schließlich die Halbinsel zurückgelassen haben, die heute Kirchen, Häuser und Gärten trägt. Der Liebende der Tierwelt aber, wie muß es ihn anmuten, wenn ihm auf sonnigen Hängen bei Obernzell die Smaragdeidechse begegnet, die ihn an südliche Reisen erinnert! Vor allem wissen es Zeichner und Maler, daß ihnen hier besondere Aufgaben gestellt werden. Manchem ist es wohl gelungen, Linien, Farbenhauch und Glanz der Landschaft einzufangen oder den immer wechselnden Wasserstand anschaulich zu machen; auf die Künftigen aber warten wohl neue Probleme.

An tief gelegenen, mit steilen Höhen umbauten Orten wird das Auge ähnlich wie in Brunnenschächten lichtempfindlicher; dies merkt man in Passau vornehmlich an den seltenen Herbst- und Frühlingstagen, wo warme trockene Winde von den Bergen fallen; wir sehen dann den Himmel so kornblumenblau, wie er uns über den weiten, flachen Ebenen fast nie erscheint, und jene zarten, leicht geknickten Wolkenstriche, die das Volk ‚Regenwurzeln' nennt, glänzen silberweiß.

Ohne Donau und Inn wäre wohl Passau immer nur eine verträumte Legendenstadt gewesen; die zwei mächtig zusammenflutenden Gewässer machten sie erst zu einer freien weltoffenen Siedelung, um die sich freilich Jahrhunderte lang weltliche und geistliche Herrschaften zankten und stritten. Fast jede Seitengasse führt zu einem Strand, und bei der großen Überschwemmung 1899 sah ich noch Zillen und Barken wie venezianische Gondeln durch die Straßen fahren.

Im Schlimmen wie im Guten war zu allen Zeiten das Wasser der natürliche Dämon der Stadt Passau. Die herrlichen, länderverbindenden Ströme sind stets auch bereit, gefährlich und feindlich zu werden. Wer die Totenbücher liest, wird über die Zahl der Kinder wie der Erwachsenen staunen, die vor allem der Inn jahraus, jahrein verschlingt. In der Heiligen-Geist-Gasse sieht man eine Votivtafel aus Solnhofer Stein in eine Hauswand eingelassen: da weist eine Hand nach einem Kreuz, und eine alte Inschrift berichtet, bis hierher seien am Maria-Himmelfahrtstag, dem 15. August 1501, ‚die Wassergüss' gangen'. Über die Stadtmauer hinweg haben also damals Donau und Inn an der Stelle des Heiligen-Geist-Spitals ihre Fluten vereinigt.

Meine ersten Passauer Monate fielen noch in die Zeit, wo ich meinen Aufenthalt als einen vorübergehenden ansehen durfte. Ich befand mich ja vorerst als Vertreter, ja gleichsam nur als Famulus meines erkrankten Vaters hier; auch stand mir noch die Promotion bevor, die ich in Leipzig ablegen sollte. Dennoch enthüllte mir die alte Stadt bereits den Aspekt, der sich für einen jungen Arzt aus seiner Tätigkeit ergibt. Er geht ja mit anderen Gedanken und Gesichten durch Tage und Nächte als irgendein Bürger oder ein durchreisender Gast. Wenn in der Dunkelheit lange Reihen erleuchteter Fenster friedlich seinen späten Heimweg begleiten, so weiß er in seinem verschwiegenen Herzen, daß es hinter diesen feierlich ruhigen Lichtern durchaus nicht immer froh und friedlich zugeht, und auch am hellen Tage hält ihm manches Haus eine Zeichenschrift entgegen, die kein anderer liest. Viele bemerken an gelblicher Mauer das Marienbild und die kleine rote Lampe, die darunter brennt; er aber kennt auch das Erkerstübchen, das dahinter dämmert, und die junge Mutter, die nach überstandenen Wehen, ihr Kind an der Brust, in die Genesung hinüberschläft. Mancher mag auch noch über einem Torbogen den halb verwitterten schildhaltenden Adler von grauem Stein unterscheiden; doch wenige wissen, daß gerade jetzt hinter dieser Figur, auf schweißdurchfeuchtetem Lager, ein menschliches Antlitz verfällt und stirbt.

(Hans Carossa, Sämtliche Werke, Bd. 2, S. 514–515)

Carossa haderte viele Jahre mit seinem Beruf – ganz ähnlich etwa wie Arthur Schnitzler. Von seinem Vater in die Ärztelaufbahn gedrängt, fühlte er sich eigentlich zum Dichter bestimmt. Obwohl er sich erst Ende der zwanziger Jahre dazu entschließen konnte, seine Praxis aufzugeben und nur mehr zu schreiben, versuchte er schon in den Jahren zuvor, gleichzeitig verantwortungsvoller Mediziner und Dichter zu sein. Daß seine Stoffe vielfach aus dem Ärztemilieu stammen, mag literarischer Ausdruck seines inneren Kampfes zwischen Beruf und Berufung sein: So ist etwa der autobiographische Charakter von „Doktor Bürgers Ende", Carossas 1913 erschienener erster Prosadichtung, die vielfach für seinen „Werther" gehalten wird, unverkennbar. Nicht nur die inneren Konflikte des Lungenspezialisten Bürger, auch das Ambiente des Romans verraten seinen Autor. Und natürlich ist die Stadt, die sich hinter dem Bischofssitz Grenzburg verbirgt, unschwer als Passau zu erkennen. Auch in Carossas Gedichten begegnet man dieser Umgebung immer wieder.

Frühling

Die Sonne wohnt nun wieder auf dem Domplatz,
Und Kinder spielen um den alten Brunnen.
Ein Taubenvolk glänzt kupfern auf den Stufen,
Und schwer wie Schwämme, die ganz vollgesogen
Mit Licht sind, schweben Wolken. Es ist Frühling.

An einem offnen Fenster auf dem Domplatz
Sitzt alle Tage nun ein blasses Fräulein.
Sie sieht nicht Wolken, nicht die schönen Tauben, –
Sie muß für Frauen, die nichts von ihr wissen,
Den ganzen Tag und oft die halbe Nacht lang
Kostüme dichten, seidne Hüte putzen,
Und kalt und streng sind immer ihre Züge.
Nur manches Mal, wenn unter ihrem Herzen
Ihr Kind, das keimende, ganz leise pocht,
Als taste schon nach Licht das dumpfe Seelchen,
Dann glühn die bittern Lippen. Es ist Frühling.

Morsche Scholle streift am Ufer.
Schnee tropft von den schrägen Klippen;
Schwarze silberknospige Bäume
Stehn im ungebundnen Licht.
Wellen drängen Wellen; eine
Läßt ihr Leuchtendes der andern.
Breitem Stromeslaufe folgen
Langsam große Marmorwolken
Und die Kraniche, die grauen
Flügelwanderer der Luft.
(Hans Carossa, Sämtliche Werke, Bd. 1, S. 10 f.)

Der Dom in anderem Gewand gefällig? Zwischen den Gedichten
von Hans Carossa und Reiner Kunze liegen Jahre und Welten.

Passau sticht in See

Der dom ein
kreuzmastsegel, an dem, matrosen gleich, steinmetze klettern
Der schlot des Peschlbräus zeigt rauch, die kessel
stehen unter dampf

In dreier flüsse wasser zielt der bug, ein schiff das
seenot kennt
(Reiner Kunze, Auf eigene Hoffnung, S. 45)

Es ist sicher kein Zufall, daß Reiner Kunze – 1933 in Oelsnitz im Erzgebirge geboren – schon in der ehemaligen DDR in einer unscheinbaren Provinzstadt, in Greiz, gelebt hatte. Nach seiner Übersiedlung in das damalige Westdeutschland ließ er sich wieder in einem kleinen Ort abseits des lärmenden Kulturbetriebs der Metropolen nieder. Er wohnt heute in Obernzell-Erlau nahe Passau, einem Dorf an der Donau, nicht weit von der Grenze zu Österreich.

Sein erster Lyrikband, den er im „Westen" veröffentlicht hat, enthielt denn auch, neben einigen Gedichten, die noch in Greiz entstanden waren, eine poetische Reaktion auf seine neuen Lebensumstände. Passau, Obernzell und die Donau bilden das neue Fundament für eine Reihe von Texten, in denen sich, ausgehend von der ganz konkreten Geographie, sein Weltverständnis spiegelt.

Dauerregen über Passau

Vom himmel stürzt der vierte fluß,
und die kuppeln des doms sind grün von tang

Der tag ist nahe, an dem in den straßen
der fisch springen wird

Und der kahn, jahraus jahrein angekettet unterm brückenbogen,
erbebt vor hoffnung,

mit der stirn
den scheitel der brücke berühren zu dürfen
(Reiner Kunze, Auf eigene Hoffnung, S. 46)

Spuk im Sauwald: Alfred Kubin in Zwickledt

Daß die Gegend um Passau eine reizvolle Landschaft ist, um sich anzusiedeln, verwundert wahrscheinlich niemanden, der diesen Flekken kennt. Besonders das Plateau oberhalb des rechten Donauufers, das auf der westlichen Seite in Richtung Inn abfällt, ist durch seine Aussicht in alle Richtungen ein eigenwilliger Landstrich mit einem bodenständigen Namen: Man nennt ihn den Sauwald.

Alfred Kubin (1877–1959) zu verstehen, der sich in Zwickledt ein Haus gekauft hat, fällt nicht weiter schwer. Der kleine Weiler, der zur Gemeinde Wernstein gehört, ist nur neun Kilometer von Passau und etwa sechs Kilometer von Schärding, der größten Stadt dieses Bezirks, entfernt. Dennoch wird man dort den Eindruck nicht los, sich in fast völliger Abgeschiedenheit und Einsamkeit wiederzufinden. Daß man Zwickledt und das Kubin-Haus leicht verfehlt, mag diese Empfindung verstärken: Das Hinweisschild, das man etwa fünf Kilometer hinter Gatlern suchen muß, ist leicht zu übersehen und wirbt nur unauffällig für sein Ziel. Die beiden großen Bäume mit den riesigen Laubkronen, die einen Bildstock überdachen, sind jedenfalls ein schönerer und vielleicht verläßlicherer Vorbote für das Kubinsche Anwesen. Etwa

Alfred Kubin

einen Kilometer hinter dieser Baumgruppe zweigt der Weg nach rechts ab, direkt nach einer Diskothek. (Daß sie den stolzen Namen „Tropicana" trägt, wirkt in dieser verlassenen Gegend einigermaßen exotisch – und gleichzeitig kurios.) Nun ist Kubin nicht mehr zu verfehlen. Direkt am Ende dieser Straße, die in einen Feldweg mündet, stößt man auf ein Landgut mit einladender Gartenpforte. Hier geht's nicht mehr weiter, es sei denn in das Innere des sogenannten „Schlößls".

Auch Ernst Jünger, lange Jahre eng mit Kubin befreundet, schilderte den Weg nach Zwickledt, als er im Herbst 1937 in einem Brief an seinen Bruder Friedrich Georg seine Ankunft in Wernstein und die erste Begegnung mit dem von ihm verehrten Maler beschrieb:

... Am nächsten Morgen fuhr ich dann über Nürnberg nach Passau und blieb dort über Nacht. Während des letzten Teiles der Fahrt kann man bereits spüren, daß man der magischen Residenz des Meisters Kubin näher kommt; die Landschaft beginnt einen Eindruck zu erwecken, der sich wohl am besten mit unserem Wort von den ‚böhmischen Dörfern' andeuten läßt. Unmerklich, aber tief dringen uns fremdartige, östliche Elemente in sie ein, vielleicht sogar letzte balkanische Ausläufer.

Diese Vorstellung wurde mir noch deutlicher, als Kubin mich am anderen Vormittag in Wernstein vom Bahnhofe abholte. Er trug einen kurzen Radmantel um die Schultern und sah etwas größer und voller aus, als ich es erwartet hatte. Umgekehrt hatte er sich gedacht, daß ich wie ein Recke aus Artus' Tafelrunde bei ihm einziehen würde. Wir stiegen dann durch ein Seitental nach Zwickledt hinauf und machten unterwegs, um eine invalide Stampfmühle zu betrachten, einen kurzen Aufenthalt.

Das Haus oder Schlößchen, das Kubin seit über dreißig Jahren bewohnt, eben das mit einem kleinen Glockenstuhl geschmückte Zwickledt, stellte sich als ein äußerst verwohntes, vielleicht aber gerade deshalb um so gemütlicheres Gehäuse dar. Es scheint, daß der Besitzer die Mauern und Möbel soviel wie möglich ihrem eigenen Leben überläßt und daß die Zeit recht ungestört an ihnen arbeiten soll, so wie man Früchte in Weingeist setzt, damit er ihnen das Aroma entzieht. Dies fand ich recht spürbar; so war es, als ob der Kalk an den kahlen Wänden als eine Art von feiner, kreidiger Paste sich voll von dem Fluidum gesogen hätte, wie es das Bewohnen erzeugt. Auch die Möbel sind in diesem Sinne merkwürdig, so fiel mir ein roter, verschlissener, aber sorgfältig gehegter Sessel auf, dann die von Würmern benagte Platte des Arbeitstisches, ein

Schirmständer aus bemaltem Porzellan, eine Sammlung von Nippsachen und dergleichen mehr. Sehr in dieser Ordnung schien es mir, daß die in alten Rahmen hängenden Spiegel, die ich auf den Fluren und in den Zimmern sah, gänzlich erblindet waren; die Folie war gekräuselt und wie von zahllosen Regentropfen betupft.

Ich blieb in Zwickledt einen Tag, den wir mit Essen, Trinken, Schlafen und dem Betrachten von Bildern und alten Photographien recht angenehm zubrachten. Kubin schätzt das behagliche Leben; er läßt in den Schlafzimmern einheizen, der Gemütlichkeit wegen auch abends warm servieren und dergleichen mehr. Seine Frau war gerade verreist, dafür sorgten zwei Mägde für unsere Bequemlichkeit. Für Kubin ist die matriarchalische Verfassung, wie sie etwa von Hoffmann in „Datura fastuosa" so verlockend geschildert wird, die einzig angemessene. Es gibt darüber hinaus vielleicht Naturen, die in gewissem Sinne nie aus dem embryonalen Leben hinausfinden, und vielleicht hängt damit auch das Bestreben zusammen, sich in das Haus einzuspinnen wie in einen Leib. Ebenso wurde mir unter diesem Winkel sogleich sehr deutlich seine ungemeine Sensibilität, ein gesteigerter Hautsinn, wie ihn der Hase in seinen Tasthaaren oder die Fledermaus in ihren Ohren besitzt. Dieser ängstlichen Witterung entspricht dann wieder eine lebhafte Munterkeit nach vollzogener Sicherung; so überraschte er mich einige Male, indem er mich bei einer treffenden Bemerkung schnell und vertraulich mit dem Finger antippte. Übrigens erzählte er mir, daß es zu seinen Schwächen gehöre, in einem veralteten Lexikon die Namen von Krankheiten nachzuschlagen, deren Symptome er sich dann einbildet, so daß seine Frau ihm schon prophezeien mußte, daß er gewiß noch einmal am Kindbettfieber eingehen würde. Auch ist er leicht geneigt, an verzweigte Konspirationen, etwa der Postbeamten, zu glauben, die gegen ihn und seine Sicherheit gerichtet sind.

Am Abend unterhielten wir uns bei einer Flasche Sekt über dies und jenes, so auch über eine Gründung von Silberfuchsfarmen, die seine Phantasie lebhaft beschäftigte. Es handelte sich dabei nach Zeitungsberichten um einen über die ganze Welt verzweigten Konzern mit eigenen Zuchtfüchsen, Tierärzten, Terrains, der aber nur in den Köpfen einiger Schwindler existierte, die seit Jahren Beiträge dafür einzogen, bis sich dann das ganze Unternehmen wie Rauch verflüchtigte. Nachrichten dieser Art üben auf Kubin eine ungemein anregende Wirkung aus. Dem entspricht auch seine Teilnahme für ganz bestimmte historische Abschnitte und Persönlichkeiten, wie die des dritten Napoleon. Diese Teilnahme steigert sich noch, wenn auf irgendeine Weise das Exotische in die Dinge einzuspielen beginnt, wie etwa bei Maximilian von Mexiko oder bei Abdul Hamid, dem letzten Sultan der Türkei.

Das alles ist natürlich eng verbunden mit dem Österreichertum. Dieses Land stellt ein Refugium fast verschollener Dinge dar, und Kubin meinte, daß man in ihm gar nicht wisse, was für ein Paradies da noch zu verlieren sei. Auch bezeichnete er gerade eine gewisse Schlamperei als eines der für ihn unentbehrlichen Medien. Selbst die Technik, die dem doch durchaus zu widerstreben scheint, sieht er gern in anbrüchigen und absonderlichen Verfassungen, durch die ironische Brille des Verfalls.

Ich dachte auf dem Heimwege über dieses und anderes, das mir an ihm aufgefallen war, nach, und es wurde mir dabei das gewaltige Reich des Verfalls ein wenig deutlicher. Kubin bewegt sich in den Vorhöfen, von denen die Residenz des Königs Tod umgeben ist, und dazu gehört doch letzten Endes die ganze Welt. Er kennt den Genuß, den das Leben gerade unter dem Aspekt des Vergänglichen gewährt, und er ist mit der Morbidezza der Dinge vertraut, die ja alle bestimmt sind, früher oder später Triumphstücke des Todes zu sein. Ich dachte an das Breughelsche Bild vom babylonischen Turm, an dem hier mit Macht und hohen Plänen gearbeitet wird, während er dort bereits, ohne daß jemand darauf achtet, zerbröckelt und zerfällt. Insofern Kubin das weiß, weiß er mehr, als man in unserer so planmäßigen Zeit begreift und wohl auch vertragen kann, er gilt daher auch als nicht positiv. Ich hatte indessen den Eindruck, daß er sich darüber durch eine sehr angenehme Art von geheimer Ironie zu trösten versteht.

(Ernst Jünger, Alfred Kubin. Eine Begegnung, S. 104–108)

Als Ernst Jünger 1937 erstmals in Zwickledt zu Besuch weilte, war das Schlößchen schon über dreißig Jahre im Besitz Kubins. Er hatte es 1906 auf Anraten seines Vaters, der in Schärding im Ruhestand lebte, erworben und hat darin bis zu seinem Tod am 20. August 1959 gelebt. (Begraben ist er übrigens auf dem Wernsteiner Friedhof.) Das Haus, dessen erste Mauern auf das Jahr 1576 verweisen, ist mit seinem Türmchen wohl das herausragendste Gebäude der Umgebung, doch es wurde für einfache ländliche Verhältnisse gebaut und entbehrt vieler Bequemlichkeiten.

Kubin freilich hat sich hier wohlgefühlt und sein Haus nur für kurze Reisen verlassen. Seinen Tagesablauf schildert er im Jahre 1921 Wilhelm Hausenstein in einem Brief:

Zeichnung von Kubin in seinem Brief an Hausenstein

Mein lieber H,

. . . oh, lieber Freund, ich fürchte, Sie machen sich etwas übertrie-
bene Vorstellungen und ziehen gewagte Schlüsse aus der Romantik meiner Arbeiten auf meinen Alltag! Vor allen Dingen: ‚Schloß Zwickledt‘ ist
gar nicht das, was man zu Recht ein Schloß nennen dürfte. Es ist nur ein
kleines Landhaus – ein sogenannter Freisitz – von allerdings ehrwürdi-
gem Alter, denn es war beinahe vier Jahrhunderte lang der Sitz eines alten Geschlechts, der Ritter von Schmelzing und Wernstein. In dieser Gegend, wo es das hervorragendste Gebäude ist, heißt es seit jeher: das
Schloß.

Trotzdem es in vieler Hinsicht und besonders im Winter für Menschen in der zweiten Lebenshälfte sehr unbequem ist, fühle ich mich
doch nur hier heimisch – auf wie lange wohl noch? Das alte Haus hat
vier Bewohner, meine Frau, mich und zwei Mägde. Obst- und Gemüse-
garten, Geflügelzucht, Ziegen und Schweine schützten uns auch in den
schlimmsten durchgemachten Kriegszeiten vor unmittelbarer Nah-
rungsnot. Der von einem eigenartigen Stimmungszauber unerschöpflich
erfüllte Ort und seine wunderbare ländliche Umgebung ist mir nach
mancher Richtung zum Schicksal geworden. Ich wünsche mir nichts bes-
seres, als in diesen alten Mauern und unter den großen Bäumen hier
mein Leben zu beschließen, und sehne mich nach allem andern eher als
nach einem nochmaligen Kulissenwechsel meiner äußeren Existenz.

Ausschlaggebend für den Tag ist fast immer die vorangehende Nacht. War diese einigermaßen gut, d. h. von Schlaf und Träumen gesegnet und befruchtet, so erhebe ich mich um halb acht Uhr vom Lager. Nach dem Frühstück drehe ich meinen Stuhl um seine Achse gegen das Fenster an den Zeichentisch – wir bewohnen nämlich in der kalten Jahreszeit unsern kleinsten Raum –, und hier bleibe ich meist sitzen bis Mittag, ganz selbstvergessen ins eigene Schaffen verloren, so daß ich mich oft schwer zurechtfinde, wenn der Stuhl – diesmal zum Mittagessen – wieder gedreht werden muß. Meine Frau näht und stopft gewöhnlich vormittags in meiner Nähe oder geht ihren häuslichen Beschäftigungen nach, unterstützt aber auch meine Arbeit, indem sie Tusche anreibt, mein uraltes Büttenpapier ausbügelt – und vor allen Dingen die Pakete für die Post macht.

Es naht sich der spannendste Moment des Tages: der Postbote wird erwartet! Viele Jahre lang lag dies Amt in den Händen einer alten Frau mit langer, spitzer Nase. Als sie starb, trauerte ich ihr nach, weil sie ihren Dienst regelmäßig versah. Sie hat wohl nie geahnt, über welche Zauberkraft sie herrschte. Ihr Schwiegersohn hingegen, der ihr Nachfolger war, schien zu wittern, daß er die Schlüsselgewalt über meine Abendruhe hatte; wie ein neckisches Ungefähr ließ er es dahingestellt sein, ob er kam oder nicht (einmal blieb er gar sechs Tage aus). Auch spät abends konnte er noch kommen, und ihm besonders ist es zuzuschreiben, daß ich nicht radikaler Fortschrittsmensch geworden bin, sondern mehr an den alten Einrichtungen hänge. Jetzt ist auch bei uns ein regelmäßiger, wenn auch bescheidener Postdienst eingerichtet, und es erscheint täglich ein uniformierter Briefträger – zweckentsprechender, aber poesieloser!

Nach Tisch kommt wieder die Drehung des Stuhls zum Fenster, wo eine mächtige Waldlandschaft hereinblickt, und es wird wieder gearbeitet, in der Regel bis zum Tee. Hatte dann der Tag ein gutes Ergebnis, so ist mir der tägliche Ausgang ein Fest. Meist begleitet mich dabei meine Frau, aber oft gehe ich auch allein. Wir besuchen irgendeinen abgelegenen Bauernhof oder haben sonst ein wirtschaftliches Ziel. Die Natur in wechselnder Beleuchtung ist immer anregend, die Luft stärkend. Man ist nach und nach in die oft verwickelten Verhältnisse fast aller Bewohner eingeweiht und interessiert sich für dieses kleine ländliche Welttheater. Stirbt jemand und wandert der Leichenzug über den Hügel von Zwickledt, dann wird im Schloß die kleine Glocke geläutet, und diesen letzten, seit lange eingebürgerten Gruß dürfte man in keinem Fall verweigern.

An unsere nächsten Bekannten verleihe ich auch zuweilen Bücher. Dabei muß man allerdings vorsichtig sein. Da war z. B. der Dorfwirt (er ging durch den Krieg auf tragische Weise zugrunde): der schleuderte jedes Buch, sobald er beim Lesen auf eine Stelle stieß, die ihm nicht behagte, wild von sich, und mancher Band trägt nun die Spuren seiner Leidenschaft; er versicherte mir dann, daß er sich „nimmer halten" könnte, wenn ihn die Wut packte. Dann muß man auch auf den besonderen Geschmack jedes Lesers eingehen; ein alter Jäger liebt nur Abenteurer- und Einbrechergeschichten, es muß „recht zugehen", während ein anderer Freund all dies erlogene Zeug verachtet, ihm wird bei Liebesgeschichten speiübel; er hat nun fast alle Memoiren und einen Teil meiner Geschichtswerke gelesen. Ohne meine große Bibliothek und die graphischen Sammlungen hätte ich die trüben Stunden, die mich auch anfielen, kaum überstanden. Die Schaffensohnmacht, diese dunkle Schwester der schöpferischen Inbrunst, gehört zu den größten Übeln, die ich kenne. Sie schleicht sich auf rätselhafte Weise in die Seele und wirkt da verheerend. Alle Hypochondrien, jegliche Angst und eine nervöse Hast, die zur Verzweiflung treiben kann, stellen sich ein, sobald dieser Alp beherrschend wird. Um den Dämon zu bekämpfen, mache ich den Körper ermüdende Wanderungen, auch fand ich, daß die Lektüre von philosophischen Schriften, deren ich eine große Anzahl besitze, lindernd wirkt. Seit einigen Jahren lese ich allerdings viel weniger als früher. Die meisten Abende werden durch das leidige Briefschreiben geschändet, und danach ist man zu müde, um noch die rechte Freude an einem Buch auftreiben zu können. Auch hat die Lust zum Lesen sehr nachgelassen. Ich denke und träume so im Halbschatten der Lampe vor mich hin, belebe die Erinnerung an Vergangenes und bohre mich förmlich mit meinen Plänen und Philosophien in die Zukunft.

Wie unheimlich verrannen diese vielen Jahre, die wir hier in Zwickledt hausten! Ohne daß man es merkt, verflüchtigt sich die Zeit, Erinnerungsbilder gleich Visionen zurücklassend. Kaum aufgestanden, winkt schon wieder das Bett zur Ruhe. Manchmal überkommt mich eine Furcht vor dem Altwerden, ich möchte, daß mir seine Mühseligkeiten erspart blieben. Meine Körperlichkeit, von jeher zart, war immer ungemein beweglich; seit ein paar Jahren spüre ich, daß es damit anders wird, daß eine bisher ungekannte Ruhe sich einstellt. Ich empfinde sie wohltätig. Wenn es mir vergönnt ist, in Hinkunft noch zeichnerische Werke zu schaffen, so sollen sie an dieser stillen Ruhe, die aus dem endlich gewonnenen Weltrundblick stammt, teilnehmen.

Ein Kapitel für sich machen unsere Tiere aus. Schon in meiner Kindheit hielt ich mir allerlei Tiere, und später in München war ich oft Pfleger von Schlangen, Eidechsen, Chamäleons, Mardern, Affen und Vögeln. Auch einen Skorpion hatten wir einmal als Pensionär. Der war aber sehr langweilig, man wußte nur, daß er irgendwo im Glase saß, sah ihn aber nie. Hier in Zwickledt hatten wir dann die schönsten Aquarien, afrikanische Frösche, einen Leguan, Eichhörnchen und Haselmäuse, auch die Jugendliebhaberei des Käfersammelns tauchte für ein paar Jahre wieder auf, und auf dem Bauche liegend fahndete ich selbst nach den winzigsten Arten, die dann im Mikroskop bewundert wurden. Schließlich waren es aber die bekannten Haustiere, die sich unsrer Dauerliebe erfreuten. Ich beklage eine Reihe prächtiger Kater, die zum Teil unglückliche Schicksale hatten, aber meist ritterlich zugrunde gingen. Und eine alte, anhängliche Katze, mit der wir dreizehn Jahre zusammen lebten, werde ich nie vergessen. Seit drei Jahren haust bei uns auch eine sogenannte ‚zahme' Krähe, Thekla geheißen, die viel Freude und Schmutz bereitet. Sie macht sich aber nützlich, indem sie durch ein dreimaliges „krah, krah, krah" jeden Menschen, der den Garten betritt, anmeldet. Sonst beobachte ich aber lieber die Tiere im Freien, weshalb mir auch das seit Kriegsende noch toller betriebene Niederlegen der Waldungen und Haine ein großer Seelenschmerz ist. Ziegen, Schweine und Geflügel müssen wir uns schon aus Ernährungsgründen halten, und so bleibt nur noch die Rehgeiß zu erwähnen, die

Zeichnung von Kubin in seinem Brief an Hausenstein

Liesl oder „das Hirschlein"; sie ist, wie ihre beiden Vorgängerinnen, der spezielle Liebling meiner Frau, welche das Kitzlein, das man verwundet im Feld gefunden, mit der Flasche aufzog.

Aber wenn Sie hierherkommen, lieber Freund, werden Sie das alles selber sehen. In den 21 Jahren, die ich nun hier hause, waren schon viele Freunde bei uns zu Gast, und ich hoffe, daß ihnen die Stunden eher zu kurz als zu lang wurden. Nun, da die Grenzcerberusse in Passau milder gesinnt sind, ist es ja wieder eine Kleinigkeit, hierher zu gelangen. Mögen Sie nun durch diesen Brief wie durch ein umgekehrtes Fernrohr einen Blick in mein ländliches Treiben getan haben – das eigene Wesen muß es schließlich sein, welches diesen Dingen die Resonanz gibt. Also: auf Wiedersehen hier!

Herzlich Kubin.

(Alfred Kubin, Aus meinem Leben, S. 87–91)

Ganz so bieder-beschaulich, wie es den Anschein hat, waren Kubins „Tage in Zwickledt" natürlich nicht. Freunde und Kollegen waren oft und lange bei ihm zu Gast. Unter ihnen immer wieder Hans Carossa, der über Vermittlung von Karl Wolfskehl, einem Dichter im Umkreis von Stefan George, Zutritt in das Zwickledter Refugium gewährt bekam. Für den jungen Carossa, der mit seiner eigenen Position als Künstler rang, waren diese Begegnungen mit Kubin immens wichtig:

Alfred Kubin, der nahe bei Passau wohnte, lud mich, von Karl Wolfskehl veranlaßt, eines Tages ein, ihn zu besuchen. Wir trafen uns aber zuerst in dem gerade stark besetzten Café Wittelsbach, wo sich Kubins Erscheinung unter vielen gemütlich kartenspielenden Bürgern sehr eigen abhob. Verschiedene Rassen, wilde und überzüchtete, westliche und östliche, mochten zusammengespielt haben, um diesen Kopf zu bauen und dieses Gesicht zu bilden, dieses Gesicht eines vor der Zeit weise gewordenen Knaben, eines Priesters der Unterwelt, in dessen Zügen hohe nervöse Spannungen mit Müdigkeiten wechselten, dieses Gesicht, das eher dem Reich des Mondes als der Sonne angehörte. Wenige Tage später besuchte ich ihn auf seinem hochgelegenen Gute Zwickledt über dem Inn, und oft im späteren Leben hab ich mir dankbar jenen Frühlingstag des Jahres 1910 zurückgerufen, wo mich der junge Meister mit großer Geduld in die Welt seiner Visionen einführte.

Wer mitten in einer Gemäldesammlung eine der stärksten Zeichnungen Kubins erblickte, dem müßte zumute sein, als wenn zwischen blumengeschmückten Jachten auf einmal ein Kriegsschiff erschiene; und etwas Ähnliches bekam ich zu spüren, als er mir das erste Blatt in die Hand gab. Er war gerade stark in Wandlungen und Übergängen begriffen; die Sansara-Phantasien mochten eben im Entstehen sein; der reife Kubin, der auf seine Weise die Realität zu erfassen suchte, kündigte sich eben erst an, und was ich vor mir sah, war vor allem noch die Graphik der Hans-von-Weber-Mappe und der ‚Anderen Seite'. Das Mondische seines Wesens bestätigte sich in den meisten dieser Bilder. Eine Welt rührte mich an, die ich als fremd und doch als wahr empfand, nicht die Welt des gewohnten luftgemilderten Erdentags, wo Zeit und Raum sanft auseinander hervorgehen und wo es blauen Himmel und laubige Bäume gibt, sondern die eines anderen Planeten, wo keine versöhnende Atmosphäre die Kreaturen miteinander im Einklang hält, wo vielmehr die Sonne weißgrell in einem schwarzen Himmel steht und auf der Grenze von Licht vergeht, eine maßlose Welt voller Untergänge, Strandungen, Marterungen, Schändungen und Entmannungen, ein allgemeines Ausgesetztsein ohne Hoffnung. Mit unvorbereitetem Blick fand ich mich auf einmal mitten in diesem Reich der bösen Mütter; kein Bild Kubins hatte ich bisher gesehen, kannte auch keinen seiner Vorgänger, wußte von Goya, Breughel, Munch, Odilon Redon und Ensor kaum die Namen.

Die neue graphische Kunst unseres Zeitalters war mir überhaupt noch nicht Erlebnis geworden; nur eine Reihe herrlich starker Kohlezeichnungen Willi Geigers, meines stürmischen Landshuter Schulgenossen, kannte ich, und einige der berühmtesten Blätter von Max Klinger. Meine Zeit war knapp; zwischen Arbeit und Genuß trieb ich mich dahin und war verliebt in die sogenannte Wirklichkeit, suchte aber doch unablässig nach einer Kraft, um mich über sie zu erheben, und horchte vor allem auf neue dichterische Stimmen. Zugleich aber war und blieb ich Arzt für Lungenleidende, und immer gebieterischer forderten diese den ganzen Menschen für sich. So war auch mein Daseins-Grundgefühl ein anderes als etwa das Kubinische, mein seelisches Vermögen anderswo angelegt. Längst hatte mich mein Tagewerk genötigt, „Grauen in Liebe zu wandeln", – wie hätten die dämonischen Phantasien einer grausam überwachen, ewig sich selber Angst machenden Seele sofort eine Verbindung mit mir eingehen können? Erst nach und nach, unter des Meisters Weisung, lernte ich sehen und aufnehmen, und nun trat es immer mehr zu Tage, daß ich nicht umsonst seit Jahren in Todesnähe beheimatet war. Die Göttin der Vergängnis impfte mich täglich mit ihren heiligen Giften; eine Art Immunität war entstanden, und manche Darstellung, die anderen den Inbegriff des trostlos Grausigen bedeutete, ging entweder unwirksam durch mich hindurch oder weckte, nachdem die erste Befremdung überwunden war, gerade die entgegengesetzten Stimmungen, die dem Leben zugewandten, opferwilligen, freudigen.

Wenn das Auge längere Zeit eine schwarze Silhouette auf weißem Grund fixiert hat, so wird es dieselbe hernach, unter geschlossenen Lidern, als weißleuchtende Gestalt auf Schwarz erblicken. Etwas diesem optischen Phänomen Verwandtes widerfuhr mir zuweilen, wenn ich nach einem Besuch bei Kubin einsam an Winterabenden den weiten Weg von Zwickledt nach Passau zurücklegte. Die finsteren, unvertraulichen Visionen des Zeichners brachten mir die eigene Natur nicht zum Verstummen, und gewöhnt, auf Heilungen zu sinnen, antwortete sie auf ihre Weise mit Gedanken der Loslösung, der Durchleuchtung, der Geduld. Eine solche Wirkung düsterer Gebilde war nur möglich, weil eine schöpferische Kraft hinter ihnen stand. Die Seele, die sich in ihnen zum Ausdruck brachte, war verwundet, war verschattet, aber sie war nicht zaghaft; sie hatte den Mut, ihren unheimlichen Gesichten ins Gesicht zu schauen; ja man konnte den Triumph und das Entzücken spüren, womit sie sich in ihren leeren und öden Bezirken erging, und die Hand, die da Angstträume auf das Papier bannte, war keineswegs eine ängstliche, sondern eine sehr sichere, griffstarke Hand, der gerade dann, wenn sie die Symbole der Vergänglichkeit aufzeichnete, ihr Unvergängliches gelang. In jener Zeit erwachte mir die Ahnung, daß manche Geister dazu auserwählt sein müssen, in Zwielicht und Finsternis zu herrschen, damit andere ihres hellen Tages froh werden. Ein Künstler mag aber noch so tief im Unheimlich-Phantastischen wohnen; einmal wird es ihm doch nicht mehr genügen, die Träume seiner Nächte festzuhalten. Früher oder später muß ihm die Einsicht zureifen, daß es eine höhere Stufe gibt, ein reineres Verfahren, wo sich die Traumkraft aufsparen will für die Wachheit des Tages. Ist ein Künstler dahin gelangt, so wird er wohl ruhigere Schlafstunden haben; dafür aber werden sich ihm die schlichten Erscheinungen des alltäglichen Lebens visionär entgegendrängen. In dieses neue Gleichgewicht führte auch den Gestalter Kubin sein Wachstum immer mehr hinein. Die Spannungen, die seine Jugend zu zersprengen drohten, ließen allmählich nach, er floh das Zwischenreich der schaurigen Symbole und suchte sich mit immer einfacheren Mitteln das Weltgeschehen zu vereignen. Neben Szenen der Bibel und der deutschen Sage entstanden jene altmeisterlich anmutenden Zeichnungen, wo vielleicht nur ein Baum zu sehen ist oder ein einsames Gehöft, ein Stück Sumpflandschaft, ein

Turm, eine Mühle, ein Pferd; aber in jedem dieser Blätter ist der ganze Kubin zugegen, und wenn er einen schlottrigen Soldaten zeichnet, der zwei todmüde Klepper durch ein Bergtal führt, so spüren wir die Auflösung einer ganzen Armee.

In allen Wandlungen Kubins blieb eins unveränderlich; das war der Leistungstrieb dieses immer Suchenden, Lernenden, Hervorbringenden, der sich schon halb aufgab, wenn einmal die Feder vierzehn Tage lang ruhte. Zeuge solch unermüdlichen Fleißes zu sein, dies gehörte zu den wichtigen Erlebnissen meiner Passauer Zeit. Sogenannte dämonische Naturen, darunter hochbegabte, waren mir wohl auch sonst begegnet; aber meistens waren sie dem Leben nicht gewachsen gewesen und hatten ihren heimlichen Schatz bald verausgabt. So mußte es mich, der ich selbst unsicher tastete und die Ausführung meiner Pläne getrost von einem Tag zum anderen verschob, kräftig mahnen, wenn ich in die Werkstatt eines Künstlers hineinsah, der durch unablässige Bemühung seinen Dämon bestand, ja sein äußeres wie sein inneres Leben aus ihm zu bestreiten wagte. – „Sobald der Geist auf ein Ziel gerichtet ist, kommt ihm vieles entgegen; ferne Gedanken und Sachen entlaufen ihren Gefügen und eilen ihm zu." Dieses Wort bewährte sich an Kubin. Von dem Tag an, da er seine Aufgabe erkannte, fand er auch die Form der Existenz, die zu ihrer Erfüllung nötig war. Er fand die Frau, die einen bewahrenden Raum von Ungestörtheit und Sorglosigkeit um ihn schuf; er fügte sich der Lebensweise, die ihm frommte; Freunde kamen, die ihn auf seinem Wege förderten, und wie alle tief beschäftigten Menschen hatte er immer Zeit für sie.

(Hans Carossa, Sämtliche Werke, Bd. 2, S. 698–702)

Heute trifft man in Zwickledt nur auf den musealen Kubin: Das Haus, das er in einem Schenkungsvertrag dem Land Oberösterreich vermacht hatte, wurde auf seinen Wunsch hin ganz so belassen, wie es zu seinen Lebzeiten bewohnt wurde. Auf diese Weise trägt man das Bild vom sehr privaten Kubin weiter. Beinahe alle Zimmer und auch das Atelier sind zu besichtigen und machen den Eindruck, als würden sie noch bewohnt werden. Küche und Keller laden gleichermaßen zur Betrachtung ein wie die Wirtschaftsgebäude, das Zimmer seiner Frau Hedwig, sein Schlafzimmer und sein Atelier. Interessant sind dabei natürlich, sieht man von den vielen Erinnerungsstücken aus dem Besitz Kubins ab, die Zeichnungen aus seinem Œuvre und dem seiner Freunde und Vorbilder.

Haus Alfred Kubins in Zwickledt

Die sehr eigenwillige kleine Sammlung tröstet denn auch ein wenig darüber hinweg, daß Kubins Bibliothek, die über 5500 Bände um-
faßt, nicht mehr zugänglich ist. Neben seinen eigenen Mappen finden
sich hier eine Reihe ausgesuchter historischer, kunstgeschichtlicher,
philosophischer und naturwissenschaftlicher Bücher. Die Literatur
nicht zu vergessen, die in Kubins Schaffen eine spezielle Rolle einnimmt: Er, der sich auch selbst als Autor versucht hat, wurde als Illu-
strator verschiedenster literarischer Werke bekannt.

Ein Gang durch den verwilderten Garten mag die Zwickledter Idylle, wie sie Kubin beschreibt, noch durchsichtiger machen. Selbst den
Weiher, der durch die „Tümpelmappe" über den Ort hinaus bekannt geworden ist, hat man belassen, wenngleich er unter den ausladenden
Zweigen alter Bäume kaum mehr auszumachen ist: Die Verbindung zu
den Zeichnungen Kubins schafft er trotzdem. Romantische Gemüter
mögen mit etwas Phantasie im Schattenspiel der Bäume auch jene
Ungeheuer und Geister hervorlugen sehen, die im Kubinschen Werk in
großen Scharen herumspuken.

Ein kleiner Spaziergang schließlich, auf dem Feldweg entlang der rechten Grundstücksgrenze des Kubinschen Anwesens, rundet den Ausflug nach Zwickledt stimmungsvoll ab: Der Blick vom Plateau hinüber zur Festung Neuburg, die am Inn liegt, ist allemal lohnend.

Abstecher nach Lackenhäuser: Adalbert Stifter

Ehe man nun von Passau donauabwärts reist, empfiehlt sich ein Abstecher in den östlichen Bayrischen Wald und nach Südböhmen – Landschaften, die mehrfach in die Literatur eingegangen sind: Abraham a Sancta Clara und Hans Jakob Christoph von Grimmelshausen wußten ebenso um die Verrufenheit und wilde Schönheit der Bayrischen und Böhmischen Wälder wie etwa Friedrich Schiller, der seine „Räuber" dort walten läßt: „Wenn noch ein Tropfen deutschen Heldenbluts in euren Adern rinnt – kommt! Wir wollen uns in den böhmischen Wäldern niederlassen, dort eine Räuberbande zusammenziehen und –", heißt es in der zweiten Szene des ersten Aktes, die den Beginn von Karl Moors Raubzügen markiert.

Beinahe untrennbar mit dem Namen verbunden sind die Waldregionen des heutigen Dreiländerecks aber mit dem Namen Adalbert Stifter. Seine Begegnung mit den Wäldern und Flußlandschaften Südböhmens – Stifter wurde in Oberplan geboren – und des angrenzenden Bayrischen Waldes haben in seinen Werken vielfältige Spuren hinterlassen: Gerade die Genauigkeit der Naturbeschreibung und die Verdichtung der reichen Sagentradition des Böhmerwaldes haben ein scheinbar unspektakuläres, aber großes Waldstück weit über die deutsche Literatur hinaus bekannt gemacht. Wenngleich Stifters Romane und Erzählungen nicht einfach als Führer durch die Landschaft gelesen werden dürfen – seine Räume bleiben literarische –, entdeckt man in ihnen doch viele Übereinstimmungen mit der realen Szenerie.

Obwohl Stifter schon als Zwölfjähriger nach Kremsmünster und später Wien und Linz übersiedelt war, kehrte er zeitlebens regelmäßig in seine Heimat zurück. Eine seiner Wanderungen, die er von seinem Geburtsort aus unternahm, führte ihn auch bis nach Bayern, in die kleine Streusiedlung Lackenhäuser, die heute nahe der Grenze zu Österreich und der Tschechoslowakei gelegen ist. Dort nahm er im Rosenbergergut, der damals einzigen Gaststätte in der Gegend, Quartier und machte die Bekanntschaft von Franz Rosenberger, die sich in der Folge zu einer engen Freundschaft entwickelte. In den darauffolgenden Jahren zog es Stifter immer wieder in das Haus seines Freundes: Dort fühlte er sich besonders in seinen letzten Lebensjahren gesundheitlich wohler als anderswo.

Für den Weg von Passau zum Rosenbergergut in Lackenhäuser mag man Stifters Beschreibung „Aus dem bayrischen Walde" heranziehen. Sie schildert seine letzte Reise auf das Rosenbergergut, auf der er von seiner Nichte Katharina begleitet wird, und erklärt seine Anhänglichkeit an diese Gegend und ihre Bewohner:

Ich hatte den Mai des Jahres 1866 in Karlsbad mit meiner Gattin und ihrer Nichte Katharina zugebracht. Der Arzt gab mir die Weisung, ich möchte zu guter Nachwirkung des Heilwassers wieder wie im vergangenen Jahre einen Landaufenthalt in einer hochgelegenen Waldgegend, womöglich in einem Nadelwalde, nehmen, worauf ich antwortete, ich werde wieder wie im vorigen Jahre in den Bayrischen Wald, an den Fuß des Dreisesselberges gehen. Er billigte es. Am 8. Juni kamen wir auf der Bahn von Eger über Regensburg in Passau an. Unsere Magd Marie kam mit dem Dampfboote an demselben Tage von Linz nach Passau. Es war verabredet, daß meine Gattin von Passau nach Linz gehen solle, weil sie in der Wohnung manches zu schlichten und zu ordnen hatte, ich aber möge mich sogleich in den Wald begeben. Später wolle sie zu mir kommen. Am 9. Juni fuhr sie mit Marie auf der Donau nach Linz. Nie hatte ich bei einer Trennung eine so bängliche Ahnung, sie könnte krank werden, als damals, und ich band sie der trefflichen Marie, wie man sagt, auf die Seele. Des frühen Morgens am andern Tage saß ich mit Katharina in einem Wagen und fuhr von Passau mitternachtwärts dem Walde zu. Auf der Straße von Passau über Freiung nach Böhmen gelangt man in etwas weniger als drei Stunden in den Ort Fendelsberg, der aus zerstreuten Häusern besteht. An der Straße steht einzeln ein stattliches Wirtshaus. Dort ließ ich gewöhnlich die Pferde zwei Stunden rasten und nahm mein Mittagsmahl ein. So taten wir auch jetzt. Wenn man von dem Gasthause auf einem Raine zwischen den Feldern in der Richtung gegen Morgen dahingeht, sieht man ferne zu seiner Linken das ungeheure bläulich schimmernde Band des Waldes, der in einer so langen Linie zwischen Bayern und Böhmen dahingeht. Der Wald hat als Merkmal viele langgedehnte, weithingehende sanftgewölbte Kissen, die seine Höhen sind. Eines dieser Kissen ist der Dreisesselwald oder, wie die Leute kurzweg sagen, der Sesselwald. Er liegt von Fendelsberg ziemlich gegen Morgen und war noch vor mehreren Jahren dadurch unter allen seinen Genossen ausgezeichnet, daß auf seinem zarten Rande etwas schwebte wie ein Würfel. Dieser Würfel ist aber seit einigen Jahren nicht mehr zu sehen. Die Ursache werde ich später angeben. Wir gingen auch heute wieder auf dem Raine hin und zeigten uns wechselseitig bekannte Höhen des Waldes. Mit dem Fernrohre fanden wir manche befreundete Stelle.

Nach dem Mittagmahle trennten wir uns von der Hauptstraße und fuhren auf einer Nebenstraße mehr morgenwärts unserem Ziele zu, das wir gegen den Abend erreichten.

Mittagwärts von den drei Sesseln und dem Blöckensteine liegt eine Ortschaft, welche den Namen Lackerhäuser führt. Die Lackerhäuser aber liegen nicht beieinander, sondern auf einem sehr großen Raum zerstreut. Wie der Wald lange, weiche, polsterartige Erhöhungen oder sanfte Dachungen von sich hinabschiebt, auf denen entweder wieder Wald oder zerstückte Wäldchen oder helle Matten oder grünende Felder sind, so stehen auf solchen Matten oder an einem Wäldchen oder auf einem Hange die Häuser. Sie sind meist aus Holz und haben ein flaches Dach, auf welchem große Steine liegen. Manches hat ein Stückchen weiße Mauer. Sie sind also eigentliche Waldhäuser, wie man sie unter vielerlei Namen auf den Schwellungen und Dachungen an dem Walde längs seiner ganzen Ausdehnung bis gegen Eger hin findet. Die Lackerhäuser haben eine kleine Schule, aber keine Kirche. Ihre Pfarrkirche steht mittagwärts eine Stunde von ihrer Mitte entfernt auf der halben Höhe eines langen Berges und heißt Breitenberg. Eines der Lackerhäuser, fast das nördlichste, macht von allen übrigen eine Ausnahme. Es ist ein fast schloßähnliches Gebäude, aus einem Haupthause und einem Seitenflügel bestehend. Es hat ein Stockwerk und noch Dachzimmer. Matthias Rosenberger, der durch Handel wohlhabend geworden war, hat es gegen das Jahr 1818 erbaut. Er ist auch der Wohltäter und gewissermaßen der Vater der andern Lackerhäuser geworden. Sein jüngster Sohn, Franz Xaver Rosenberger, erbte das Anwesen, dehnte seine Geschäfte noch mehr aus und ward auch, wenn man so sagen darf, der Patriarch der Lackerhäuser. Er zierte seine Wohnung mit schönen, meist altertümlichen Geräten, einigen Bildern und wertvollen Büchern und führte ein schönes Mädchen aus einem achtbaren Bürgerhause Münchens als Gattin in seinen Wald, die jetzt die Mutter mehrerer lieber Kinder ist. Unter dem alten Rosenberger war das Haus auch ein Gasthaus. Franz baute ein eigenes, stockhohes Gasthaus neben seinem Hause. Das hinderte aber nicht, daß er stets Freunde oder höhergestellte Menschen gastlich in die Räume seines Hauses aufnahm. So wurde jene Stelle ein Punkt geselligen Verkehres, nicht nur für einzelne Reisende, die kamen, den Wald zu besuchen, sondern auch für ganze Gesellschaften, die erschienen, und für manche Familien aus Passau, München, Linz, Budweis und anderen Orten, die eine Zeit im Sommer oder Herbste in den Lackerhäusern zubrachten. Der Name Rosenberger wurde weithin bekannt. Wenn ich in der Ferienzeit meiner Studien oft von meiner Heimat Oberplan im südlichen Böhmen in jene Wälder streifte, stieg ich gerne auf der andern Seite zu dem alten Rosenberger hinab und verweilte, nicht selten mit mehreren Genossen, durch eine Zahl von Tagen in seinem Hause, wo gute und sehr billige Bewirtung zu treffen war. So wurde ich mit seinen Kindern befreundet, was zur Folge hatte, daß ich mehrere Male in späteren Jahren mit meiner Gattin im Hause Franz Rosenbergers war, wo er uns im ersten Stockwerke des Seitenflügels eine Wohnung von einem größeren Zimmer und drei Kabinetten und einer Küche anwies. Wegen Kränklichkeit seiner Gattin brachte Rosenberger in späteren Jahren den Winter in Passau zu und siedelte endlich vor einigen Jahren ganz nach Passau über. Die ebenerdigen Räume seines Hauses, ein Verkaufsgewölbe desselben und die Feldwirtschaft verpachtete er, das obere Geschoß des Hauses behielt er sich vor. Und so kömmt er oft von Passau in sein Waldhaus, und seine Gattin und ihre Kinder bringen jeden Sommer eine Zeit dort zu.

Ich bekam mit meiner Nichte im Sommer 1866 wieder meine gewöhnliche Wohnung.

(Adalbert Stifter, Gesammelte Werke, Bd. 14, S. 71–74)

Heute reist man wohl eher mit dem Auto oder mit dem Bus, wie dies Eugen und Hanne, die beiden Protagonisten in Hermann Lenz' Roman „Seltsamer Abschied" tun. Lenz hat sich immer schon als Stifter-Verehrer deklariert – was ihn übrigens auch mit seinem Förderer und Entdecker Peter Handke verbindet. Es verblüfft deshalb nicht weiter, daß Eugen, Alter ego von Hermann Lenz und Hauptfigur seiner autobiographischen Bücher, zu Stifters „Nachsommer" greift, als er sich zum Wandern in den Bayrischen Wald zurückzieht. Unterwegs in sein Feriendomizil, das er wohlweislich nicht mit Namen nennt, ruft er sich Stifters Aufenthalte in Lackenhäuser einmal mehr in Erinnerung. Auch Eugen und seine Frau Hanne starten ihre Fahrt in Passau:

Erfreulich, diese Fernsehleute. Sie schoben sich gewissermaßen zwischen seine Verwandtschaft und ihn. Und nun war's gut, in den Bayerischen Wald zu fahren, während Hanne sagte, alles was sie geärgert habe, sei jetzt weggewischt aus ihrem Kopf.

Im Omnibus sah sie sich nach Eugen um – sie fuhren jetzt schon hinter Passau – und deutete, während sie lächelte, mit beiden Zeigefingern auf ihre Mundwinkel, die sie nach oben zog.

Das Wetter war nun septemberlich hell. Ein klarer Nachsommer, der hoffentlich beständig war (an kalten Tagen legst du dich ins Bett und liest); denn er hatte einen von den grünen Bänden mitgenommen, auf denen zwischen altmodischen Lineamenten ‚Stifter' stand und die er von seinem Vater hatte (innen waren alle Seiten bräunlich). Und er schämte sich ein bißchen, weil ihm einfiel, daß er noch vor zehn Jahren, als er zum ersten Mal mit dem langen Egbert und dem empfindsamen Anselm im Bayerischen Wald gewandert war, nicht gewußt hatte, daß Stifter immer wieder hierher zum Dreisesselberg gefahren war. Von Anselm hatte er's zum ersten Mal gehört. Nein, es war doch früher gewesen . . . Und er gedachte des Kollegen Petermann, den er ‚Serenissimus' zu nennen pflegte und der ein souveräner Herr war. Der hatte davon erzählt und seine ‚Abendlandschaft' beschrieben, die sich beim Dreisesselberg ausdehne. Daß Stifter im Rosenbergergut gewohnt und am ‚Witiko' geschrieben hatte, das hatte er auch berichtet, übrigens mit Hochachtung. Dir aber ist's nur halb bewußt geworden, oder du hast es dir nicht gemerkt . . . Und Eugen erinnerte sich des langen Egbert, der ihn (durchs Telephon) ermuntert hatte, mit ihm im Bayerischen Wald zu wandern. Ihm verdankst du die Freude deines Alters, denn ohne Egbert wärst du niemals in den Bayerischen Wald gekommen.

Helligkeit war über den Wiesen, die sich hinausdehnten. Die Straße senkte sich und führte neben einem Wäldchen weiter. Das Licht hatte einen milden Schein, weil es schon Abend wurde. Draußen weitete sich das Land und stieg zum Wald empor, der eine dunkelblaue Höhe war. Auf einer Brücke, die sich buckelig wölbte und einen Erker mit gotisch gemeißeltem Zierrat hatte, wurde die Straße enger. Das war in einem Tal, das weiter wurde, je höher man hinaufkam, und Eugen meinte, daß die Straße hier breiter gemacht und begradigt worden sei. Eigentlich schade, dachte er, denn ihm gefiel Krummes meistens besser als Gerades. In einem Ort, wo der Bus beim Gasthof zur „Post" hielt, hatte das langgestreckte Haus neue und glatte Fenster ohne Sprossen; deshalb sah's wie mumifiziert aus. Eine Madonnenstatue glänzte im Zwielicht frisch vergoldet unter Ebereschenbäumen, und über ihnen war das Abendlicht ein Schein, der alles weitete.

Es dunkelte. Als der Bus oben war, glitzerten im Böhmischen einzelne Lichter. Das Steinhaus mit dem Treppentürmchen war frisch verputzt, und Stadel duckten sich, die Holzbeigen wie Mauern hatten.

Als er ausstieg, war die Luft grau. Nebel näherte sich aus dem Böhmischen. Schneider Wachtveitel kam aus seinem Haus, die Zigarre zwischen den Lippen: „Oh mei, wir ham den Bus versäumt, mit dem Sie kommen!" Er hatte sein pfiffiges Lächeln, und Eugen spürte seine lederige Hand. – „Und d' Frau ist grad im Stall", fügte er hinzu, denn seine Frau molk die Kühe. Er selbst konnte nicht melken; das schien ihn immer ein wenig zu quälen.

(Hermann Lenz, Seltsamer Abschied, S. 289 f.)

Der Literaturreisende von heute wird, wenn er sich in Richtung Lackenhäuser aufmacht, mit dem Auto die direkte Route wählen. Sie führt von Passau in Richtung Freyung, zweigt dann bei Waldkirchen ab und führt über Jandelsbrunn nach Gsenget und Klafferstraß, wo man nach Lackenhäuser abbiegt. Dort nach zwei Kilometern angekommen, bleibt man auf der Hauptstraße und hält Ausschau nach der Jugendherberge „Rosenbergergut", die am Waldrand liegt.

Rosenbergergut in Lackenhäusern

Seit Stifters Zeit hat sich, von außen gesehen, kaum etwas verändert: Das Gut präsentiert sich immer noch als behäbiger Bau, der sogar eine eigene kleine Kapelle besitzt. Im sogenannten „Ladenstöcklein", im ersten Stock des Seitentrakts, war Stifter mit seiner Familie untergebracht. Heute ist in zwei Zimmern eine kleine Gedenkstätte für ihn und die Familie Rosenberger eingerichtet. Liebevoll gestaltet und mit Möbeln aus der Zeit des Biedermeiers ausgestattet, stellt das Museum Reproduktionen von Stifters Gemälden, eine Kopie seiner Totenmaske und einige seiner Bücher aus. Faksimile – Briefe und Photomaterial runden die kleine Schau ab.

Im Blick aus dem Fenster mag man einen Teil jener Schilderung der Landschaft wiederfinden, wie man sie bei Stifter findet:

Es ist ein reizender Blick aus den Fenstern dieser Wohnung. Ist er nicht so ergreifend wie der in eine erhabene Alpengegend, so schmeichelt er sich je länger desto lieblicher in die Seele. Ein Kreis Land liegt gegen Mittag, dessen Ränder zu beiden Seiten des Hauses nahe, weiter weg etwa zu zwei bis fünf Meilen entfernt sind. Berge, Hügel, Abhänge, Schluchten, Täler, Flächen, Wälder, Wäldchen, Wiesen, Felder, unzählige Häuser und mehrere Ortschaften mit Kirchen sind in diesem Kreise. Man kann jahrelang hier weilen und ersättigt sich nicht an der Mannigfaltigkeit der Gestaltungen. Und an klaren Tagen ragt an einer Stelle des südlichen Randes des Kreises noch die Prielgruppe der Alpen hervor, und es sind rechts davon noch einige blaue Häupter sichtbar. Es ist ein wundervoller Anblick, wenn an Sommernachmittagen oder noch mehr in der Abenddämmerung an dem ungeheuern Gesichtskreise breite Gewitter hingehen und ihre Feuer spielen lassen.

An der nördlichen Seite des Hauses sind Felder, deren Breite etwa zwei Flintenschüsse beträgt. Dann steigt der dichte, ununterbrochene schwere Wald hinan. Das breite, bläuliche, schwärzliche, grünliche Band schaut ungemein ernst und an Sonnentagen doch sanft auf die Lieblichkeit des südlichen Kreises hinab. Links, wenn man über das Haus hinblickt, zieht sich die ungemeine Mächtigkeit des Rückens des Sesselwaldes fort, der gegen seinen Rand hinauf einige entblößte Geröllstellen hat, die aber in der Nähe ein Gewirr häusergroßer Granitblöcke sind. Rechts ist die noch höhere Seewand mit noch mehr solchen Geröllstellen. An ihrer entgegengesetzten Seite liegt der Blöckensteiner See. Die Breite des sogenannten wilden Waldes beträgt in jener Gegend zwei bis drei Meilen. Überall, wo man in den reizenden Gefilden herumgeht, und es sind der Wanderwege unzählige, einer lieblicher als der andere, zieht die Würde des Waldes den Blick an sich, und die Gegend, deren Anmut man vielleicht auch anderwärts anträfe, erhält durch diese Würde erst ihre Erhabenheit. An den Wänden des Waldes rinnen allwärts Quellen herab und strömen in den tiefen, mitunter sehr scharfen Schluchten, die zwischen den weichen Kissen und Matten sind, dahin, so daß man an stillen Abenden durch die offenen Fenster das Rauschen in die Zimmer hört. Das Wasser ist glashell, daß man den Sand und die Steinchen des Grundes heraufschimmern sieht und daß dort, wo es sich etwa still in einem Grunde des Waldes zwischen Steinen sammelt und ruht, die Grenzfläche zwischen Wasser und Luft, wenn man in den Schlund hineinsieht, nicht zu erkennen ist. Weil das Wasser aus einem ungeheuern Granitlager kömmt, hat es fast keine Stoffe in sich gelöst und ist der lieblichste und erquickendste Trank. Mit der edlen Waldluft ist es ein gesundheitsfreundliches Ding, wie man nur immer eines zu finden vermag.

Am Rande des Waldes ist in den Schluchten, meist in und an dem Wasser, ein Geschiebe von Granitblöcken. Sie gehen auch noch tiefer hinab, und nicht selten liegt mitten in dem Grün der Matten ein Block, so groß wie eine Waldhütte und so dicht, daß die schönsten Werke daraus gemeißelt werden könnten. Oft stehen an solchen Blöcken schöne Bäume, besonders Ahorne, dann Birken, Eschen und andere Laubbäume mit Nadelholz gemischt, und solche Gruppen ziehen gegen den hohen Wald hinan. Und dieser Rand und das Land schimmern in einem Grün, wie man es sich kaum denken kann. Oberösterreich ist ein besonders grünes Land, und doch, wenn man von diesem Walde in seine Fluren hinabkömmt, sind sie beinahe grau.

Nicht bloß gesundheitbringend, sondern auch stillend und seelenberuhigend ist es, wenn man hier wandelt und alles auf sich wirken läßt: Das Gras an dem Wege mit den tausendartigen Waldblumen und den weißen Stein darin und den ernsten Baum und die hellen Wiesen und das einfärbige Getreide der Felder und die glänzenden Dächer der Hütten und die Hügel und Wäldchen und den Duft der Ferne mit manchem weißen Punkte einer Kirche und die unermeßliche leuchtende Himmelsglocke über dem Haupte. Und wenn man eine mäßige Höhe hinter dem Rosenbergerhause hinaufgeht, sieht man am südlichen Rande des Landes das ganze ungemein sanfte Band der salzburgischen und steirischen Alpen mit manchem Blicke eines Schneefeldes darinnen. Zu allem dem vernimmt man das leise Rauschen der Bäche, mitunter den Klang einer Herdenglocke von dem Walde herab oder hoch oben das schwache Wirbeln einer Lerche. Man glaubt, die Welt ist voll Ruhe und Herrlichkeit. Und wenn man von dieser Ruhe in eine andere geht, in die des großen Waldes, so ist es wirklich wieder eine Ruhe und wirklich eine andere. Der Blick wird beschränkt, nur das Nächste dringt in das Auge, und ist doch wieder eine unfaßbare Menge der Dinge. Die edlen Tannen, wie mächtig ihre Stämme auch sein mögen, stehen schlank wie Kerzen da und wanken sanft in dem leichtesten Luftzuge, und wenn der stillste Tag draußen ist, so geht in das Ohr, kaum vernehmlich und doch vernehmlich, ein schwaches erhabnes Sausen – es ist wie das Atemholen des Waldes. Zu der Tanne gesellt sich ihre geringere, aber doch schöne Schwester, die Fichte, dann kömmt die hellgrünlaubige Buche und in den Tiefen an Wässern die Erle, und es kommen andere wasserliebende Bäume. Und zwischen den Stämmen ist die Saat der Granitblöcke ausgebreitet, einige grau, die meisten mit Moos überhüllt, dann scharen sich die Millionen Waldkräuter, die Waldblumen, dann sind die vielfarbigen Schwämme, die Ranken und Verzweigungen der Beeren, die Gesträuche, und es ist manches Bäumchen, das sein junges Leben beginnt. Hie und da blickt ein ruhiges Wässerlein auf oder schießt ein bewegtes durch die Dinge dahin. Wenn draußen das breite Meer des Lichtes war, so ist es hier in lauter Tropfen zersplittert, die in unzähligen Funken in dem Gezweige hängen, die Stämme betupfen, ein Wässerchen wie Silber blitzen machen und auf Moossteinen wie grüne Feuer brennen. Oft, wenn eine Spalte ist, wird das Dunkel des Waldes durch eine glühende Linie geschnitten. Die vielen Tierchen des Waldes regen und bewegen sich, und wenn die auf dem Boden durch ihre Gestalt und Lebensweise ergötzen, so erfreuen die der Höhe durch ihre Laute. Und in alles tönt das ununterbrochene Rauschen der Wässer. Und wenn man fortwandert, ändert sich alles und bleibt doch alles dasselbe. So kann man viele Stunden wandern, und spannt der heilige Ernst des Waldes Gemüter, die seiner ungewohnt sind, anfangs wie zu Schauern an, so wird er doch immer traulicher und ist endlich eine Lieblichkeit wie die draußen, nur eine feierlichere.

Und wie eindringlicher und erweckender wirkt es erst, wenn man irgendein Ding zum Gegenstande seiner Betrachtung oder wissenschaftlichen Forschung macht, sei es das Leben der Himmelsglocke mit ihren Farben und Wolken oder sei es das Leben mancher Tiergattung oder seien es nur die verachteten Moose, die mit ihren verschiedenen Blättchen oder den dünnsten goldenen Seidenfäden den Stein überkleiden.

Da zeigt sich im Kleinsten die Größe der Allmacht.

(Adalbert Stifter, Gesammelte Werke, Bd. 14, S. 74–78)

Adalbert Stifter in
seinem letzten Lebens-
jahr, Zeichnung von
J. M. Kaiser

In solcher Umgebung hoffte Stifter, dessen erster längerer Aufenthalt ins Jahr 1855 fiel, Muße zum Arbeiten zu finden und sich gesundheitlich zu erholen. Er wurde nicht enttäuscht: Der „Witiko", an dem er über Jahre hinweg arbeitete, gedieh in Lackenhäuser vortrefflich.

Auch seiner angegriffenen Gesundheit tat der Bayrische Wald gut. Obwohl Stifter in den letzten Jahren unter einer Leberkrankheit – wahrscheinlich Krebs – litt und ständig mit Beschwerden zu kämpfen hatte, fühlte er sich in Lackenhäuser frischer als anderswo. Selbst 1865, als kaum mehr Hoffnung bestand, geheilt zu werden, hielt er konsequent an seinem Kuraufenthalt in Lackenhäuser fest. So schrieb er am 17.3.1865 an Rosenberger: „Geben Sie mir auf die schöne Sommerzeit wieder das Ladenstöcklein [. . .]. Sie können keine Ahnung haben, wie groß der Dienst ist, den Sie mir erweisen. Leidende sind kindisch und meine ganze Seele hängt an der Gegend. Wenn ich irgendwo völlig genese, so ist es dort."

Mit seiner Erwartung, in den Bayrischen und Böhmischen Wäldern zu gesunden, war er übrigens nicht allein. Schon Johann Wolfgang von Goethe vertraute der heilbringenden Wirkung der Waldesluft, wie ein Brief aus Eger an Gräfin O'Donell vom 5. September 1823 darlegt: „Zu völliger Wiederherstellung meiner Gesundheit, die sich ganz leidlich anläßt, sollen die böhmischen Wälder hoffe ich abermals das ihrige wirken." Jahre später, am 1.12.1867, schrieb Friedrich Nietzsche, der eine erste Stifter-Renaissance einleitete, ganz ähnliche Sätze an Carl von Gersdorff: „Sobald ich los und ledig war, flog ich mit Freund Rohde in den böhmischen Wald, um in Natur, Berg und Wald die müde Seele zu baden."

Stifter hingegen sprach besonders dem Wasser aus dem Granitlager des Böhmerwaldes heilende Wirkung zu, und auch die ausgedehnten Spaziergänge mögen seinem Gesundheitszustand förderlich gewesen sein. Einen seiner liebsten Wege, deren Verlauf Stifter in „Aus dem bayrischen Walde" beschreibt, hat man heute in den Witikosteig umbenannt. Er geht vom Rosenbergergut auf den Dreisesselberg und danach zum Plöckensteiner See: die „Träne des Böhmerwaldes", wie er vielfach genannt wird:

Von den Scheuern des Rosenbergerhauses führt ein Fußpfad einem Wässerlein entgegen am Feldrande bis zu dem Walde. Dort strömt ein klarer Bach aus dem Dunkel hervor. Und von dort geht ein Weg, so trefflich, daß ihn eine Frau mit Stadtschuhen begehen kann, schräge an der Walddachung zu den drei Sesseln hinan. Wenn man sehr langsam geht, kömmt man in zwei Stunden an die Schneide des Waldes hinauf. Man geht beständig unter hohen Bäumen, eine Strecke unter sehr schönen Buchen. Auf der Waldschneide stehen hie und da Granitgiebel empor, die aussehen, als wären sie aus riesigen Steinscheiben gelegt worden. Wahrscheinlich sind es Reste eines ausgewitterten gewaltigen Granitrükkens. Manche sind gerade so wie steilrechte, aus Steintellern gelegte Säulen. Die bedeutendsten sind der Sesselfels und der Hohenstein. Man kann noch den Seeturm des Blöckensteines dazu rechnen. Von andern Blöcken solcher Art, die noch auf der ungeheuern Schneide des ganzen Waldes stehen, ist hier nicht die Rede. In den steilrechten Sesselfels ist eine Steintreppe gehauen. Wenn man sie hinangestiegen ist, steht man auf einer waagrechten Steinfläche, auf welcher nur einige Menschen Platz haben. Man steht gerade mit seinen Fußsohlen neben den Wipfeln der hohen Bäume. Mit Sesseln hat der Fels nicht die geringste Ähnlichkeit, eher wäre er ein großer Säulenknauf. Vor mehreren Jahren standen noch an der Oberfläche des Steins drei Lehnen empor, welche Spalten zwischen sich hatten, durch die man hinaussah. Damals glich der Fels einem riesigen Predigtstuhle. Die Leute nannten die Lehnen Sessel, daher der Name. Ich wollte in dem Jahre 1855 in die nördliche Lehne wirklich einen Sitz hauen lassen, so daß man von ihm die ganze südliche Fernsicht genießen könnte, aber der Entschluß fand Verzögerungen durch Voranstalten, Umfragen und dergleichen. Indessen, waren nun die Lehnen schon seit langem locker oder ist die Auswitterung sehr rasch geschritten, fanden sich mehrere Leute, die sich die Arbeit machten, die viele Zentner schweren Lehnen in die südliche Tiefe zu stürzen. Dort liegen sie nun unter anderem Steingetrümmer. Als sie noch standen, waren sie von ferne wie ein Würfel auf dem Waldesrande zu sehen, jetzt ist von der Ferne nichts mehr sichtbar, weil der Fels nur bis zu den Baumwipfeln reicht, außer es ständen eben Menschen auf ihm, die man dann mit dem Fernrohre finden würde.

Dreisesselberg

Höhere Berge haben oft einen weniger lohnenden Fernblick als dieser Fels. Man sieht gegen Mittag hinab auf die Schwere des Waldes, durch den man heraufgegangen ist, und da zeigt er sie erst recht, wie es der Hinaufblick nicht vermag. Dann kömmt das hüglige Land bis zur Donau mit den tief drunten liegenden grünen Schwellungen und den weißen Ortschaften, Kirchen und Häusern darauf und den unzähligen Wäldchen, Wiesen und Feldern und mit manchem dunkeln Rücken, der ein großer Wald heißen würde, wenn man nicht auf dem sehr großen Walde stände. Dann erscheint der schleierige Streifen des obst- und kornreichen Landes nördlich der Alpen. Man sieht darin die Glanzfäden der Donau, des Inn und der Isar. Manche behaupten, mit Fernröhren die Türme der Liebfrauenkirche von München gesehen zu haben. Ich konnte wohl die bayrische Hochebene finden, sah aber nie diese Türme. Regensburg wird durch die Wälder bei Stauf gedeckt. Endlich ist als Grenze die Krone des Ganzen, die Alpenkette vom Pinzgau bis zum Schneeberge in Unterösterreich, im zartesten gezackten Blau, daß der Kundige jede seiner Höhen und jedes seiner Schneefelder findet. Und über allem ist der feeige Duft und Schmelz der Luft, der ausgedehnte Landschaften so unsäglich anmutig macht und den der Pinsel so selten erreicht, wenn es nicht etwa Claude Lorrain gelungen ist, der aber nie so große Dehnungen gemalt hat. Gegen Nordwest, Nord und Nordost ist die Aussicht beschränkter, aber sehr ernst. Waldwoge steht hinter Waldwoge, bis eine die letzte ist und den Himmel schneidet. Großartig ist es, wenn Wolkenberge an dem Himmel lagern und mit blauen Schattenflecken dieses Waldmeer unterbrechen. Kann man eine herrliche Alpenansicht ein schwungvolles lyrisches Gedicht nennen, so ist die Einfachheit dieses Waldes ein gemessenes episches.

Nicht weit von dem Sesselfels steht der Hohenstein, auf den eine hölzerne Treppe führt und von dem aus eine größere Fernsicht nach Böhmen ist, aber eine weit kleinere nach Süden.

Von den Sesseln kann man auf einem knorrigen, steinigen, oft sumpfigen Wege, der streckenweise, namentlich gegen das Ende, gar kein Weg mehr ist, immer auf der Schneide des Waldes ostwärts gehend, in etwas mehr als zwei Stunden zu dem Blöckensteine gelangen, der höher ist als der Sesselberg, aber eine geringere Rundsicht hat. Wenn man jedoch um den Steingiebel, der den Namen Seeturm führt, links herum wendet und einige Schritte abwärts geht, steht man plötzlich auf dem Rande einer steilrecht abfallenden Felsenwand. Links sieht man gewaltige Felsen niedersteigen, rechts steigen Felsen hinab, überall gehen Wälder hinab, und auf dem Grunde dieser Nische an dem Saume eines Gewirres hinabgestürzter und bleichender Baumstämme steht ein ruhiges, starres, schwarzes Wasser, jenseits von einem schmalen, dunkeln Waldbande gesäumt. Es ist der Blöckensteinsee. An sonnigen Tagen zeigt der Hinabblick in all das blaue Dämmern und Weben der hinuntersteigenden Wälder, der hinunterstehenden Felsen, des bleichenden Saumes, des stahlblau und schwarz schillernden Wassers, des Uferbandes und dann ein Blick auf das einfärbige Himmelblau etwas so zauberhaft düster Holdseliges, daß manche Gemüter davon mächtiger erfaßt werden als von der Pracht des Blickes von den Sesseln aus. Ich konnte einmal einen Freund von der Felsplatte, die an der Wand gleichsam über dem See schwebt, kaum fortbringen. Man kann den See links von der Wand aus umgehen und an sein flaches jenseitiges Ufer hinabgelangen, aber der Gang ist durch die Steintrümmer, Farrenkräuter, Brombeerranken und anderes Geniste und über gefallene modernde Bäume äußerst beschwerlich. Die von dem Moldautale aus den See besuchen, kommen an seinem östlichen flachen Ufer an. Man hat dort an Nachmittagen den schönsten Anblick gegen die schattige, gleichsam wie in Schleiern zitternde Seewand. Ich habe beide Anblicke, den von oben und den von unten, vielfach genossen und weiß nicht, welcher vorzuziehen ist.

Vom See gelangt man auf einem andern Wege leicht in zwei Stunden zu dem Rosenbergerhause hinab.

(Adalbert Stifter, Gesammelte Werke, Bd. 14, S. 78–82)

Auch heute noch kann man auf dem gut markierten Witikosteig Stifters Spuren folgen: Vom Rosenbergergut muß man mit einem etwa zweistündigen Aufstieg auf den Sesselberg rechnen. Von dort führt seit der Öffnung der Grenzen wieder ein offiziell beschilderter Weg zum Stifterdenkmal oberhalb des Plöckensteiner Sees, das in etwa zwei Stunden zu erreichen ist. Direkt auf einem Felsen, der einen wunderschönen Blick auf den See bietet, erhebt sich eine Pyramide. Unter den Inschriften auf dem Denkmal findet sich auch ein Zitat aus dem „Hochwald", einer jener Erzählungen, in der sich die Landschaft des Böhmischen Waldes am klarsten spiegelt.

Obwohl Stifter den Hochwald, in dem Freiherr von Wittinghausen seine beiden Töchter und deren Beschützer Gregor vor dem Krieg in Sicherheit bringt, stark stilisiert, kann man in ihm und der Beschreibung des wundersamen Waldsees die Gegend um den Plöckenstein erkennen:

Es waren schon viele Tage und Wochen vergangen – Erwarten und Fürchten, keines war um die Breite eines Haares vorgerückt! – In gleicher Schönheit, so oft sie es suchten, stand das Vaterhaus in dem Glase ihres Rohres, in gleichem tiefem Frieden lagen die an ihren Wald grenzenden bewohnten Länder, obgleich sie recht gut wußten, daß draußen, wohin ihr Blick nicht mehr reiche, der Qualm des Krieges liege, der jeden Augenblick an ihrem Gesichtskreise sichtbar werden könne.

Ihr Garten, der Wald, unbekümmert um das, was draußen vorging, förderte sein Werk für diesen Sommer, ja er hatte es fast abgetan; denn die milde Spätsonne goß schon ihr Licht trübselig auf die bunten, gelben und roten Herbststreifen, die sich durch das Duftblau der Wälder hinzogen.

– – – Da geschah es eines Tages, daß die zwei Mädchen und Gregor jenseits des Sees am Ufer saßen ihrem Hause gegenüber. Sie waren ziemlich weit von demselben entfernt und sahen auf jene Stelle, wo der Blockenstein in den See stürzt, ihre Waldwiese von dem andern Lande trennend. Die Knechte waren schon seit drei Tagen um Lebensmittel aus und wurden abends zurückerwartet. Die Sonne des Nachsommers war so rein, so warm und einladend, daß das Herz sich traulich hingab – die zwei Mägde waren in das Gebirge gegangen, um Brombeeren zu suchen, und unsre kleine Gesellschaft, nachdem sie Gregor über den See geschifft und dann an schönen Stellen herumgeführt hatte, saß jetzt, der lauen Luft genießend, in angenehmer Müdigkeit auf einem großen Steine, um den die Glut roten Herbstgestrippes und dichter Preiselbeeren zu ihren Füßen prangte und die langen Fäden des Nachsommers glänzten. Sie sahen auf ihr leeres Haus und auf die graue Steinwand hinüber, während ihnen Gregor erzählte, der ebenfalls von der feierlich stillen Pracht, mit der, wie gewöhnlich, der Nachsommer über die Wälder gekommen war, befangen, in immer romantischere und schwermütigere Weisen versank.

Johanna fragte ihn, wie es denn gekommen, daß er diesen See entdeckt habe, den so hoch oben gewiß niemand vermute und von dem er ihnen auch sage, daß wenige Menschen von seinem Dasein wissen.

„Es wissen ihn auch wenige", erwiderte der alte Mann, „und suchen ihn auch nicht, da sie nicht Grund haben, und die von ihm Ahnung bekommen, hüten sich wohl, ihn aufzusuchen, da sie ihn für ein Zauberwasser halten, das Gott mit schwarzer Höllenfarbe gezeichnet und in die Einöde gelegt hat. Nun, was die schwarze Farbe betrifft, so mag es wohl damit nur die Ursache haben, daß die dunklen Tannen und Berghäupter aus ihm widerscheinen – wäre er draußen im ebenen Lande, so wäre er so blau wie ihre Teiche, auf die nichts als der leere Himmel schaut – und was die Einöde anlangt, so weiß ich nicht, ob ihn Gott an ein schöner Plätzchen hätte legen können als dieses. Ich kenne ihn schon über vierzig Jahre und habe ihn in dieser Zeit nur zwei Menschen gezeigt; da wir beide noch jung waren, Eurem Vater und, da ich alt geworden bin, einem jungen Manne, den ich liebgewonnen und mit dem ich manches Wild geschossen habe. In Hinsicht seiner Entdeckung aber, liebe Jungfrau, war es so: Seht, da ich ein Bube war von zwölf, dreizehn Jahren oder darüber, da waren noch größere und schönere Wälder als jetzt. – Holzschläge waren gar nicht zu sehen, diese traurigen Baumkirchhöfe, weil nächst dem Waldlande wenig Hütten standen und diese ihr Brennholz noch an den Feldern bald in diesem, bald in jenem Baume fanden, den sie umhieben – und man merkte nicht, daß einer fehle. Damals gingen auch die Hirsche oft in Herden gegen unsere Wiesen, und man brauchte sie nicht in den Wäldern aufzusuchen, wenn man einen schießen wollte – –"

Bei diesen Worten unterbrach er sich, und plötzlich zu Klarissa gewendet, sagte er: „Wollt Ihr, Jungfrau, eine der schönen gelbgestreiften Schwungfedern, so schieße ich Euch das Tier herab; ich glaube, ich werde es erreichen." Er zeigte hiebei in die Luft, und die Mädchen sahen einen schönen Geier mit gespannten Flügeln hoch über dem See schweben. Er schien gleichfalls ohne alle andere Absicht zu sein, als sich in der ausnehmend klaren, lauen, sonnigen Herbstluft zu ergehen; denn auf seinen Schwingen ruhend, die Gabel des Schweifes wie einen Fächer ausgebreitet, ließ er sich gleiten auf dem Busen seines Elementes, langsame Kreise und Figuren beschreibend, während Schwung- und Ruderfedern, oft zierlich gedreht, im Sonnenscheine spielten und die Fittige nur nach langen Zwischenräumen zwei bis drei leichte Schläge taten. Die Mädchen bewunderten die zarte Majestät dieses Naturspieles; sie hatten nie dieses mächtige Tier in solcher Nähe gesehen und baten daher einmütig, dem schönen Vogel nichts zuleide zu tun.

„Freilich ist er ein schönes Tier" antwortete der Jäger, „und daß sie ihn draußen ein Raubtier heißen, daran ist er so unschuldig wie das Lamm; er ißt Fleisch, wie wir alle auch, und er sucht sich seine Nahrung auf wie das Lamm, das die unschuldigen Kräuter und Blumen ausrauft. Es muß wohl so Verordnung sein in der Welt, daß das eine durch das andere lebt. Nun seht ihn nur recht an, wie er sich langsam dreht und wendet und wie er stolzieret – er wird nicht so bald dieses Wasser verlassen; ich sah es öfter, daß sie gerne über solchen Stellen schweben, als schauten sie sich in einem Spiegel. In der Tat aber wartet er bloß auf die verschiedenen Tiere und Vögel, die an das Wasser trinken kommen."

Sie sahen nun eine Zeitlang den Vogel schweigend an, wie er in großem Bogen langsam dem See entlang schwebte und immer kleiner ward – wie ihn rechts hohe Tannen ihrem Auge entrückten – und wie er dann wieder groß und breit dicht ob ihnen durch die dunkle Luft hervorschwamm. Endlich, da sich seine Kreise und Linien näher an die gegenüberliegende Wand verloren, schwächte sich auch der Anteil an ihm, und Johanna fragte wieder, wie es sich mit der Entdeckung des Sees ergeben.

„Das war nun so", entgegnete Gregor; „ich habe Euch schon gesagt, daß weit von hier ein Haus und ein Feld sei, wo ich und meine Enkel leben und wo mein Vater und Großvater gelebt haben, und das sagte ich auch, daß einmal viel größere Wälder waren als heute. Damals kam nie einer herauf; denn sie fürchteten die Einöde und entsetzten sich vor der Sprache der Wildnis – da waren nun solche, bei denen die Sage ging, es sei irgendwo ein schwarzes Zauberwasser in dem Walde, in welchem unnatürliche Fische schwimmen und um das eine verwunschene graue Steinwand stehe, und es seien lange Gänge darinnen. Alles flimmert von Gold und Silber, schönen Geschirren und roten Karfunkeln, wie ein Kopf so groß. Vor vielen hundert und hundert Jahren hat ein heidnischer König aus Sachsen, der vor dem frommen Kaiser Karl floh, sich und seine Schätze in diese Felsen vergraben und bei seinem Tode sie verzaubert, daß man weder Tor noch Eingang sehen kann – nur während der Passionszeit, solange in irgendeiner Kirche der Christenheit noch ein Wörtlein davon gelesen wird, stehen sie offen – da mag jeder hineingehen und nehmen, was er will; aber ist die Zeit um, dann schließen sie sich und behalten jeden innen, der sie versäumt."

Johanna sah hinüber auf die Wand, und es war ihr, als rührten sich die Felsen.

„Nun, sagte man nicht, daß sich jemand einmal hineingewagt habe?" fragte Klarissa.

„Ei freilich", erwiderte der Jäger, „da erzählte mir meine eigne Großmutter, daß es wirklich wahr sei, daß nicht weit von dem Berge, wo die drei Sessel stehen, ein solcher See liege und daß auch einmal vor vielen hundert Jahren ein Mann, der auf dem Schestauer Hause zu Salnau wirtschaftete, aber viel Fluchens und arge Werke trieb, deswegen auch sein Gut nicht vor sich bringen konnte, am Karfreitage, als alle Christen vor dem Grabe des Herrn beteten, heraufgestiegen sei und, damit sie mehr Schätze tragen können, auch sein Söhnlein mitgenommen habe. – Wie sie nun eintraten, befiel das unschuldige Kind ein Grausen, daß es rief: ‚Vater, Vater, sieh die glühenden Kohlen, geh

Plöckensteiner See, Tuschezeichnung von A. Stifter, um 1846

heraus!' – – Aber diesen hatte der böse Feind geblendet, daß er, unter
den Karfunkeln wählend und wühlend, seiner Zeit nicht wahrnahm,
bis der Knabe wie mit einem Windesruck an dem See stand und gerade sah, wie der Fels mit Schlagen und Krachen sich schloß und den
unseligen Vater lebendig darinnen behielt. Den Knaben befiel Entsetzen, er lief, als ob alle Bäume hinter ihm her wären, bergab, und die
heilige Jungfrau lenkte seine Schritte auch so, daß er sich glücklich
nach Hause fand. Er wuchs heran, wurde gottesfürchtig und fastete
jeden Karfreitag, bis die Sterne am Himmel standen – war auch gesegnet in seinen Feldern und in seinem Stalle. Seitdem hat man nirgends
gehört, daß einer in den Berg gedrungen."

Man sah schweigend auf die graue Wand hinüber, und auch Klaris-
sen war es jetzt, als rühre sie sich und die grünen Tannen stehen als
Wächter und flüstern miteinander.

Der Geier war noch immer in der Luft sichtbar, sanft kreisend und
schwimmend oder oft sekundenlang so unbeweglich stehend, als wäre er
eine in diesem Dome aufgehängte geflügelte Ampel.

Gregor fuhr fort: „Ich war damals ein Bube, und meine Großmutter wußte viele solche Geschichten. Da steht auch ein Berg drei Stunden von hier. – In der uralten Heidenzeit saßen auf ihm einmal drei Könige und bestimmten die Grenzen der drei Lande: Böheim, Bayern und Österreich – es waren drei Sessel in den Felsen gehauen, und jeder saß in seinem eigenen Lande. Sie hatten vieles Gefolge, und man ergötzte sich mit der Jagd, da geschah es, daß drei Männer zu dem See gerieten und im Mutwill versuchten, Fische zu fangen, und siehe, Forellen, rot um den Mund und gefleckt wie mit glühenden Funken, drängten sich an ihre Hände, daß sie deren eine Menge ans Land warfen. Wie es nun Zwielicht wurde, machten sie Feuer, taten die Fische in zwei Pfannen mit Wasser und stellten sie über. Und wie die Männer so herumlagen und wie der Mond aufgegangen war und eine schöne Nacht entstand, so wurde das Wasser in den Pfannen heißer und heißer und brodelte und sott, und die Fische wurden darinnen nicht tot, sondern lustiger und lustiger – und auf einmal entstand ein Sausen und ein Brausen in den Bäumen, daß sie meinten, der Wald falle zusammen und der See rauschte, als wäre Wind auf ihm, und doch rührte sich kein Zweig und keine Welle, und am Himmel stand keine Wolke, und unter dem See ging es wie murmelnde Stimmen: es sind nicht alle zu Hause – zu Hause . . . Da kam den Männern eine Furcht an, und sie warfen alle die Fische ins Wasser. Im Augenblicke war Stille, und der Mond stand recht schön an dem Himmel. Sie aber blieben die ganze Nacht auf einem Stein sitzen und sprachen nichts, denn sie fürchteten sich sehr, und als es Tag geworden, gingen sie eilig von dannen und berichteten alles den Königen, die sofort abgezogen und den Wald verwünschten, daß er eine Einöde bleibe auf ewige Zeiten.“

Er schwieg, und die Mädchen auch.

„Sehet, schöne Jungfrauen“, fuhr er nach einer Weile fort, „dies alles rieselte mir damals gar sonderbar durch die Gebeine, und mit Grauen und mit Begierde sah ich immer seitdem auf den blauen Wald hinauf, wie er geheimnisvoll und unabsehlich längs dem schönen, lichten Himmel dahinzog. Ich nahm mir vor, sobald ich ein Mann sein würde, den schönen, zauberhaften See und die Heidenwand aufzusuchen. Mein Vater und die Leute lachten mich aus und meinten, das sei eitel Fabel und Narrheit mit diesem Wasser; – aber sehet, da ich den Wald nach und nach kennen lernte und einsah, wie wunderbar er sei, ohne daß die Menschen erst nötig hätten, ihre Fabeln hineinzuweben – und da mir viele klare Wässerlein auf meinen Wanderungen begegneten, alle von einem Punkt der Höhen herabfließend und deutlich mit kindlichem Rieseln und Schwätzen von ihrem Vater erzählend, – so stieg ich herauf, und sehet, an dem Platze, wo wir eben sitzen, kam ich heraus und fand mit eins das schöne, liebliche Wasser."

„Und hat es Euch nicht geängstet und gegraut?" fragte Johanna.

„Geängstet?" entgegnete der Alte, „geängstet?" – Gefreuet habe ich mich der schönen Stelle; denn ich wußte dazumal schon sehr gut, daß der Wald keine frevlen Wunder wirke, wie es gehässige und gallige Menschen gern täten, hätten sie Allmacht, sondern lauter stille und unscheinbare, aber darum doch viel ungeheurere, als die Menschen begreifen, die ihm deshalb ihre ungeschlachten andichten. Er wirkt sie mit ein wenig Wasser und Erde und mit Luft und Sonnenschein. Sonst ist kein anderes da, noch je dagewesen, glaubet es mir nur. Auch auf dem Berge der drei Sessel war ich oben – nie saß ein König dort, so wenig als hier jemand gefischt hat. Wohl stehen die drei steinernen Stühle, aber nicht etwa einfältig eben und geglättet wie die hölzernen in Eurem Hause, sondern riesengroß und gefurcht und geklüftet; die leichten Finger des Regens haben daran gearbeitet, und das weiche, aber unablässige Schreinerzeug der Luft und der Sonne haben sie gezimmert. – Ich saß darauf und schaute wohl stundenlang in die Länder der Menschen hinaus – und wie ich öfter hier und dort war, erkannte ich gar wohl, daß dies alles nur Gottes Werk sei und nicht der Menschen, zu denen sich nur die Sage davon verlor. Sie können nichts bewundern, als was sie selber gemacht haben, und nichts betrachten, als in der Meinung, es sei für sie gebildet. Hat Gott der Herr dem Menschen größere Gaben gegeben, so fordert er auch mehr von ihm – aber darum liebt er doch auch nicht minder dessen andere Geschwister, die Tiere und Gewächse; er hat ihnen Wohnungen gegeben, die dem Menschen versagt sind, die Höhen der Gebirge, die Größe der Wälder, das ungeheure Meer und die weiten Wüsten – dort, ob auch nie ein Auge hinkomme, hängt er ob ihnen seine Sterne auf, gibt ihnen die Pracht ihrer Gewänder, deckt ihren Tisch, schmückt sie mit allerlei Gaben und kommt und wandelt unter ihnen, gerade wie er es hier und unter den Menschen macht, die er auch liebt, obwohl sie ihm, wie es mir oft gedeucht hat, seine Tiere und Pflanzen mißbrauchen, weil sie im Hochmute sich die einzigen wähnen und in ihrer Einfalt nie hinausgehen in die Reiche und Wohnungen derselben, um ihre Sprache und Wesenheit zu lernen – – – –."

Während er noch so redete, fuhr jenseits von der Wand des Heiden-
königs ein leichter Blitz auf, und der Geier stürzte pfeilgerade ins Wasser
– im Augenblicke rollte auch der Schuß die klippige Wand entlang und
murmelte von Wald zu Wald.

Die Mädchen sprangen erschrocken auf, und Gregor schaute starren
Auges hinüber, als wollte er die harte Wand durchbohren.

(Adalbert Stifter, Gesammelte Werke, Bd. 1, S. 297–304)

Während draußen der Krieg tobt, lebt die kleine Gemeinschaft im
Schutz des Hochwaldes. Bei Stifter ist es die Natur, die den Menschen
lehrt, sein Leben zu gestalten und es in Harmonie mit einem idealen Ord-
nungsprinzip zu bringen. Eine Ordnung übrigens, die brüchig geworden ist:
Nach ihren Gesetzen zu leben, ist nur in abgezirkelten Räumen und Landschaften möglich, die nicht immer gefeit sind vor der Außenwelt. Auch die
beiden „Waldblumen" Klarissa und Johanna und ihr weiser Lehrmeister
Gregor kehren in ihren früheren Lebensbereich zurück, den sie verwüstet
vorfinden. Die Monate im Wald bleiben idealer Ausnahmezustand.

Als Replik auf Stifters idealisiertes Naturbild und dessen Vorbild-
wirkung für den Menschen, wie sie im „Hochwald" besonders ausgeprägt
vorgeführt werden, könnte man das Gedicht Reiner Kunzes lesen:

Der hochwald erzieht seine bäume

Sie des lichtes entwöhnend, zwingt er sie,
all ihr grün in die kronen zu schicken
Die fähigkeit,
mit allen zweigen zu atmen,
das talent,
äste zu haben nur so aus freude,
verkümmern

Den regen sieht er, vorbeugend
der leidenschaft des durstes

Er läßt die bäume größer werden
wipfel an wipfel:
Keiner sieht mehr als der andere,
dem wind sagen alle das gleiche

(Reiner Kunze, Sensible Wege, S. 9)

Eine Reaktion auf Adalbert Stifter?

Wie auch immer: Der „Hochwald" erfreut sich bester Gesundheit, der literarische zumindest, und gehört nach wie vor zu Stifters meistgelesenen Erzählungen. Erstmals erschienen ist sie in der Zeitschrift „Iris", Jahrgang 1842. Später publizierte Stifter seinen „Hochwald", etwas überarbeitet, in den „Studien" und begeisterte Leser wie Kritik gleichermaßen einhellig. 1852 schließlich erschien er als selbständiger Band in einer Miniaturausgabe. Diese könnte in so manchem Ränzlein jener „Hochwald"-Wallfahrer gelegen sein, die sich auf den Spuren Stifters in der Gegend um den Dreisesselberg und den See am Plöckenstein tummelten.

Für Stifter offenbar Grund zur Freude, wie ein launiger Brief vom 23.8.1855 aus Lackenhäuser an seinen Verleger Gustav Heckenast dokumentiert:

Es kommen in neuer Zeit sehr viele Besucher hierher. Rosenberger sagt, daß Ende August und Anfangs September fast kein Tag vergeht, an dem nicht eine oder zwei Gesellschaften kommen, den Dreisesselberg oder den Blockenstein und den See zu besuchen. [. . .] Rosenberger hat sich den Hochwald schon mehrmale gekauft, und immer ist er ihm wieder von Freunden entführt worden. Ich sagte neulich zu ihm, ich werde Ihnen schreiben, daß sie hier einen Stand mit diesen Büchern aufrichten sollen, wie bei Wallfahrtskirchen Bilder mit den Wundern des Heiligen verkauft werden, der in der Kirche verehrt wird. Die bei weitem meisten Besuche kommen von Deutschland herüber. Gestern waren 5 Passauer da, und 6 Personen aus Wels. [. . .] Eben geht wieder eine Gesellschaft Männer, Rosenberger mit ihnen, zum See hinauf. Ich möchte heiße Tränen weinen, daß ich nicht mit ihnen gehen kann. Es ist gewissermaßen ‚mein' See, und ich kann ihn nicht sehen.

(Paul Praxl, Adalbert Stifter und die Entdeckung des Böhmer- und Bayerwaldes)

Daheim in Oberplan:
Mit Adalbert Stifter in den Böhmischen Wald

Ausdauernde Wanderer werden vom Dreisesselberg aus zum See hinabsteigen und von dort zu Fuß bis nach Oberplan in der heutigen Tschechoslowakei gehen: Mit weiteren drei Stunden Fußmarsch ist allerdings zu rechnen. Alle anderen wählen vom Dreisesselberg den Witikosteig, der sie zum Rosenbergergut zurückbringt. Von dort erreicht man Oberplan über den Grenzübergang Philippsreut. Zehn Kilometer hinter der Grenze zweigt eine Straße in Richtung Volary und Vyšší Brod ab, auf der man nach 32 Kilometern in Oberplan (tschechisch: Horni Planá), einer langgestreckten Gemeinde mit mehreren Ortsteilen, ankommt. Der Kern des Ortes ist nicht zu verfehlen.

Erste Station könnte ein Spaziergang zum Stifter-Denkmal sein: Links von der Kirche führt ein steiler Weg bergauf, der bisweilen in Treppen mündet und direkt auf dem kleinen Platz endet, wo eine Bronzebüste an Stifter erinnert. Dort mag man einstmals die Seen- und Waldlandschaft überblickt haben – Stifters Pose zumindest deutet dies an. Heute liegt das Denkmal etwas versteckt hinter Bäumen, aber immerhin abseits der Hauptstraße und somit ruhig und abgeschieden. Lohnender ist freilich ein Besuch in seinem Geburtshaus am Ende des Ortes auf der linken Straßenseite. Die Kate, zum Museum umfunktio-

Stifters Geburtshaus in Oberplan

niert, scheint das Schmuckstück des Dorfes zu sein: Stilvoll restauriert, präsentiert sie sich als pittoreskes Schatzkästchen. Im Inneren des Hauses wird in verschiedenen kleinen Stuben versucht, Stifters Herkunft und Leben zu dokumentieren: Anhand von zweisprachigen Schautafeln, aber auch mit Hilfe einfacher Geräte aus Haushalt und Landwirtschaft.

Stifter, 1805 geboren, stammte aus einfachen kleinbürgerlichen Verhältnissen. Den Vater, einen Flachs- und Leinenhändler, verlor er schon früh. Seine eigentliche Vertrauensperson wurde seine Großmutter, wie seine autobiographische Skizze „Mein Leben" verrät:

Mein Leben [Nachlaßblätter]

Es ist das kleinste Sandkörnchen ein Wunder, das wir nicht ergründen können. Daß es ist, daß seine Teile zusammenhängen, daß sie getrennt werden können, daß sie wieder Körner sind, daß die Teilung fortgesetzt werden kann, und wie weit, wird uns hienieden immer ein Geheimnis bleiben. Nur weniges, was unserem Sinne von ihm kund wird, und weniges, was in seiner Wechselwirkung mit anderen Dingen zu unserer Wahrnehmung gelangt, ist unser Eigentum, das andere ruht in Gott. Die großen Körper, davon es getrennt worden ist und die den Außenbau unserer Erde bilden, sind uns in ihrer Eigenheit unbekannt wie das Sandkörnchen.

Sie sind, und wir sagen manches von ihnen aus, das auf dem Pfade unserer Wahrnehmungskräfte zu uns hereinkömmt.

Und dann sind die Planeten, die wie unsere Erde als andere Erden in dem ungeheuren Raume schweben, der uns zunächst an uns durch sie geoffenbaret wird. Dann sind weiter außer ihnen die Fixsterne, die in dem noch viel größeren Raume, den sie darstellen, bestehen, und deren Größe sowie die Größe des Raumes wir durch Zahlen ausdrücken, aber in unserem Vorstellungsvermögen nicht fassen können. Dann geht, wie unsere Fernröhre zeigen, der körpererfüllte Raum fort und fort. Wir nennen das alles die Welt und heißen sie das größte Wunder. Aber auf den Dingen der Welt ist ein noch größeres Wunder, das Leben. Wir stehen vor dem Abgrunde dieses Rätsels in Staunen und Ohnmacht. Das Leben berührt uns so innig und hold, daß uns alles, darin wir es zu entdecken vermögen, verwandt, und alles, darin wir es nicht sehen können, fremd ist, daß wir seine Zeichen in Moosen, Kräutern, Bäumen, Tieren liebreich verfolgen, daß wir sie in der Geschichte des menschlichen Geschlechtes und in den Darstellungen einzelner Menschen begierig in uns aufnehmen, daß wir Leben in unseren Künsten dichten und daß wir uns selber ohne Leben gar nicht zu denken vermögen.

Ich bin oft vor den Erscheinungen meines Lebens, das einfach war, wie ein Halm wächst, in Verwunderung geraten. Dies ist der Grund und die Entschuldigung, daß ich die folgenden Worte aufschreibe. Sie sind zunächst für mich allein. Finden sie eine weitere Verbreitung, so mögen Gattin, Geschwister, Freunde, Bekannte einen zarten Gruß darin erkennen und Fremde nicht etwas Unwürdiges aus ihnen entnehmen.

Weit zurück in dem leeren Nichts ist etwas wie Wonne und Entzükken, das gewaltig fassend fast vernichtend in mein Wesen drang und dem nichts mehr in meinem künftigen Leben glich. Die Merkmale, die festgehalten wurden, sind: Es war Glanz, es war Gewühl, es war unten. Dies muß sehr früh gewesen sein; denn mir ist, als liege eine sehr weite Finsternis des Nichts um das Ding herum.

Dann war etwas anderes, das sanft und lindernd durch mein Inneres ging. Das Merkmal ist: Es waren Klänge.

Dann schwamm ich in etwas Fächelndem, ich schwamm hin und wieder, es wurde immer weicher und weicher in mir, dann wurde ich wie trunken, dann war nichts mehr.

Diese drei Inseln liegen wie feen- und sagenhaft in dem Schleiermeere der Vergangenheit, wie Urerinnerungen eines Volkes.

Die folgenden Spitzen werden immer bestimmter, Klingen von Glocken, ein breiter Schein, eine rote Dämmerung.

Ganz klar war etwas, das sich immer wiederholte. Eine Stimme, die zu mir sprach, Augen, die mich anschauten, und Arme, die alles milderten. Ich schrie nach diesen Dingen.

Dann war Jammervolles, Unleidliches, dann Süßes, Stillendes. Ich erinnere mich an Strebungen, die nichts erreichten, und das Aufhören von Entsetzlichem und Zugrunderichtendem. Ich erinnere mich an Glanz und Farben, die in meinen Augen, an Töne, die in meinen Ohren und an Holdseligkeiten, die in meinem Wesen waren.

Immer mehr fühlte ich die Augen, die mich anschauten, die Stimme, die zu mir sprach, und die Arme, die alles milderten. Ich erinnere mich, daß ich das „Mam" nannte.

Diese Arme fühlte ich mich einmal tragen. Es waren dunkle Flecke in mir. Die Erinnerung sagte mir später, daß es Wälder gewesen sind, die außerhalb mir waren. Dann war eine Empfindung, wie die erste meines Lebens, Glanz und Gewühl, dann war nichts mehr.

Nach dieser Empfindung ist wieder eine große Lücke. Zustände, die gewesen sind, mußten vergessen worden sein.

Hierauf erhob sich die Außenwelt von mir, da bisher nur Empfindungen wahrgenommen worden waren. Selbst Mam, Augen, Stimme, Arme waren nur als Empfindung in mir gewesen, sogar auch Wälder, wie ich eben gesagt habe. Merkwürdig ist es, daß ich der allerersten Empfindung meines Lebens etwas Äußerliches war, und zwar etwas, das meist schwierig und erst spät in das Vorstellungsvermögen gelangt, etwas Räumliches, ein Unten. Das ist ein Zeichen, wie gewaltig die Einwirkung gewesen sein muß, die jene Empfindung hervorgebracht hat. Mam, was ich jetzt Mutter nannte, stand nun als Gestalt vor mir auf, und ich unterschied ihre Bewegungen, dann der Vater, der Großvater, die Großmutter, die Tante. Ich hieß sie mit diesen Namen, empfand Holdes von ihnen, erinnere mich aber keines Unterschiedes ihrer Gestalten. Selbst andere Dinge mußte ich schon haben nennen können, ohne daß ich mich später einer Gestalt oder eines Unterschiedes erinnern konnte. Dies beweist eine Begebenheit, die in jene Zeit gefallen sein mußte. Ich fand mich einmal wieder in dem Entsetzlichen, Zugrunderichtenden, von dem ich oben gesagt habe. Dann war Klingen, Verwirrung, Schmerz in meinen Händen und Blut daran, die Mutter verband mich, und dann war ein Bild, das so klar vor mir jetzt dasteht, als wäre es in reinlichen Farben auf Porzellan gemalt. Ich stand in dem Garten, der von damals zuerst in meiner Einbildungskraft ist, die Mutter war da, dann die andere Großmutter, deren Gestalt in jenem Augenblicke auch zum ersten Male in mein Gedächtnis kam, in mir war die Erleichterung, die alle Male auf das Weichen des Entsetzlichen und Zugrunderichtenden folgte, und ich sagte: „Mutter, da wächst ein Kornhalm."

Die Großmutter antwortete darauf: „Mit einem Knaben, der die Fenster zerschlagen hat, redet man nicht." Ich verstand zwar den Zusammenhang nicht, aber das Außerordentliche, das eben von mir gewichen war, kam sogleich wieder; die Mutter sprach wirklich kein Wort, und ich erinnere mich, daß ein ganz Ungeheures auf meiner Seele lag, das mag der Grund sein, daß jener Vorgang noch jetzt in meinem Innern lebt. Ich sehe den hohen schlanken Kornhalm so deutlich, als ob er neben meinem Schreibtische stände; ich sehe die Gestalten der Mutter und Großmutter, wie sie in dem Garten herumarbeiteten, die Gewächse des Gartens sehe ich nur als unbestimmten grünen Schmelz vor mir; aber der Sonnenschein, der uns umgab, ist ganz klar da.

Nach dieser Begebenheit ist abermals Dunkel.

Dann aber zeichnet sich [deut]lich und bleibend die Stube ab, in der ich mich befand. Ganz vorzüglich sind es die großen dunkelbraunen Tragebalken der Diele, die vor meinen Augen sind und an denen allerlei Dinge hingen. Dann war der große, grüne Ofen, der hervorspringt, und um den eine Bank ist. Dann sagte die Mutter, der Zimmersepp wird uns einen Tisch machen, auf dem das Osterlämmlein ist. Der Tisch wurde fertig und bildete meine große Freude. Dessen, der früher gewesen war, erinnere ich mich nicht mehr. Der Tisch war genau viereckig, weiß und groß und hatte in der Mitte das rötliche Osterlämmlein mit einem Fähnchen, was meine außerordentlichste Bewunderung erregte. An der Dickseite des Tisches waren die Fugen der Bohlen, aus denen er gefugt war, damit sie nicht klaffend werden konnten, mit Doppelkeilen gehalten, deren Spitzen gegeneinander gingen. Jeder Doppelkeil war aus einem Stück Holz, und das Holz war rötlich wie das Osterlamm. Mir gefielen diese roten Gestalten in der lichten Decke des Tisches gar sehr. Als dazumal sehr oft das Wort „Konskription" ausgesprochen wurde, dachte ich, diese roten Gestalten seien die Konskription. Noch ein anderes Ding der

Stube war mir äußerst anmutig und schwebt lieblich und fast leuchtend in meiner Erinnerung. Es war das erste Fenster an der Eingangstür. Die Fenster der Stube hatten sehr breite Fensterbretter, und auf dem Brette dieses Fensters saß ich sehr oft und fühlte den Sonnenschein, und daher mag das Leuchtende der Erinnerung rühren. Auf diesem Fensterbrette war es auch allein, wenn ich zu lesen anhob. Ich nahm ein Buch, machte es auf, hielt es vor mich und las: „Burgen, Nagelein, böhmisch Haidel." Diese Worte las ich jedesmal, ich weiß es; ob zuweilen noch andere dabei waren, dessen erinnere ich mich nicht mehr. Auf diesem Fensterbrette sah ich auch, was draußen vorging, und ich sagte sehr oft: „Da geht ein Mann nach Schwarzbach, da fährt ein Mann nach Schwarzbach, da geht ein Weib nach Schwarzbach, da geht ein Hund nach Schwarzbach, da geht eine Gans nach Schwarzbach." Auf diesem Fensterbrette legte ich auch Kienspäne ihrer Länge nach aneinander hin, verband sie wohl auch durch Querspäne und sagte: „Ich mache Schwarzbach!" In meiner Erinnerung ist lauter Sommer, den ich durch das Fenster sah, von einem Winter ist von damals gar nichts in meiner Einbildungskraft.

(Adalbert Stifter, Gesammelte Werke, Bd. 14, S. 116–121)

Mit dem Tod des Vaters, der auch eine kleine Landwirtschaft betrieben hatte, war Stifters schulische Weiterbildung gefährdet. Der Großvater jedoch erwirkte, daß ihm ein Stipendium für das Gymnasium in Kremsmünster zugesprochen wurde. 1818 also verließ Stifter Oberplan, verbrachte aber jahrelang seine Ferien zu Hause.

Um die Vermittlung dieser biographischen Fakten bemüht man sich in dem kleinen Museum ebenso wie um die Lokalisierung der Stifterschen Werke im Böhmerwald: Eine Photoschau im ersten Stock zeigt die Landschaft aus heutiger Sicht. Hausgeräte aus dem bäuerlichen Leben des vergangenen Jahrhunderts und einige wenige Möbelstücke aus dieser Zeit runden die kleine Ausstellung ab, die hauptsächlich vom Charme der Räumlichkeiten lebt.

Anregung für die Lektüre bietet sie jedoch genug. Stifter hat Oberplan, einstmals zum Herzogtum Krumau gehörig, in vielen seiner Erzählungen und Romane verewigt. „Der beschriebene Tännling" ist nur eine von vielen, die mitten hineinführen in den Böhmischen Wald:

In diesen Waldungen ist auch da, wo sie sich gegen das österreichische Land hinziehen, ein helles, lichtes Tal geöffnet, von dem wir an der zweiten Stelle unserer Geschichte nach dem beschriebenen Tännling reden müssen, weil sich in ihm ein großer Teil von dem, was wir erzählen wollen, zugetragen hat. Das Tal ist sanft und breit, es ist von Osten gegen Westen in das Waldland hineingeschnitten und ist fast ganz von Bäumen entblößt, weil man, da man die Wälder ausrottete, viel von dem Überflusse der Bäume zu leiden hatte und von dem Grundsatze ausging, je weniger Bäume überblieben, desto besser sei es. In der Mitte des Tales ist der Marktflecken Oberplan, der seine Wiesen und Felder um sich hat, in nicht großer Ferne auf die Wasser der Moldau sieht und in größerer mehrere herumgestreute Dörfer hat. Das Tal ist selber wieder nicht eben, sondern hat größere und kleinere Erhöhungen. Die bedeutendste ist der Kreuzberg, der sich gleich hinter Oberplan erhebt, von dem Walde, mit dem er einstens bedeckt war, entblößt ist und seinen Namen von dem blutroten Kreuze hat, das auf seinem Gipfel steht. Von ihm aus übersieht man das ganze Tal. Wenn man neben dem roten Kreuze steht, so hat man unter sich die grauen Dächer von Oberplan, dann dessen Felder und Wiesen, dann die glänzende Schlange der Moldau und die obbesagten Dörfer. Sonst sieht man von dem Kreuzberge aus nichts; denn ringsum schließen den Blick die umgebenden blaulichen, dämmernden Bänder des böhmischen Waldes. Nur da, wo das Band am dünnsten ist, sieht man doch manchmal auch noch etwas anderes. Wenn an einem Morgen Regen bevorsteht und die Luft so klar ist, daß man die Dinge in keinem färbenden Dufte, sondern in ihrer einfachen Natürlichkeit sieht, so erblickt man zuweilen im Südost über der schmalsten Waldlinie die Norischen Alpen, so weit und märchenhaft draußen schwebend wie mattblaue, starr gewordene Wolken. Gewöhnlich überzieht sich an solchen Tagen gegen Mittag hin der ganze über dem Waldlande stehende Himmel mit einer stahlgrauen Wolkendecke und läßt nur über den Alpen einen glänzenden Strich zum Zeichen, daß in dem niedriger gelegenen Österreich noch heiterer Sonnenschein herrscht. Am andern Tage rieselt dann der feine, dichte Regen nieder und verhüllt nicht nur die Alpen, sondern auch die umgebenden blauen Bänder des Waldes.

(Adalbert Stifter, Gesammelte Werke, Bd. 3, S. 388–390)

II. Durch die Schlögener Schlinge von Passau nach Linz

Literarische Stationen:

BURG KREMPELSTEIN: Friedrich de la Motte Fouqué, Ingeborg Bachmann, Barbara Frischmuth
ASCHACH: Volkssage
EFERDING: Der Kürenberger, Dietmar von Aist

Entfernungen (Orientierungswerte):

Passau–Engelhartszell: 26 km; Engelhartszell–Aschach: 30 km; Aschach–Eferding: 6 km; Eferding–Linz: 26 km

„Die Ilz ist aus schwarzem Wasser
sie vermischt sich lange nicht
ein schwarzer Streifen "
Franz Tumler, Sätze von der Donau, S. 12

Flußabwärts mit den Donausagen:
Friedrich de la Motte Fouqué

In Passau beginnt die eigentliche Fahrt entlang der Donau, die an dieser Stelle nicht nur ihren Zuwachs Inn und Ilz in seine Schranken verweisen muß, sondern auch noch mit einer weiteren gewichtigen Aufgabe betraut ist: Immerhin liegt zwischen Passau und Engelhartszell die Grenze zwischen Deutschland und Österreich.

Auf österreichischem Boden angekommen, erreicht man Linz auf zwei verschiedene Arten: Der direkte Weg führt über Schlögen und die Nibelungenstraße durch das Mühlviertel flußabwärts. Fahrradfahrern sei hingegen empfohlen, hinter Schlögen dem Flußlauf zu folgen und die Donau ihrer Schlinge entlang zu begleiten. Auch hier werden Naturfreunde auf ihre Rechnung kommen. Bei Aschach, wo ein großes Kraftwerk die Donau zähmt, stoßen die beiden Routen wieder aufeinander.

Wer nicht schon gleich hinter Passau aufs rechte Ufer wechselt und nach Österreich einreist, kann in Obernzell per Autofähre die Grenze passieren. Letzterer Weg empfiehlt sich, will man sich den Blick auf die Burg Krempelstein an der Donau nicht entgehen lassen. Direkt über der Donau bei Obernzell/Esternberg gelegen, erinnert der solide Bau, in den ein Gasthaus einquartiert wurde, schon von außen an seine ursprüngliche Funktion. Es gibt zwar einen zweigeschossigen Wohntrakt, doch das eigentliche Herz der Anlage schlägt sicher in dem wehrhaften Turm aus dem Spätmittelalter: Hier wurde die Maut eingehoben, die die Bischöfe von Passau jedem Grenzgänger an oder in der Donau abzunehmen pflegten.

Ludwig Bechstein freilich schildert diese Mautstelle weit weniger wohlwollend: „Nicht mehr drohend, wie einst, blickt der Krämpenstein in das Stromthal, jener Schrecken-Sitz gefährlicher Wasser-Lagerer, die unter dem Schirm des Passauer Bischofshutes die Reisenden plünderten. Die Schiffe nennen es das Schneiderschlößl."

Die Geschichte vom Schneider – daher kommt der von Bechstein erwähnte Name –, der vom Burgfelsen aus eine verendete Ziege einfach in den Fluß werfen wollte und dabei mit in die Tiefe gerissen wurde, ist nur eine der vielen Sagen, die an der Donau auf fruchtbaren Boden gefallen sind. In den diversen Sammlungen, allen voran die der Brüder Grimm und Gustav Schwabs, sind die Donausagen fester Bestandteil des Repertoires. Auch die Literatur hat sich dieser volkstümlichen Stoffe, wie sie die Überlieferung in vielfältigen Variationen weitergegeben hat, bedient. So war etwa Karl Friedrich Henslers „Donauweibchen" die Ahnfrau aller „Undinen" und „Melusinen" der Romantik. „Ein romantisches komisches Volksmärchen mit Gesang in drei Aufzügen nach einer Sage der Vorzeit" nennt Hensler (1759–1825) sein Schauspiel, in dem er Motive aus dem Sagenkreis um die Donau mit Elementen des barocken österreichischen Volkstheaters und der zeitgenössischen Oper zu verbinden wußte. 1798 in Wien uraufgeführt, erlebte das Drama von der Donaunixe, die um ihren Liebsten kämpft, ungeahnte Erfolge: Als der Geliebte nicht einwilligt, seiner Gespielin aus dem Wasser auch nach seiner standesgemäßen Verheiratung drei Tage im Jahr zu Diensten zu sein, entführt sie ihn unter Blitz und Donner in ihre Nixengrotte am Grunde der Donau, wo er in ihren Armen „himmlische Lust" genießt.

Burg Krempelstein

Interessanter als die Handlung sind die geheimnisvolle Atmosphäre des Stückes und die Auftritte der Nixenchöre, in denen bereits das Naturgefühl der Romantik vorweggenommen wird. Kein Wunder also, daß die Dichter der Romantik auf Hensels „Donauweibchen" stark reagierten. Ludwig Tieck (1773–1853) schrieb 1808 „Das Donauweib", ein Drama in Jamben. Drei Jahre darauf veröffentlichte Friedrich de la Motte Fouqué (1777–1843) seine Erzählung „Undine", die bald zu den bekanntesten volkstümlichen Kunstmärchen der Romantik zählte. Wiewohl nicht unbedingt kunstvoll gebaut oder stilistisch brillant, machte es seinen Verfasser mit einem Schlag bekannt. Selbst Goethe fand die neunzehn kurzen Kapitel, die schnell in verschiedenen Sprachen übersetzt wurden, „allerliebst". Anknüpfen vermochte Motte Fouqué an diesen Bestseller nie mehr: Ebenso wie etwa Adalbert von Chamisso mit seinem „Peter Schlehmihl" ist er einer jener Autoren, die nur mit einem einzigen Buch Literaturgeschichte geschrieben haben.

Erzählt wird die Geschichte der Wasserfrau Undine und ihres späteren Ehemanns, Ritter Huldbrand. Den beiden gelingt es trotz ihrer Liebe nicht, Undine ganz aus den Klauen der Elementargeister zu reißen, denen sie von Herkunfts wegen angehört. Besonders Undines Oheim Kühleborn taucht immer wieder aus den Wellen ans Tageslicht und stört das Leben der Liebenden empfindlich. Bei einer Donaufahrt zu dritt – die beiden sind in Begleitung ihrer Freundin Bertalda – geschieht dann das Unfaßbare: Undine, die ihren Mann davor gewarnt hat, sie nie in der Nähe eines Gewässers zu schelten oder verfluchen, sieht schlimmen Gefahren entgegen:

Sie waren die ersten Tage ihrer Donaufahrt hindurch außerordentlich vergnügt gewesen. Es ward auch alles immer besser und schöner, sowie sie den stolzen, flutenden Strom weiter hinunterschifften. Aber in einer sonst höchst anmutigen Gegend, von deren erfreulichem Anblick sie sich die beste Freude versprochen hatten, fing der unbändige Kühleborn ganz unverhohlen an, seine hier eingreifende Macht zu zeigen. Es blieben zwar bloß Neckereien, weil Undine oftmals in die empörten Wellen oder in die hemmenden Winde hinein schalt und sich dann die Gewalt des Feindseligen augenblicklich in Demut ergab; aber wieder kamen die Angriffe und wieder brauchte es der Mahnung Undines, so daß die Lustigkeit der kleinen Reisegesellschaft eine gänzliche Störung erlitt. Dabei zischelten sich noch immer die Fährleute zagend in

Undine in des Fischers Hütte, Radierung um 1816

die Ohren und sahen mißtrauisch auf die drei Herrschaften, deren Diener selbsten mehr und mehr etwas Unheimliches zu ahnen begannen und ihre Gebieter mit seltsamen Blicken verfolgten. Huldbrand sagte öfters bei sich im stillen Gemüte: „Das kommt davon, wenn gleich sich nicht zu gleich gesellt, wenn Mensch und Meerfräulein ein wunderliches Bündnis schließen." – Sich entschuldigend, wie wir es denn überhaupt lieben, dachte er freilich oftmals dabei: „Ich hab' es ja nicht gewußt, daß sie ein Meerfräulein war. Mein ist das Unheil, das jeden meiner Schritte durch der tollen Verwandtschaft Grillen bannt und stört, aber mein ist nicht die Schuld." – Durch solcherlei Gedanken fühlte er sich einigermaßen gestärkt, aber dagegen ward er immer verdrießlicher, ja feindseliger wider Undine gestimmt. Er sah sie schon mit mürrischen Blicken an, und die arme Frau verstand deren Bedeutung wohl. Dadurch und durch die beständige Anstrengung wider Kühleborns Listen erschöpft, sank sie gegen Abend, von der sanft gleitenden Barke angenehm gewiegt, in einen tiefen Schlaf. [...]

Indessen hatte Bertalda sich allerhand seltsam umschweifenden Gedanken überlassen. Sie wußte vieles von Undines Herkommen und doch nicht alles, und vorzüglich war ihr der furchtbare Kühleborn ein schreckliches, aber noch immer ganz dunkles Rätsel geblieben, so daß sie nicht einmal seinen Namen je vernommen hatte. Über alle diese wunderlichen Dinge nachsinnend, knüpfte sie, ohne sich dessen recht bewußt zu werden, ein goldnes Halsband los, welches ihr Huldband auf einer der letzten Tagesreisen von einem herumziehenden Handelsmann gekauft hatte, und ließ es dicht über der Oberfläche des Flusses spielen, sich halb träumend an dem lichten Schimmer ergötzend, den es in die abendhellen Gewässer warf. Da griff plötzlich eine große Hand aus der Donau herauf, erfaßte das Halsband und fuhr damit unter die Fluten. Bertalda schrie laut auf und ein höhnisches Gelächter schallte aus den Tiefen des Stroms drein. Nun hielt sich des Ritters Zorn nicht länger. Aufspringend schalt er in die Gewässer hinein, verwünschte alles weg, die sich in seine Verwandtschaft und sein Leben drängen wollten, und forderte sie auf, Nix oder Sirene, sich vor sein blankes Schwert zu stellen. Bertalda weinte indes um den verlorenen, ihr so innig lieben Schmuck und goß mit ihren Tränen Öl in des Ritters Zorn, während Undine ihre Hand über den Schiffsbord in die Wellen getaucht hielt, in einem fort sacht vor sich hin murmelnd und nur manchmal ihr seltsam-heimliches Geflüster unterbrechend, indem sie bittend zu ihrem Eheherrn sprach: „Mein Herzlichlieber, hier schilt mich nicht, schilt alles, was du willst, aber hier mich nicht! Du weißt ja." – Und wirklich enthielt sich seine vor Zorn stammelnde Zunge noch jedes Wortes unmittelbar wider sie. Da brachte sie mit der feuchten Hand, die sie unter den Wogen gehalten hatte, ein wunderschönes Korallenhalsband hervor, so herrlich blitzend, daß allen davon die Augen fast geblendet wurden. „Nimm hin", sagte sie, es Bertalden freundlich hinhaltend, „das hab' ich dir zum Ersatz bringen lassen und sei nicht weiter betrübt, du armes Kind." – Aber der Ritter sprang dazwischen. Er riß den schönen Schmuck Undinen aus der Hand, schleuderte ihn wieder in den Fluß und schrie wutentbrannt: „So hast du denn immer Verbindung mit ihnen? Bleib bei ihnen in aller Hexen Namen mit all deinen Geschenken und laß uns Menschen zufrieden. Gauklerin du!" – Starren, aber tränenüberströmenden Blickes sah ihn die arme Undine an, noch immer die Hand ausgestreckt, mit welcher sie Bertalda ihr hübsches Geschenk so freundlich hatte hinreichen wollen. Dann fing sie immer herzlicher an zu weinen, wie ein recht unverschuldet und recht bitterlich gekränktes liebes Kind. Endlich sagte sie ganz matt: „Ach, holder Freund, ach, lebe wohl! Sie sollen dir nichts tun; nur bleibe treu, daß ich sie dir abwehren kann. Ach, aber fort muß ich, muß fort auf diese ganze junge Lebenszeit. O weh, o weh, was hast du angerichtet! O weh, o weh!"

Und über den Rand der Barke schwand sie hinaus. – Stieg sie hinüber in die Flut, verströmte sie darin, man wußt' es nicht, es war wie beides und wie keins. Bald aber war sie in die Donau ganz verronnen; nur flüsterten noch kleine Wellchen schluchzend um den Kahn und fast vernehmlich war's, als sprächen sie: O weh, o weh! Ach bleibe treu! O weh!

Huldbrand aber lag in heißen Tränen auf dem Verdecke des Schiffes und eine tiefe Ohnmacht hüllte den Unglücklichen bald in ihre mildernden Schleier ein.

(Friedrich de la Motte Fouqué, Undine, S. 140–148)

Tränen sind gefährlich, wie das Ende der Erzählung darlegt: Huldebrand, der nach einiger Zeit des Trauerns die schöne Bertalda heiratet, wird in der Hochzeitsnacht von Undine heimgesucht, die ihn in ihren eigenen Zähren ertränkt: „,Ich habe ihn tot geweint!' sagte sie zu einigen Dienern, die ihr im Vorzimmer begegneten, und schritt durch die Mitte der Erschreckten langsam nach dem Brunnen hinaus."

Eine dramatische Geschichte, fürwahr. Motte Fouqué hat sie denn auch einige Jahre später zu einem Opernlibretto umgearbeitet, das zuerst von E. T. A. Hoffmann (1776–1822) und später von Albert Lortzing (1801–1851) vertont wurde. Die bislang jüngste Version dieses Stoffes stammt aus der Feder von Jean Giraudoux (1882–1944), der 1939 ein dreiaktiges Schauspiel „Ondine" herausbrachte. Zu einem ganz ähnlichen Sagenkreis gehören übrigens auch Grillparzers (1791–1872) Libretto „Melusina", das er für Beethoven (1770–1827) geschrieben hat, und Dvoraks (1841–1904) „Rusalka".

Ingeborg Bachmanns „Undine geht" nicht zu vergessen. Ihre Erzählung, genau 150 Jahre nach Motte Fouqués „Undine" entstanden, ist einer der suggestivsten Texte zum Thema Liebe und Liebesverrat in der modernen Literatur. Nicht von ungefähr zählt die radikale Bearbeitung des Undine-Themas zu den Eckpfeilern des Bachmannschen Werkes und erlebte gleich bei Erscheinen einen enormen Erfolg.

Die Erzählung, die Ingeborg Bachmann (1926–1973) im Jahre 1961 veröffentlicht hat, wurde lange Zeit als frühes Manifest der Frauenbewegung gelesen, wenngleich der Text aus heutiger Sicht weit darüber hinausreicht. Der dramatische Monolog Undines ist nicht bloß eine harsche Abrechnung mit der Doppelmoral der Männer. Man könnte ihn vielmehr als Versuch sehen, das Ewiggleiche, Archetypische jeder Mann-Frau-Beziehung einzufangen und den Kreislauf des Verrats offenzulegen: Undine taucht auf, trifft auf Hans, der ihretwegens eine Menschenfrau zurückläßt, um in einem nächsten Schritt auch Undine zu verraten: ein Zyklus, wie er sich hundertfach wiederholen könnte.

Undine geht

Ihr Menschen! Ihr Ungeheuer!

Ihr Ungeheuer mit Namen Hans! Mit diesem Namen, den ich nie vergessen kann.

Immer wenn ich durch die Lichtung kam und die Zweige sich öffneten, wenn die Ruten mir das Wasser von den Armen schlugen, die Blätter mir die Tropfen von den Haaren leckten, traf ich auf einen, der Hans hieß.

Ja, diese Logik habe ich gelernt, daß einer Hans heißen muß, daß ihr alle so heißt, einer wie der andere, aber doch nur einer. Immer einer nur ist es, der diesen Namen trägt, den ich nicht vergessen kann, und wenn ich euch auch alle vergesse, ganz und gar vergesse, wie ich euch ganz geliebt habe. Und wenn eure Küsse und euer Samen von den vielen großen Wassern – Regen, Flüssen, Meeren – längst abgewaschen und fortgeschwemmt sind, dann ist doch der Name noch da, der sich fortpflanzt unter Wasser, weil ich nicht aufhören kann, ihn zu rufen, Hans, Hans . . .
Ihr Monstren mit den festen und unruhigen Händen, mit den kurzen blassen Nägeln, den zerschürften Nägeln mit schwarzen Rändern, den weißen Manschetten um die Handgelenke, den ausgefransten Pullovern, den uniformen grauen Anzügen, den groben Lederjacken und den losen Sommerhemden! Aber laßt mich genau sein, ihr Ungeheuer, und euch erst einmal verächtlich machen, denn ich werde nicht wiederkommen, euren Winken nicht mehr folgen, keiner Einladung zu einem Glas Wein, zu einer Reise, zu einem Theaterbesuch. Ich werde nie wiederkommen, nie wieder Ja sagen und Du und Ja. All diese Worte wird es nicht mehr geben, und ich sage euch vielleicht, warum. Denn ihr kennt doch die Fragen, und sie beginnen alle mit „Warum?" Es gibt keine Fragen in meinem Leben. Ich liebe das Wasser, seine dichte Durchsichtigkeit, das Grün im Wasser und die sprachlosen Geschöpfe (und so sprachlos bin auch ich bald!), mein Haar unter ihnen, in ihm, dem gerechten Wasser, dem gleichgültigen Spiegel, der es mir verbietet, euch anders zu sehen. Die nasse Grenze zwischen mir und mir . . .

Ich habe keine Kinder von euch, weil ich keine Fragen gekannt habe, keine Forderung, keine Vorsicht, Absicht, keine Zukunft und nicht wußte, wie man Platz nimmt in einem anderen Leben. Ich habe keinen Unterhalt gebraucht, keine Beteuerung und Versicherung, nur Luft, Nachtluft, Küstenluft, Grenzluft, um immer wieder Atem holen zu können für neue Worte, neue Küsse, für ein unaufhörliches Geständnis: Ja. Ja. Wenn das Geständnis abgelegt war, war ich verurteilt zu lieben; wenn ich eines Tages freikam aus der Liebe, mußte ich zurück ins Wasser gehen, in dieses Element, in dem niemand sich ein Nest baut, sich ein Dach aufzieht über Balken, sich bedeckt mit einer Plane. Nirgendwo sein, nirgendwo bleiben. Tauchen, ruhen, sich ohne Aufwand von Kraft bewegen – und eines Tages sich besinnen, wieder auftauchen, durch eine Lichtung gehen, ihn sehen und „Hans" sagen. Mit dem Anfang beginnen.

„Guten Abend."

„Guten Abend."

„Wie weit ist es zu dir?"

„Weit ist es, weit."

„Und weit ist es zu mir."

Einen Fehler immer wiederholen, den einen machen, mit dem man ausgezeichnet ist. Und was hilft's dann, mit allen Wassern gewaschen zu sein, mit den Wassern der Donau und des Rheins, mit denen des Tiber und des Nils, den hellen Wassern der Eismeere, den tintigen Wassern der Hochsee und der zaubrischen Tümpel? Die heftigen Menschenfrauen schärfen ihre Zungen und blitzen mit den Augen, die sanften Menschenfrauen lassen still ein paar Tränen laufen, die tun auch ihr Werk. Aber die Männer schweigen dazu. Fahren ihren Frauen, ihren Kindern treulich übers Haar, schlagen die Zeitung auf, sehen die Rechnungen durch oder drehen das Radio laut auf und hören doch darüber den Muschelton, die Windfanfare, und dann noch einmal, später, wenn es dunkel ist in den Häusern, erheben sie sich heimlich, öffnen die Tür, lauschen den Gang hinunter, in den Garten, die Alleen hinunter, und nun hören sie es ganz deutlich: Den Schmerzton, den Ruf von weither, die geisterhafte Musik. Komm! Komm! Nur einmal komm!

(Ingeborg Bachmann, Undine geht, S. 3–5)

So wie Undine aus dem Wasser aufgetaucht ist, kehrt sie auch dahin zurück, verbittert und verletzt. Und doch nicht abgeklärt oder über den Dingen stehend. Ihr „Komm", das Hans und alle seine Namens-

und Geschlechtsgenossen so anrührt, dringt aus dem Wasser an die Oberfläche.

Aber so kann ich nicht gehen. Drum laßt mich euch noch einmal Gutes nachsagen, damit nicht so geschieden wird. Damit nichts geschieden wird.

Gut war trotzdem euer Reden, euer Umherirren, euer Eifer und euer Verzicht auf die ganze Wahrheit damit die halbe gesagt wird, damit Licht auf die eine Hälfte der Welt fällt, die ihr grade noch wahrnehmen könnt in eurem Eifer. So mutig wart ihr und mutig gegen die anderen – und feig natürlich auch und oft mutig, damit ihr nicht feige erscheint. Wenn ihr das Unheil von dem Streit kommen saht, strittet ihr dennoch weiter und beharrtet auf eurem Wort, obwohl euch kein Gewinn davon wurde. Gegen ein Eigentum und für ein Eigentum habt ihr gestritten, für die Gewaltlosigkeit und für die Waffen, für das Neue und für das Alte, für die Flüsse und für die Flußregulierung, für den Schwur und gegen das Schwören. Und wißt doch, daß ihr gegen euer Schweigen eifert und eifert trotzdem weiter. Das ist vielleicht zu loben.

In euren schwerfälligen Körpern ist eure Zartheit zu loben. Etwas so besonders Zartes erscheint, wenn ihr einen Gefallen erweist, etwas Mildes tut. Viel zarter als alles Zarte von euren Frauen ist eure Zartheit, wenn ihr euer Wort gebt oder jemand anhört und versteht. Eure schweren Körper sitzen da, aber ihr seid ganz schwerelos, und eine Traurigkeit, ein Lächeln von euch können so sein, daß selbst der bodenlose Verdacht eurer Freunde einen Augenblick lang ohne Nahrung ist.

Zu loben sind eure Hände, wenn ihr zerbrechliche Dinge in die Hand nehmt, sie schont und zu erhalten wißt, und wenn ihr die Lasten tragt und das Schwere aus einem Weg räumt. Und gut ist es, wenn ihr die Körper der Menschen und der Tiere behandelt und ganz vorsichtig einen Schmerz aus der Welt schafft. So Begrenztes kommt von euren Händen, aber manches Gute, das für euch einstehen wird.

Zu bewundern ist auch, wenn ihr euch über Motoren und Maschinen beugt, sie macht und versteht und erklärt, bis vor lauter Erklärungen wieder ein Geheimnis daraus geworden ist. Hast du nicht gesagt, es sei dieses Prinzip und jene Kraft? War das nicht gut und schön gesagt? Nie wird jemand wieder so sprechen können von den Strömen und Kräften, den Magneten und Mechaniken und von den Kernen aller Dinge.

Nie wird jemand wieder so sprechen von den Elementen, vom Universum und allen Gestirnen.

Nie hat jemand so von der Erde gesprochen, von ihrer Gestalt, ihren Zeitaltern. In deinen Reden war alles so deutlich: die Kristalle, die Vulkane und Aschen, das Eis und die Innenglut.

So hat niemand von den Menschen gesprochen, von den Bedingungen, unter denen sie leben, von ihren Hörigkeiten, Gütern, Ideen, von den Menschen auf dieser Erde, auf einer früheren und einer künftigen Erde. Es war recht, so zu sprechen und so viel zu bedenken.

Nie war so viel Zauber über den Gegenständen, wie wenn du geredet hast, und nie waren Worte so überlegen. Auch aufbegehren konnte die Sprache durch dich, irre werden oder mächtig werden. Alles hast du mit den Worten und Sätzen gemacht, hast dich verständigt mit ihnen oder hast sie gewandelt, hast etwas neu benannt; und die Gegenstände, die weder die geraden noch die ungeraden Worte verstehen, bewegten sich beinahe davon.

Ach, so gut spielen konnte niemand, ihr Ungeheuer! Alle Spiele habt ihr erfunden, Zahlenspiele und Wortspiele, Traumspiele und Liebesspiele.

Nie hat jemand so von sich selber gesprochen. Beinahe wahr. Beinahe mörderisch wahr. Übers Wasser gebeugt, beinah aufgegeben. Die Welt ist schon finster, und ich kann die Muschelkette nicht anlegen. Keine Lichtung wird sein. Du anders als die anderen. Ich bin unter Wasser. Bin unter Wasser.

Und nun geht einer oben und haßt Wasser und haßt Grün und versteht nicht, wird nie verstehen. Wie ich nie verstanden habe.

Beinahe verstummt,
beinahe noch
den Ruf
hörend.

Komm. Nur einmal.
Komm.
(Ingeborg Bachmann, Undine geht, S. 10–12)

Undine selbst ist nicht nur mit den Frauen solidarisch. Als Wesen, das aus dem Wasser auftaucht und mit seinen Forderungen an die Liebe alle Ordnungen sprengt, ist sie zwar vollkommen in den Ablauf des mehrfachen Verrats involviert. Trotzdem bleibt sie, ähnlich wie Motte Fouqués

Undine, die sich nie ganz in die menschliche Ordnung hineinpressen läßt, als Beobachterin am Rande: und das, obwohl sie selbst betroffen ist. Die märchenhafte Gelassenheit, die Motte Fouqués „Undine" bei aller Dramatik prägt, fehlt dieser Erzählung Ingeborg Bachmanns. Finden mag man sie mitunter bei Barbara Frischmuth (geb. 1941), die der Faszination der Donaunixen und der dazugehörigen Wassermänner, die schon bei Goethe, Mörike oder Heine ihr Unwesen treiben, immer wieder erlegen ist. Barbara Frischmuth, die sich regelmäßig programmatisch für die literarische Existenz von Geistern und Feen ausgesprochen hat, verbindet mit den nassen Kreaturen ein besonderes Nahverhältnis. In ihrem Roman „Kai und die Liebe zu den Modellen" etwa stellt sich die Ich-Erzählerin eine fiktive Begegnung mit einer Donaunixe vor, die sie und ihren Sohn Kai im Trockenen besucht:

Ich habe Sehnsucht nach Wasser. Nach einem Fluß, einem Bach, einem Tümpel. Und wäre er noch so klein. Man müßte das Wasser wittern, ja riechen können, spüren, wie es verdunstet.

Ich stelle mir vor, wie das Donauweibchen durch die Wasserleitung bis in unsere Wohnung heraufkommt, sich an den Rand des Spülbeckens setzt und eine Zigarettenlänge mit mir plaudert. Endlich könnte ich es danach fragen, ob die landläufigen Geschichten über Wassernixen auch richtig kolportiert werden.

Am nächsten Morgen würde ich Kai davon erzählen, auf dem Weg zum Kindergarten, wenn Rosa und Pembe in der Schule sind. Ich könnte ihm vom Donauweibchen erzählen und ihn dabei in die Geschichte miteinbeziehen, indem ich sage, das Donauweibchen sei bei dem Versuch, sich eins seiner Spielzeugautos vom Küchentisch zu greifen, unglücklicherweise aus dem Spülbecken geplumpst. Doch er, Kai, sei, von dem Geräusch geweckt, in die Küche gekommen und habe das Donauweibchen ziemlich hilflos auf dem Boden liegen sehen. Nachdem er das Donauweibchen gefragt habe, wer es sei, habe es ihn gebeten, Wasser in die Badewanne zu lassen und es hineinzusetzen, damit es sich mit ihm unterhalten könne. Das habe er auch getan, und das Donauweibchen habe ihm vom Leben in der Donau und all ihren Seitenarmen erzählt.

Und dann? würde Kai fragen.

Und dann bist du eingeschlafen. Und am Morgen hast du gedacht, es sei alles nur ein Traum gewesen. Aber da hat es ein wenig nach Fisch gerochen, und das Wasser war noch in der Badewanne, und du selbst bist davor gesessen und hast ganz dumm geschaut. Vielleicht würde der ganze Tag mit dem Donauweibchen hingehen.

In unserer Sehnsucht nach einem Wasser, wenn schon nicht klar, dann zumindest fließend, würden wir gewiß auch auf die Wassermänner beziehungsweise den Wassermann kommen. Wir würden versuchen uns auszudenken, wie einem Wassermann heutzutage in der Donau zumute ist. Mit welcher Art noch nicht vergiftet oder bereits ausgestorbener Fische er es zu tun hätte, und wie er denn all den Dreck und die Abwässer fände, das Öl, das die Schiffe ablassen, oder die Rückstände der Industrie? Ob es ihn denn überhaupt noch litte da unten? Neulich, als wir von den Delphinen redeten, die von der Ölpest betroffen sind, hat Kai gesagt, sie müßten eben eine Gasmaske aufsetzen, dann bekämen sie nichts von dem Zeug in die Nase.

Vielleicht aber würde Kai sagen, der Wassermann kann sicher zaubern. Warum zaubert er sich das Wasser nicht rein? Warum läßt er die Schiffe nicht untergehen und die Abflußkanäle zustopfen, wenn sie ihn ärgern? Und ich müßte zugeben, daß jeder Zauber sich einmal verbraucht und daß selbst ein Wassermann sich in unserer Zeit etwas Neues einfallen lassen muß. Daß die Zeiten vorbei seien, in denen er am Grund seines Meeres, Sees oder Flusses habe sitzen können, ohne sich ins Leben der Menschen notwendigerweise einzumischen. Ein heutiger Wassermann würde schön schauen, wenn ihm der ganze schwimmende Dreck in Kürze alle Maschen seines zeltförmigen Schlingpflanzenunterwasserpalastes verstopfen würde wie der feine Staub die Poren unserer Haut, so daß er ständig mit einem unter den Arm geklemmten Schwertfisch, den er sich noch dazu extra aus einem Meer würde kommen lassen müssen, die Luftmaschen seines Palastes zu durchstochern hätte.

Aber, ob wir nun an die Allmacht des Wassermannes glaubten oder nicht, schon indem wir über ihn redeten, würde uns das Wasser wieder näher sein. Und gewiß würden wir demnächst an den Kanal gehen, zu dem alten Fährhaus, in die Fähre steigen und übersetzen. Und während das Fährboot an seinem Drahtseil über den Fluß getrieben wird, würden wir aufmerksam in die bräunliche Flut starren, ob wir nicht doch eine – und sei es die geringste – Spur von unserem Wassermann zu sehen bekämen. Vielleicht ist er ausgewandert, würde ich zu Kai sagen. In sauberere Gewässer.

(Barbara Frischmuth, Kai und die Liebe zu den Modellen, S. 15–17)

Da an der Verbesserung der Wasserqualität der Donau gearbeitet wird, ist auch eine Rückkehr der Wassergeister nicht auszuschließen.

Es faustet in Aschach: Volkssage

Hat man erst Engelhartszell, Österreichs einziges Trappistenkloster, das durch seine Rokokokirche gleichermaßen bekannt ist wie durch Schnäpse und Liköre, hinter sich gebracht, ist es nicht mehr weit nach Aschach, wo man mit einem Geist ganz anderer Sorte konfrontiert wird. Gegenüber dem alten Schiffermarkt mit seinem barokken Kern liegt der Ortsteil Landshaag: Dort werden romantische Gemüter auf ihre Rechnung kommen. Das Faust-Schlößl, etwa 30 Meter über der Donau gelegen und als pittoreskes Hotel und Restaurant weithin sichtbar, brüstet sich damit, dereinst Mephisto zu Gast gehabt zu haben.

Und in der Tat: Ein schwarzer Fleck im Treppenstein, auf dem eine Sohle in etwa Platz finden könnte, wird stolz als Mephistos Fußabdruck ausgegeben. Natürlich gibt es dazu, neben den faustischen Genüssen der Gasthaus-Küche, auch die passende Geschichte. Im Volkssagenschatz liest sie sich folgendermaßen:

Das Doktor-Faust-Stöckl

Gegenüber der Ortschaft Aschach blickt von einem Felsen des Landshaagberges ein schmuckes Haus zur Donau herab. Im Volksmund heißt es das Faust-Stöckl, obwohl es eher einem kleinen Schloß ähnlich sieht.

Nachdem der berühmte Schwarzkünstler Doktor Faust seine Seele dem Bösen verschrieben hatte, unternahm er bekanntlich weite Reisen in die Welt, bei denen ihm der Teufel und mehrere Unterteufel als Knechte zur Seite waren.

Eines Tages nun kamen Faust und der Satan müde und matt an die Donau in das Dorf Landshaag. Als sie auf der Höhe des Landhaagberges waren, konnte der Doktor nicht mehr weiter, und der Teufel war gezwungen, ihm noch zur selben Stunde ein kleines Schloß zu erbauen, damit er die Nacht unter einem festen Dach verbringen konnte.

In dem Gebäude gefiel es dem Doktor so gut, daß er sich darin ein Studierzimmer einrichtete und lange Zeit dort wohnte. Hier trieb er die drolligsten Späße und zeigte den Leuten seine Zauberstücke, so daß ihn bald im ganzen Donautal jung und alt kannte. Die Teufel, die er in seiner Gewalt hatte, dressierte er wie die jungen Hunde, und wenn sie ihm nicht gleich parierten, bestrafte er sie so hart, daß sie vor Schmerzen laut heulten.

Einmal mußten ihm die schwarzen Kerle binnen fünf Sekunden eine breite Brücke über die Donau nach Aschach schlagen und im Augenblick, da Faust auf seinem schnaubenden Pferd hinübergesprengt war, wieder abbrechen.

Ein andermal mußten ihm die Teufel eine reichbesetzte Tafel mit den feinsten Leckerbissen hervorzuzaubern. Da lud er dann die Bauern zu Gast und schwelgte mit ihnen. Als die Stimmung schon recht lustig war, versprach er ihnen, daß er mitten auf der Donau eine Kegelbahn bauen werde, die ihnen allen viel Spaß bereiten sollte. Und weil er das Werk nicht selber zustande bringen konnte, rief er seinen höllischen Knecht und befahl ihm die harte Arbeit.

Als der Tag anbrach, machten die Bauern große Augen: Mitten in den Strom war eine herrliche spiegelblanke Kegelbahn gebaut, die in der aufgehenden Sonne wie Gold funkelte. Freundlich lud Doktor Faust alle zu einer Kegelpartie ein, doch sie wagten sich nicht aufs Wasser. Da schritt der Schwarzkünstler als erster über den Strom, ohne auch nur ein bißchen unterzusinken oder naß zu werden, und begann mit den Unterteufeln ein lustiges Spielchen. Der Satan aber mußte persönlich die Kegel aufsetzen.

Wild und unheimlich rollten die Kugeln über die Wasserfläche und schleuderten die Kegel nach allen Richtungen ans Land, so daß der Teufel schwere Mühe hatte, sie immer wieder zu suchen und aufzustellen. Die Bauern standen unterdes am Ufer und sahen staunend zu, aber keiner wagte sich aufs Wasser.

Ein andermal ließ sich Doktor Faust in fünf Minuten eine gepflasterte Straße von seinem Stöckl bis zum Schloß Neuhaus bauen; über die ritt er dann in rasendem Galopp auf einem feurigen Rappen dahin.

Als Fausts Erdenzeit abgelaufen war und der Teufel sein Recht auf des Doktors Seele geltend machte, geriet der Zauberer in arge Angst. Er ächzte und stöhnte so erbärmlich, daß die Leute der Umgebung davon aus dem Schlaf gerüttelt wurden.

Faust lag im Bett. Er hatte das Haus fest verriegelt, damit der Teufel nicht hereinkönne und ihn etwa hole. Um die Mitternachtsstunde aber ging ein fürchterliches Getöse los, als ob die Erde bebte, und der Teufel brach unter Blitz und Donner ins Haus ein. Er packte den stöhnenden Magier und fuhr mit ihm durch ein großes Mauerloch, das er mit einem Tritt seines Pferdefußes schlug, hinaus und hoch empor in die Lüfte, wo man die Englein vom Himmel singen hörte.

Da bereute Faust, daß er so viel gesündigt hatte, und er rief Gott um Gnade an. Jedoch eine Stimme aus den Wolken erwiderte ihm: „O Fauste, Fauste! Deine Reue kommt zu spät!" Daraufhin riß der Satan den Körper des Unglücklichen in Stücke und trug triumphierend die Seele davon.

Nach diesem Ereignis wollte niemand mehr in dem Stöckl bei Aschach wohnen. Das Mauerloch, durch das der Teufel mit dem Doktor ausfuhr, ist bis zur Stunde noch zu sehen. Und wenn die Donauschiffer am Felsen von Landshaag vorüberfahren und das Stöckl erblicken, dann sagen sie: „Da schaut der Doktor Faust herunter!"
(Josef Pöttinger, Donausagen, S. 58–61)

Eine abenteuerliche Geschichte ist es, die die Restaurant- und Hotelgäste da aufgetischt bekommen. Aber nach einem opulenten Mahl, einer Flasche Wein und einem Spaziergang auf Mephistos Spuren in Fausts Felsengarten wird sie der eine oder andere doch glauben. Und auf den Glauben und die dazugehörige Portion Phantasie kommt es ja schließlich an.

Die Minne an der Donau:
Der Kürenberger und Dietmar von Aist

Auch dann, wenn man sich in der Nähe von Eferding, wo auch Kriemhild einmal übernachtet haben soll, auf die Suche nach den Überresten einer Ruine machen will, die zu den ältesten literarischen Hochburgen des österreichischen Donauraums zählt. Dort in der Gegend wurde, wie einige Theorien besagen, um 1150 der Kürenberger geboren, der zu den ersten dem Namen nach bekannten deutschen Minnesängern gehört.

Sein Leben freilich liegt im Dunklen, obwohl sich eine Heerschar von Germanisten bemüht hat, dieses Rätsel zu lösen. Man kann nur vermuten, daß er Ministeriale der Grafen von Burghausen-Schala war, deren Stammsitz in der Nähe von Melk geortet wird. Adalbert Stifter hingegen ist nicht verlegen, in seinem „Witiko" einen Teil der Biographie des Kürenbergers literarisch nachzustellen. Er läßt ihn ganz einfach als Person auftreten: Witiko begegnet dem gefeierten Sänger, als er anläßlich eines Besuches bei seiner Mutter in Wien weilt, und wird von ihm mit dem ritterlich-höfischen Leben und der Kultur des Babenberger Hofes vertraut gemacht:

Der Kürenberger,
Manessische Lieder-
handschrift

Nach einer Zeit hörte Witiko hinter sich schnellere Pferdetritte, wie wenn einer näher reitet, und dann hörte er die Worte: „Es hat mir an dem Herzen viel dicke weh getan, daß mich es des gelüste, das ich nicht mochte han."

Er blickte um, und es war ein sehr junger Mann in blauen Kleidern auf einem weißen Pferde hinter ihm.

Witiko rief: „Der Fiedler vom Kürenberge."

„Ja, du Lederhaube, so bist du in Österreich", antwortete der Mann.

„Ich bin bei meiner Mutter und der Frau Markgräfin auf dem Kahlenberge", entgegnete Witiko.

„Ich weiß es", sagte der Mann, „und mußte dich im Zuge mit den Augen herausstechen, wie man eine Lerche an den Pfeil heftet."

Nach diesen Worten trieb er sein Pferd vorwärts, bis er neben Witiko war.

„Und wie bist du denn nach Österreich gekommen?" fragte Witiko.

„So wie du in die Welt gegangen bist", antwortete der Ritter vom

Kürenberge. „Als der alte Regimar tot war und als du fort warst, ritt ich von Passau hinweg. Ich bin in vielen Gebieten und Burgen gewesen, und dann bin ich an den Hof der Markgrafen von Österreich gezogen. Als der Krieg kam, der zwischen dem Markgrafen von Österreich und dem Herzoge von Bayern war, zogen wir nicht in den Krieg, es zog mein Vater nicht, die Ritter von Rohre zogen nicht, der alte Heinrich von Oftering zog nicht, der unser Nachbar ist, die Herren von Wilheringen zogen nicht, der Ritter von Traun zog nicht, und viele nicht, die um uns waren. Wir halfen aber auch dem Markgrafen von Österreich nicht. Ich ritt zu meinem Vater auf den Kürenberg und blieb auf dem Kürenberge. Als der Krieg geendiget war und als der Ruf ging, daß wir nach Böhmen ziehen werden, um die mährischen Fürsten zu züchtigen, so kamen wir aus den Gauen der Traun und der Enns und der Donau zusammen und zogen mit unseren Fähnlein den bayerischen Wald hinan und vereinigten uns bei dem Orte Furth mit dem König Konrad. Und als die Sache aus war und als ich von Prag wieder auf den Kürenberg gekommen war, ritt ich eine Weile zu Erlustigungen nach Linz und nach Wels und nach Efferdingen und nach Enns und nach Kremsmünster und nach Rohre, und dann ritt ich nach Wien an den Hof Heinrichs, des Markgrafen von Österreich; denn die Babenberge sind doch anders als die Welfe, und das Herzogtum Bayern ist jetzt ledig, und weil der Markgraf Heinrich der Stiefbruder des Königs Konrad ist, so wird er von dem König Konrad mit Bayern belehnt werden, und wenn er auch damit nicht belehnt wird, so kann das bayerische Land zwischen der Enns und dem Inn losgetrennt und zu Österreich gefügt werden, und der Markgraf Heinrich wird dann der erste Herzog von Österreich sein, und wir werden Mannen des Herzoges von Österreich sein."

„Ich habe Zdik, den Bischof von Olmütz, der auf der Flucht ist, von Böhmen nach Passau geleitet", sagte Witiko, „und bin dann auf einem Schiffe die Donau herab nach Wien gefahren, und da ich gegen Linz kam, habe ich auf den Wald des Kürenberges geschaut und habe deiner gedacht."

„Hast du meiner gedacht?" rief der Ritter vom Kürenberge, „nun, so habe meinen Dank dafür. Auf der Burg des Kürenberges sitzt nun mein Vater allein. Er reitet nicht mehr an den Hof. Es ist kein Hof in Bayern, und zu dem Hoflager des Königs reitet er nicht und an den Hof des Markgrafen auch nicht. Er waltet mit den Knechten, streicht die Fiedel, läßt noch seine Stimme erschallen, gibt Rat, tröstet meine Mutter, wenn sie ein Leid hat, und sendet mir Botschaften. (...)"

(Adalbert Stifter, Witiko, Gesammelte Werke, Bd. 10, S. 254–256)

Keineswegs literarische Fiktion ist hingegen die Tatsache, daß der Kürenberger mit etwa 15 Strophen in der Manessischen Handschrift, der wohl bedeutendsten Sammlung mittelalterlicher Dichtung, vertreten ist. Bekannt geworden ist er jedoch weniger durch seine Gesänge in diesem inzwischen legendären Manuskript als durch seine Präsenz in den Lesebüchern von Generationen von Gymnasiasten. Des Kürenbergers berühmtes, wenn auch umstrittenes „Falkenlied" gilt nicht nur als wunderbares Beispiel für die Anfänge deutschsprachiger Rollenlyrik, sondern markiert auch in seiner Strophenform einen Wendepunkt: Die sogenannte Kürenbergerstrophe ist eine Vorform der Nibelungenstrophe.

Doch das bekannte Falkenlied, jene wundersame Klage einer Frau um ihren Geliebten, den entflogenen Falken, ist nicht das einzig bedeutende und zeitlos schöne Lied des Kürenbergers. Immer wieder gelingt es ihm, sich von der bloßen Beschreibung des Werbungsrituals durch den Mann zu lösen und die Frau zu Wort kommen zu lassen. So auch in den vorliegenden Strophen, die sich nicht als Gespräch aufeinander beziehen, sondern zwei Positionen aufeinanderprallen lassen, in klarer, bildlicher Anschaulichkeit:

Ich stuont mir nehtint spâte	Ich stand in später Nacht einst
an einer zinnen:	An einer Zinne:
dô hôrt ich einen ritter	Da hört ich einen Ritter
vil wol singen	Gar wohl singen
in Kürenberges wîse	In Kürenbergers Weise
al ûz der menigîn:	Gar manche Melodie:
er muoz mir diu lant rûmen,	„Er muß mir die Lande räumen,
ald ich geniete mich sîn.	Sonst zwing ich ihn auf die Knie!"
Nu brinc mir her vil balde	Nun bringt mir her geschwinde
mîn ros, mîn îsengewant,	Mein Roß, mein Eisengewand,
wan ich muoz einer frouwen	Ich muß ja vor einer Fraue
rûmen diu lant.	Räumen dieses Land!
diu will mich des betwingen	Die will mich dazu zwingen,
daz ich ir holt sî.	Daß ich ihr hold sei.
si muoz der mîner minne	Doch sie muß meiner Minne
iemer darbende sîn.	Entbehren für alle Zeit.

(Der Kürenberger, Ich stuont mir nehtint spate)

Den Liedern des Kürenbergers verwandt sind die des Dietmar von Aist, eines oberösterreichischen Ritters, der am Wiener Hof gewirkt hat. Seine Spuren könnte man, in Gedanken zumindest, entlang des Flüßchens Aist, das in der Nähe von Linz zwischen Heinrichsbrunn und Au in die Donau mündet, suchen: Obwohl ihm sehr viele Strophen zugeschrieben werden, stammen, wie heute angenommen wird, nur wenige wirklich aus seiner Feder.

Auch im Liederbuch Dietmar von Aists findet sich ein Falkenlied, das die Rolle der Frau bei der Wahl ihres Partners zeigt und sehr modern anmutet. Sie beweist darin erstaunlich viel Eigenständigkeit:

Ez stuont ein frouwe alleine	Es stand eine Fraue alleine
und warte uber heide	Und spähte über die Heide
und warte ir liebes,	Und spähte nach ihrem Liebsten,
sô gesach si valken fliegen.	Da sah sie Falken fliegen:
‚sô wol dir, valke, daz du bist!	„Gelobt sei, Falke, da du's bist!
du fliugest swar dir liep ist:	Du fliegest wo's dir lieb ist:
du erkiusest dir in dem walde	Du wählest dir in dem Walde
einen boum der dir gevalle.	Einen Baum, der dir gefalle!
alsô hân ouch ich getân:	Also hab auch ich getan:
ich erkôs mir selbe einen man,	Ich selbst erkor mir einen Mann,
den erwelten mîniu ougen.	Den erwählten meine Augen.
daz nîdent schône frouwen.	Das neiden mir schöne Frauen.
owê wan lânt sie mir mîn liep?	O weh, was locken sie, den ich lieb'?
jo engerte ich ir dekeiner trûtes niet.'	Keinen ihrer Liebsten begehrte doch jemals ich!"

(Dietmar von Aist, Es stuont ein frouwe alleine)

Ein kleines Meisterwerk ist darüber hinaus das Lied „Slafest du, friedel ziere", das die Tradition der deutschen Taglieder begründet hat. In diesen werden Szenen zwischen Mann und Frau geschildert, die das gemeinsame Erwachen und den Abschied vom Liebesspiel thematisieren. Im folgenden Gedicht wird der Mann zu den Waffen gerufen und läßt seine Frau traurig zurück:

,Slâfest du, friedel ziere?
man wecket uns leider schiere:
ein vogellîn sô wol getân
daz ist der linden an daz zwî gegân.'

„Schläfst du, Schatz, meine Zier?
Man weckt uns leider schier.
Ein Vögelein so wohlgetan
Stieß der Linden Gezweige an."

,Ich was vil sanfte entslâfen:
nu rüefestu kint wâfen
liep âne leit mac niht gesîn.
swaz du gebiutest, daz leiste ich,
friundin mîn.'

„Ich war recht sanft entschlafen.
Nun rufst du, o Kind, mich zu
den Waffen!
Lieb ohne Leid kann doch nicht
sein!
Was du gebietest – ich leist' es, o
Freundin mein."

Diu frouwe begunde weinen.
,du rîtest und lâst mich einen.
wenne wilt du wider her zuo mir?
owê du füerest mîn fröide
sament dir!'

Die Frau begann zu weinen:
„Du reitest und läßt mich den
Peinen!
Wann willst du wieder her zu mir?
O weh, du entführst all meine
Freude mit dir!"

(Dietmar von Aist, Slafest du, friedel ziere?)

Sowohl der Kürenberger als auch Dietmar von Aist gelten als Hauptvertreter des Donauländischen Minnesangs und beanspruchen nicht nur deshalb ihren literarischen Rang.

III. Linz und Umgebung

Literarische Stationen:
LINZ: Marianne Jung-Willemer, Adalbert Stifter, Hermann Bahr, Marlen Haushofer
KREMSMÜNSTER, KIRCHSCHLAG, KEFERMARKT:
Adalbert Stifter, Jürg Amann

Entfernungen (Orientierungswerte):
Linz–Kremsmünster: 35 km; Linz–Kirchschlag: 13 km; Kirchschlag–Kefermarkt: 45 km; Kefermarkt–Linz: 32 km

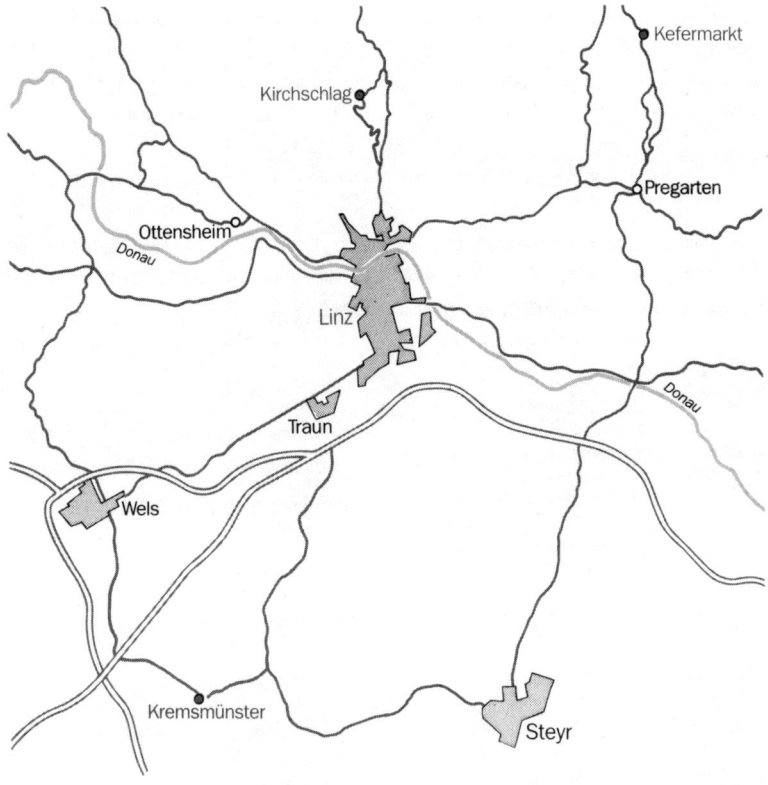

„Was ich selber sah weil ich aufwuchs
in einer Stadt die an der Donau lag
deren Gassen an den Fluß mündeten
der an ihrem Ende strömte: alles."
Franz Tumler, Sätze von der Donau, S. 8

Linz literarisch

Kaum eine Beschreibung der Ankunft in Linz, Hauptstadt von Oberösterreich, kommt an jene heran, die Joseph von Eichendorff im Mai
1807 in seinem Tagebuch abgegeben hat. Zusammen mit seinem Bruder Wilhelm aus Böhmen kommend, näherte er sich der Stadt von Nor-
den her, also anders, als es der Reisende, der die Donau entlang
fährt, tun würde. Dennoch gibt seine Schilderung einen Eindruck von
der Lage von Linz. Hat man erst den Pöstlingberg, den wohl schönsten
Aussichtsberg der Gegend, erklommen, bietet sich ein herrlicher Rund-
blick über die Stadt und ihre Umgebung:

Je näher Lintz, desto blühender alles umher. Endlich erreichten wir
den letzten und höchsten Berg vor Lintz, und erschraken ordentlich vor
der plötzlichen himmlischen Aussicht, und der zauberischen Lage dieser
schönen Stadt. Weites blühendes Thal, von den Seyten begränzt durch
schöne Waldberge voll gläntzender Schlößer und Kirchen, und in deßen
Hintergrunde sich das himmlische Steuermark erhebt. Die Donau, an
deßen beyden Ufern Lintz im Hintergrunde liegt, windet sich maje-
staetisch durch das schöne Thal. Wir giengen den steilen Weg, der sich wie
beym Mägdesprung zwischen hohen Felsenufern hinabzieht, zu Fuß und
langsam. Aus der Ferne donnerte es über die Gebirge, und so schritten
wir wie berauscht hinab in das blühende duftende schimmernde Thal, wie
in einen schöneren Frühling. Denn das Gantze hat schon einen eigenen
südlich-italienischen Anstrich. (Auch hatte das Korn schon lange Aeh-
ren.) Unten brach unser Wagen. Ewige Flikerey bis zur Stadt. Lange hölt-
zerne Brücke über die Donau, die hier fast breiter ist als die Elbe bey
Dresden. Das große alte kaiserliche Schloß links auf dem Berge. Lintz
schön und so groß wie Leipzig. Ich wurde gleich aufs Policey-Amt citirt
wegen unserem Paße. Darauf nahm ich mit Wilhelm die gantze Stadt in
Augenschein, und mitten in Sturm und Regen bewunderten wir auf der
Brüke die schöne Aussicht und den reißenden Lauf der Donau bey Gele-

Blick auf Linz, um 1840

genheit eines Schiffes, das pfeilschnell unter uns durchfuhr. Abends im Theater, das schön und nach dem Wiener gebaut ist. Vorn Pappelalleen. Hans Klachl, ein wahres Nationalstük. Das Publicum voll Casperlseelen.
(Joseph von Eichendorff, Werke, Bd. 11, S. 190 f.)

Das Linz von heute werden nur wenige als solch idyllische, einladende Stadt empfinden wie Eichendorff. Wiewohl der Pöstlingberg immer noch den Blick freigibt auf den wunderschönen alten Stadtkern, schieben sich nur zu schnell die riesigen Industrieanlagen und die Wohnburgen der darin Beschäftigten ins Bild: Die Stahlwerke und die Chemie Linz prägen die Landschaft und Struktur der Stadt, die einst zu großen, wenn auch zweifelhaften Ehren hätte kommen sollen. Adolf Hitler gedachte hier, nicht weit von seiner Geburtsstadt Braunau entfernt, seine Macht zu demonstrieren und die gesamte Stadt zu Repräsentationszwecken großartig umzugestalten – Pläne, von deren Verhinderung Linz heute noch profitiert. Lediglich die Nibelungenbrük-ke, Fortsetzung der Landstraße und des Hauptplatzes über die Donau hinweg, ist von Hitlers laut vorgetragenem Vorhaben übriggeblieben – ein lebendiges, pulsierendes Mahnmal.

Mit seinem Image hat die Stadt dennoch schwer zu kämpfen. Was Ingeborg Bachmann in ihrem Roman „Malina" andeutet, hat sich im Bewußtsein vieler hartnäckig festgesetzt: „Der Zug will auch nicht entgleisen vor Attnang-Puchheim, er hält kurz in Linz, ich bin immer durchgefahren, Linz an der Donau."

Man hat Linz beharrlich und auf vielfältige Weise Unrecht getan – und Ingeborg Bachmann ist längst nicht die einzige, die die Vorurteile von der geist- und kulturlosen Provinzstadt weitergetragen hat: An Linz fährt man vorbei, um in verheißungsvollere Orte und Landstriche zu gelangen. Ein kurzer Blick auf die rauchenden Fabrikschlöte und die schmucklosen Bauten der Vorstadt reicht vielen, um sich in Meinungen bestätigt zu wissen, die Tradition haben. Schon Adalbert Stifter, der zwanzig Jahre in Linz gelebt hat und dort 1868 gestorben ist, glaubte, wie er in einem Brief an seinen Verleger Gustav Heckenast gestand, „der Masse der Linzer ebensogut ein Seifensieder als ein Dichter [zu sein]; ja ersteren dürften sie bedeutend höher schätzen."

Eduard Bauernfeld schließlich, neben Nestroy und Raimund wohl Österreichs bedeutendster Dramatiker der Vormärz-Ära, wußte seine Meinung über Linz in einem Spottvers auf den Punkt zu bringen:

Mit Zyankali hat's keine Eile,
Man kann auch ruhig sterben
aus Langeweile,
Wie in der Provinz,
Zum Beispiel in Linz.

Dem könnte man viel entgegenhalten, spaziert man heute durch die Innenstadt, die eine Fülle gar nicht langweiliger oder provinzieller Bauten und Kunstdenkmäler präsentiert, die sich auf reizvolle Weise zu einem geschlossenen Kern zusammenfügen. Linz kann darüber hinaus mit einigen hochkarätigen literarischen Adressen aufwarten. Sie alle sind auf einem Spaziergang durch die Altstadt in einem Rundgang mühelos zu erreichen.

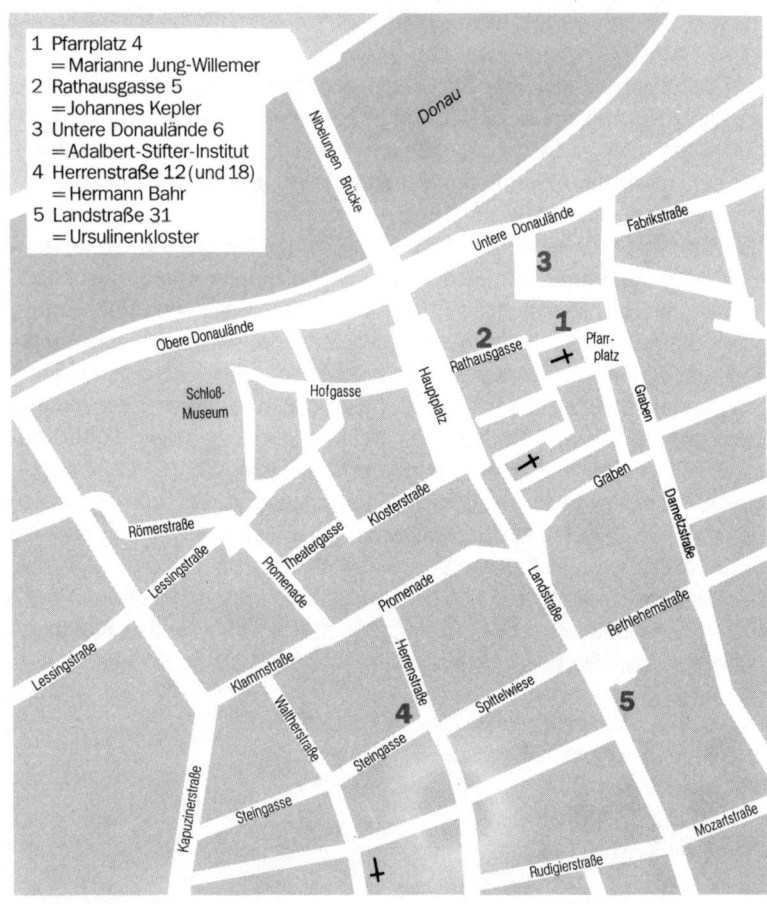

1 Pfarrplatz 4
  = Marianne Jung-Willemer
2 Rathausgasse 5
  = Johannes Kepler
3 Untere Donaulände 6
  = Adalbert-Stifter-Institut
4 Herrenstraße 12 (und 18)
  = Hermann Bahr
5 Landstraße 31
  = Ursulinenkloster

Suleika aus Linz: Marianne von Willemer

Goethe und Linz? Eine Verbindung, die auf den ersten Blick schwer herzustellen ist und die man dennoch nicht unterschätzen sollte. Schließlich war Marianne Jung-Willemer, Goethes Suleika aus dem „Westöstlichen Divan", eine Linzerin.

Am 20. November 1784 in Linz-Urfahr geboren, verdingte sich Marianne Jung als Sängerin und Tänzerin, bevor sie am 27.9.1814 den Frankfurter Bankier Jakob Willemer heiratete. Mit ihm hatte sie schon vorher jahrelang zusammengelebt und sich dabei jene Bildung aneignen können, die ihr ihre Eltern nicht ermöglicht hatten. Einigermaßen beunruhigt durch Goethes Interesse für Marianne, ehelichte Willemer sie ganz plötzlich.

So will es zumindest die Fama. Belegt hingegen ist, daß sich Marianne Jung und Goethe am 4.8.1814 in Wiesbaden zum erstenmal trafen. Der damals 65jährige Goethe durchlebte zu diesem Zeitpunkt nochmals eine fruchtbare Schaffensperiode, obwohl er noch kurze Zeit zuvor, erschüttert durch Schillers Tod 1805, sein dichterisches Werk für abgeschlossen gehalten hatte: Nun entdeckte er die orientalische Poesie für sich, die ihn künstlerisch ähnlich beeinflußte wie die Hinwendung zur Antike, welche seinen ersten großen Gedichtzyklus, die „Römischen Elegien", bestimmt hatte. 1812 war die Übersetzung von Hafis' (um 1320–1389) persischem „Divan" durch den Wiener Orientalisten Joseph von Hammer-Purgstall (1774–1856) erschienen, die Goethe im Frühsommer 1814 las und die ihn überaus beeindruckte. Schon bald darauf, auf seiner Rhein-Main-Reise, die ihn auch nach Wiesbaden führte, entstand die erste Folge von Gedichten, die als direkter Niederschlag seiner Gefühle für Marianne Jung-Willemer gelten.

Johann Wolfgang von Goethe, 1828

Als Goethe seinen „West-östlichen Divan" 1819 veröffentlichte, ahnte man wohl, wer sich hinter seiner Suleika, die mit Hatem Zwiesprache hält, verbirgt: Hinter beiden Figuren, die aufs kunstvollste einen Liebesdialog in Gedichten führen und dabei östliche wie westliche Motive und Bilder miteinander verstricken, vermutete man Marianne Jung-Willemer und den alternden Goethe.

Das Geständnis, selbst Autorin einiger Gedichte aus dem „Buch Suleika" zu sein, wie es Marianne Jung-Willemer dem Philosophen Hermann Grimm erst 1849 ablegte, überraschte jedoch. Immerhin gehören „Hochbeglückt in deiner Liebe", „Nimmer will ich dich verlieren" oder „Was bedeutet die Bewegung" zu den schönsten Gedichten der Sammlung. Goethe hat sie, geringfügig verändert, in den „Divan" aufgenommen und sie als eigene Werke ausgegeben. Marianne Jung-Willemer, deren diskret aufbewahrter Briefwechsel mit dem alternden Dichterfürsten ihre Autorenschaft eindeutig belegt, hat er dabei ganz einfach übergangen. Selbst Schuberts Vertonung dieser Gedichte, die sie auch außerhalb des deutschen Sprachraums bekannt machten, vermehrten lediglich Goethes Ruhm. Marianne Jung-Willemer existierte für die Literaturgeschichte schlicht und einfach als kurzzeitige Freundin und Muse – und war damit eine von vielen. Nicht zuletzt ihre Gedichte, die auch heute noch in herkömmlichen Goethe-Ausgaben nicht namentlich gekennzeichnet sind, widerlegen das eindrücklich:

Marianne von Willemer (geb. Jung), 1819

Suleika

Was bedeutet die Bewegung?
Bringt der Ost mir frohe Kunde?
Seiner Schwingen frische Regung
Kühlt des Herzens tiefe Wunde.

Kosend spielt er mit dem Staube,
Jagt ihn auf in leichten Wölkchen,
Treibt zur sichern Rebenlaube
Der Insekten frohes Völkchen.

Lindert sanft der Sonne Glühen,
Kühlt auch mir die heißen Wangen,
Küßt die Reben noch im Fliehen,
Die auf Feld und Hügel prangen.
Und mir bringt sein leises Flüstern
Von dem Freunde tausend Grüße;
Eh noch diese Hügel düstern
Grüßen mich wohl tausend Küsse.

Und so kannst du weiter ziehen!
Diene Freunden und Betrübten.
Dort wo hohe Mauern glühen
Find ich bald den Vielgeliebten.
Ach! die wahre Herzenskunde,
Liebeshauch, erfrischtes Leben
Wird mir nur aus seinem Munde,
Kann mir nur sein Atem geben.
(J. W. v. Goethe, Werke, Bd. 1, S. 413 f.)

Eine Antwort erfährt Suleikas Gedicht an den Ostwind durch das
an den Westwind. Beide fügen sich dem Prinzip des „Divans", Gedanken schier spielerisch in Wechselgesängen aufeinanderprallen zu
lassen und somit dem Inhalt dieser Lyrik, die Begegnung der westlichen Kultur und Literatur mit der östlichen, eine formale Entsprechung
zu bieten.

Suleika

Ach! um deine feuchten Schwingen,
West, wie sehr ich dich beneide:
Denn du kannst ihm Kunde bringen
Was ich in der Trennung leide.
Die Bewegung deiner Flügel
Weckt im Busen stilles Sehnen;
Blumen, Augen, Wald und Hügel
Stehn bei deinem Hauch in Tränen.

Doch dein mildes sanftes Wehen
Kühlt die wunden Augenlider;
Ach, für Leid müßt ich vergehen,
Hofft ich nicht zu sehn ihn wieder.

Eile denn zu meinem Lieben,
Spreche sanft zu seinem Herzen;
Doch vermeid ihn zu betrüben
Und verbirg ihm meine Schmerzen.

Sag ihm, aber sags bescheiden:
Seine Liebe sei mein Leben,
Freudiges Gefühl von beiden
Wird mir seine Nähe geben.
(J. W. v. Goethe, Werke, Bd. 1, S. 416)

Liest man diese Zeilen, kann man sich kaum vorstellen, daß Marianne Jung-Willemer nach diesen Gedichten wahrscheinlich nichts mehr geschrieben hat. Sie ist 1860 in Frankfurt gestorben, verkannt.

Auch in Linz wird ihr Andenken nicht an der richtigen Stelle bewahrt. Man hat wohl am Pfarrplatz 4 eine Gedenktafel angebracht, um daran zu erinnern, daß an dieser Stelle Marianne Jung-Willemers Geburtshaus gestanden ist – an einem idyllischen Ort in der Altstadt gelegen und der Stadtpfarrkirche benachbart. Wie jüngste Untersuchungen allerdings ergeben haben, wurde Marianne Jung-Willemer in Linz-Urfahr geboren, einem Stadtteil jenseits der Donau. Da in diesen Tagen die Geburtsregister einige Jahre lang schlecht geführt wurden, ist es unmöglich, das Haus ihrer Geburt genau zu eruieren.

Am Pfarrplatz ist sie dafür in guter Gesellschaft: Wenige Häuser weiter, in der pittoresken Rathausgasse 5, gemahnt eine Tafel an den Astronomen Johannes Kepler, der von 1612 bis 1626 in Linz lebte. Nachdem er in Prag zum Gehilfen Tycho Brahes avanciert war und sich nach dessen Tod als Mathematiker und Hofastronom Rudolfs II. verdient gemacht hatte, wurde er für den Zeitraum zwischen 1612 und 1626 als Professor nach Linz berufen. Ab April 1622 wohnte er zusammen mit seiner Familie im Haus des Linzer Bürgers Altenstraßer, wo 1625 auch sein Sohn Hildebert getauft wurde. In dem schmucken Häuschen vollendete er sein Hauptwerk, die „Weltharmonik in 5 Büchern", und die „Rudolphinischen Tafeln". Interessant ist diese Adresse auch deswegen, weil dort seit 1745 die erste Druckerei von Linz untergebracht war.

(Ein Standbild Keplers findet man übrigens im Garten des Linzer Schlosses: Der Bronzeguß, hergestellt nach einer Holzplastik, die Franz Xaver Keller in der Werkstatt des Bildhauers Sebastian Remele 1780 angefertigt hatte, wurde anläßlich der 400. Wiederkehr seiner Geburt in einem frühbarocken Pavillon postiert. Wer sich darüber hinaus literarisch auf Keplers Spuren bewegen möchte, kann zu Ludwig Finkhs Roman „Stern und Schicksal" greifen, der Keplers Leben und Werk behandelt.)

Donaulände in Linz mit Stifters Wohnhaus

So lebt ein Biedermann: Adalbert Stifter

Wenige Schritte vom Pfarrplatz und der Rathausgasse entfernt befindet sich die eigentliche literarische Sehenswürdigkeit von Linz: Das Adalbert-Stifter-Institut an der Unteren Donaulände 6, am Rande der Innenstadt (Die neue Adresse lautet seit kurzem: Adalbert-Stifter-Platz 1).

Stifter, der schon etliche Sommermonate zwischen 1845 und 1848 in der Nähe von Linz auf einem Bauernhof zugebracht und dort ausdauernd gearbeitet hatte (u. a. an „Abdias", „Granit" und „Die Pechbrenner"), erhoffte sich von seiner Übersiedlung nach Linz einiges: Er glaubte, dort nach den Aufregungen der Revolution, die Wien besonders im März 1848 erfaßt hatten, zur Ruhe zu kommen und mit großer Konzentration schreiben zu können.

Eine Wohnung war nach kurzer Suche gefunden. Stifter bezog mit seiner Frau vier Zimmer im Haus der Kaffeehausbesitzer Joseph und Anna Hartl, das der Linzer Baumeister Johann Metz 1844 errichtet hatte. Von der Lage der Wohnung war er begeistert: Von seinem Fenster aus blickte er geradewegs auf die Donau und das nahegelegene Hügelland des Mühlviertels. Heute ist das Haus im Besitz der oberösterreichischen Landesregierung, die es renovieren ließ: Dort kann man eines der Zimmer, in denen Stifter gewohnt hat, besichtigen.

Obwohl versucht wurde, den Raum mit Erinnerungsstücken aus dem Besitz Stifters auszustatten, haben sie natürlich den Charakter eines Museums. Dennoch mag man in ihm Teile der Einrichtung wiederfinden, die Anton Schlossar in einem Bericht vom 24. 5. 1902 über die Wohnung Stifters beschrieben hat:

Wenn man ihn besuchte, so trat man in das Gemach eines Sonderlings, der er auch war. Sein Prunkzimmer war eigentümlicher Art; dort standen schön gearbeitete Möbel, und wertvolle Gemälde zierten die Wände – der Fuß trat auf einen schönen Teppich, die spiegelblanken Tische waren nach seiner eigenen Angabe ausgelegt, alles von moderner und edler Form. Altes Meißener Porzellan und andere Seltenheiten waren in Schränken von Spiegelglas ausgestellt. Dessen ungeachtet erinnerte dieses Gemach nicht im mindesten an einen „Salon", es war ein bürgerliches Prunkzimmer, in seiner gediegenen Einfachheit anspruchslos. Anderer Art war sein eigenes Zimmer, man arbeitete sich hinter mehreren Staffeleien hervor, die mit angefangenen Gemälden bedeckt waren. An der Hauptwand hing ein Ölbild, sorgfältig von einem seidenen Vorhang bedeckt, da die weibliche Gestalt, die es darstellte, aller Kleidung entbehrte. In den drei Fenstern, die auf die Donau gingen, sah man ganze Familien von Kakteen stehen, für die Stifter eine Leidenschaft hatte; [. . .] Dann standen da zwei herrliche Zimmerzierden, ein Kleiderschrank aus der Vorrokokozeit mit dem schönsten Holzmosaik, von ihm selbst auf das sorgfältigste ausgebessert. Das zweite noch weit prachtvollere Möbel war ein Schreibtisch aus der Renaissancezeit in Sarkophagform, auf Delphinen ruhend, mit Karyatiden und Statuetten reich verziert; 48 oder mehr Schubfächer schloß ein einziges Schloß. Das Ganze war mit einer Genauigkeit und Zierlichkeit gearbeitet, welche die besten englischen Arbeiten auszeichnet. Noch andere gut hergestellte Rokokomöbel enthielt das Gemach, das sonst auf das einfachste mit Strohstühlen und einem einfachen Ruhebett eingerichtet war. Auf diesem lag er in den letzten Jahren oft, wenn er von seiner Zimmerpromenade ermüdet war.

(Anton Schlossar, Adalbert Stifter, Tagespost, Graz)

Wer in den zwei Zimmern nicht nur Stifter-Atmosphäre schnuppern möchte, sondern sich ernsthafter mit dessen Werk auseinandersetzen möchte, wird in den beiden anderen Etagen des Hauses gründlich informiert. Sie beherbergen eine Dokumentationsstelle zur oberösterreichischen Literatur und das eigentliche Adalbert-Stifter-Institut, das über eine sorgfältig ausgewählte Bibliothek und eine eigene Schriftenreihe verfügt; dort kann man sich in das Werk und Leben Stifters einlesen. Linz nimmt dabei eine zentrale Rolle ein: Wiewohl sich Stifter vorgenommen hatte, nach Wien zurückzukehren, sobald es die politische Situation zulassen würde, blieb er bis zu seinem Tod in Linz. Schuld daran war nicht zuletzt die Stellung, die man ihm 1850 anbot und die er mit großem Enthusiasmus antrat. Nachdem er lange Jahre als Lehrer tätig gewesen war und sich mit verschiedenen bildungspolitischen Publikationen als Pädagoge qualifiziert hatte, wurde er schließlich mit dem neugeschaffenen Amt des Landesschulinspektors für die Volksschulen Oberösterreichs betraut.

Seine Erwartungen, an der Hebung des Bildungsniveaus des Landes effizient mitarbeiten zu können, wurden jedoch bald enttäuscht – zumal sich seine Tätigkeit als Beamter nur schlecht mit seiner Berufung zum Schriftsteller vereinen ließ. Gerade der Umgang mit einer starren Bürokratie und einem Heer von unambitionierten Vollstreckungsorganen lähmten ihn, wie ein Brief vom 13. Mai 1854 an seinen Verleger Gustav Heckenast eindrücklich belegt:

– Lieber theuerster Freund, wenn Sie nur wüßten, wie mir ist! Durch das Heu den Häkerling die Schuhnägel die Glasscherben das Sohlenleder die Korkstöpsel und Besenstiele, die in meinem Kopfe sind, arbeitet sich oft ein leuchtender Strahl durch, der all das Wüste wegdrängen und einen klaren Tempel machen will, in welchem ruhige große Götter stehen; aber wenn ich dann in meine Amtsstube trete, stehen wieder Körbe voll von jenen Dingen für mich bereitet, die ich mir in das Haupt laden muß. Dies ist das Elend, nicht die wirkliche Zeit, die mir das Amt nimmt. Könnte ich diese Zeit verschlafen oder die Amtsdinge ohne Teilnahme des Herzens abthun, zu welch schönem Grad der Ruhe es viele Beamte bringen, so hätte meine Dichtkunst nichts verloren; aber das ists, wenn eine Kirche zur Scheune gemacht wird, so steht ihr das Predigen in ihr übel. Ich glaube, daß sich die Dinge an mir versündigen. Sie wissen, daß ich nicht eitel auf meine Arbeiten bin. Sie wissen am besten zu sagen, wie wenig ich mir genug thun kann, wie ich immer ausbessere (Sie leiden ja sogar darunter), und wie unzufrieden ich am Ende doch wieder bin; aber manchmal ist mir – Sie werden es nicht mißdeuten und als Stolz auslegen, Ihnen kann ich es sagen – manchmal ist mir, ich könnte Meisterhaftes machen, was für alle Zeiten dauert und neben dem Größten bestehen kann, es ist ein tiefer heiliger Drang in mir, dazu zu gehn – – aber da ist äußerlich nicht die Ruhe, die kleinen Dinge schreien drein, ihnen muß von Amtswegen und auf Befehl der Menschen, die sie für wichtig halten, obgewartet werden, und das Große ist dahin. Glüklich die Menschen, die diesen Schmerz nicht kennen! und doch auch unglüklich, sie kennen das Höchste des Lebens nicht. Ich gebe den Schmerz nicht her, weil ich sonst auch das Göttliche hergeben müßte. Hätte ich mein ruhiges Leben (im Winter in Wien im Sommer in den Bergen unter Bäumen und Wolken) dürfte ich nichts anderes thun als mit Großem Reinem Schönem mich beschäftigen, vormittags schreiben nachmittags zeichnen lesen Wissenschaften nachgehen und Abends mit manchem edlen Freunde oder in der Natur oder in meinem Garten sein – – aber ich darf nicht daran denken, sonst ergrimmt der Gott im Menschen, wie *J. Paul* sagt. S^e Majestät unser trefflicher Kaiser hat mir den Franz Josephs-Orden geschikt, wüßte er, wie er mich mit so wenig, daß es ihm nichts ist, beglüken könnte, wenn er mir wie Augustus dem Virgil wie ein kleiner Fürst dem hohen Göthe die Muße gäbe schaffen zu können – ich glaube, es würde ihm nicht unbelohnt bleiben, tausende reicher Herzen würden vielleicht noch in späten Tagen davon sprechen, mein dankbares Gemüth würde in desto höherem Schwunge dem Herrlichen und Ewigen nachstreben, wie Göthe seinem Fürsten nicht mit Geschäften des geheimen Rathes aber mit ewigen Meisterwerken den Dank abtrug. Ich bin zwar kein Göthe aber einer aus seiner Verwandtschaft, und der Same des Reinen Hochgesinnten Einfachen geht auch aus meinen Schriften in die Herzen, davon habe ich Beweise, und wer weiß, ob sie nicht mithelfen, einmal einen großen unendlichen Geist, der höher ist als Göthe Schiller und alle, in seiner Jugend von dem Eklen Widerwärtigen Zerrissenen abzuziehen, der Ruhe und Einfalt zuzuwenden, und ihm um so früher Raum geben, zu seiner Schöpfungen zu schreiten, die das Ergözen und Staunen der Welt sein werden.

(Adalbert Stifter, Die kleinen Dinge schreien drein, S. 88–89)

Erst 1865 gelang es ihm, aufgrund seines Leberleidens den aktiven Dienst zu quittieren und in den Ruhestand versetzt zu werden – spät, denn schon drei Jahre darauf starb er.

Befriedigender hingegen gestaltete sich seine Tätigkeit als Konservator der staatlichen Zentralkommission zur Erforschung und Erhaltung der Kunstdenkmale für Oberösterreich und als Vizevorstand des oberösterreichischen Kunstvereins. In dieser Funktion begann er damit, die Kunstschätze des Landes zu erfassen. Es gelang Stifter immerhin, den gotischen Flügelaltar von Kefermarkt vor dem Holzwurm zu retten, die Wiederherstellung der Stadtpfarrkirche von Steyr zu erwirken und die Stephanskirche in Braunau renovieren zu lassen. Er selbst stöberte auf seinen Amtsreisen verschiedene alte Möbelstücke auf, die er zu Hause aufpolierte: Sein Arbeitszimmer soll, wie Zeitgenossen berichten, häufig wie eine Tischlerwerkstatt und ein Atelier – Stifter malte in diesen Jahren mit großer Freude und Akribie – ausgesehen haben.

Im „Nachsommer" findet sich diese Liebe zu alten Möbeln und Kunststücken literarisch verdichtet und in Bezug gesetzt zum Altern des Menschen, wenn Risach seinem Gast seine Tischlerwerkstatt vorführt: „Hier werden Dinge, sagte mein Begleiter, welche lange vor uns, ja oft mehrere Jahrhunderte vor unserer Zeit verfertigt worden, und in Verfall geraten sind, wieder hergestellt, wenigstens so weit es die Zeit und die Umstände nur immer erlauben. Es wohnt in den alten Geräten beinahe wie in den alten Bildern ein Reiz des Vergangenen und Abgeblühten, der bei dem Menschen, wenn er in die höheren Jahre kommt, immer stärker wird. Darum sucht er das zu erhalten, was der Vergangenheit angehört, wie er ja auch eine Vergangenheit hat, die nicht mehr recht zu der frischen Gegenwart der rings um ihn Aufwachsenden paßt. Darum haben wir hier eine Anstalt für Geräte des Altertums gegründet, die wir dem Untergange entreißen, zusammenstellen, reinigen, glätten und wieder in die Wohnlichkeit einzuführen suchen." (Adalbert Stifter, Gesammelte Werke, Bd. 6, S. 98)

Zu Stifters Lieblingsstücken aus seiner Sammlung zählte ein Schreibtisch aus der Renaissance, den er selbst restauriert hatte und der ja auch von Anton Schlossar in seiner Wohnungsbeschreibung besonders erwähnt wurde: Sein Delphinenschrein, heute auf Schloß Frauenberg bei Budweis zu besichtigen, ist ebenfalls direkt in die Literatur, in den „Nachsommer", eingegangen – wie übrigens auch viele andere Details aus seinem Leben.

Stifters
Delphinenschrein

Derjenige, der im „Nachsommer" die Spuren von realen Landschaften sucht, hat gute Chancen, fündig zu werden. Obwohl es nicht
direkt benannt wird, ist in der beschriebenen Gegend das Alpenvorland
zu erkennen, wie man es etwa im Salzkammergut oder in Oberösterreich südlich von Linz findet. So etwa bei Heinrich Drendorfs Wanderung durch die Alpen und seiner ersten Begegnung mit dem Rosenhaus und dessen Bewohnern:

Die Einkehr

Eines Tages ging ich von dem Hochgebirge gegen das Hügelland
hinaus. Ich wollte nämlich von einem Gebirgszuge in einen andern
übersiedeln und meinen Weg dahin durch einen Teil des offenen Landes
nehmen. Jedermann kennt die Vorberge, mit welchen das Hochgebirge
gleichsam wie mit einem Übergange gegen das flachere Land ausläuft.
Mit Laub- oder Nadelwald bedeckt, ziehen sie in angenehmer Färbung
dahin, lassen hie und da das blaue Haupt eines Hochberges über sich sehen, sind hie und da von einer leuchtenden Wiese unterbrochen, führen
alle Wässer, die das Gebirge liefert und die gegen das Land hinausgehen,
zwischen sich, zeigen manches Gebäude und manches Kirchlein und
strecken sich nach allen Richtungen, in denen das Gebirge sich abniedert,
gegen die bebauteren und bewohnteren Teile hinaus.
Als ich von dem Hange dieser Berge herabging und eine freiere
Umsicht gewann, erblickte ich gegen Untergang hin die sanften Wolken eines Gewitters, das sich sachte zu bilden begann und den Himmel umschleierte. Ich schritt rüstig fort und beobachtete das Zuneh-
men und Wachsen der Bewölkung. Als ich ziemlich weit hinaus-
gekommen war und mich in einem Teile des Landes befand, wo sanfte
Hügel mit mäßigen Flächen wechseln, Meierhöfe zerstreut sind, der
Obstbau gleichsam in Wäldern sich durch das Land zieht, zwischen
dem dunklen Laube die Kirchtürme schimmern, in den Talfurchen die
Bäche rauschen und überall wegen der größeren Weitung, die das
Land gibt, das blaue gezackte Band der Hochgebirge zu erblicken ist,
mußte ich auf eine Einkehr denken; denn das Dorf, in welchem ich
Rast halten wollte, war kaum mehr zu erreichen. Das Gewitter war so
weit gediehen, daß es in einer Stunde und bei begünstigenden Um-
ständen wohl noch früher ausbrechen konnte.
Vor mir hatte ich das Dorf Rohrberg, dessen Kirchturm, von der
Sonne scharf beschienen, über Kirschen- und Weidenbäumen hervor-

sah. Es lag nur ganz wenig abseits von der Straße. Näher waren zwei Meierhöfe, deren jeder in einer mäßigen Entfernung von der Straße in Wiesen und Feldern prangte. Auch war ein Haus auf einem Hügel, das weder ein Bauernhaus noch irgendein Wirtschaftsgebäude eines Bürgers zu sein schien, sondern eher dem Landhause eines Städters glich. Ich hatte schon früher wiederholt, wenn ich durch die Gegend kam, das Haus betrachtet, aber ich hatte mich nie näher um dasselbe bekümmert. Jetzt fiel es mir um so mehr auf, weil es der nächste Unterkunftsplatz von meinem Standorte aus war und weil es mehr Bequemlichkeit als die Meierhöfe zu geben versprach. Dazu gesellte sich ein eigentümlicher Reiz. Es war, da schon ein großer Teil des Landes mit Ausnahme des Rohrberger Kirchturmes im Schatten lag, noch hell beleuchtet und sah mit einladendem, schimmerndem Weiß in das Grau und Blau der Landschaft hinaus.

Ich beschloß also, in diesem Hause eine Unterkunft zu suchen.

Ich forschte demzufolge nach einem Wege, der von der Straße auf den Hügel des Hauses hinaufführen sollte. Nach meiner Kenntnis des Landesgebrauches war es mir nicht schwer, den mit einem Zaune und mit Gebüsch besäumten Weg, der von der Landstraße ab hinaufging, zu finden. Ich schritt auf demselben empor und kam, wie ich richtig vermutet hatte, vor das Haus. Es war noch immer von der Sonne hell beschienen. Allein, da ich näher vor dasselbe trat, hatte ich einen bewunderungswürdigen Anblick. Das Haus war über und über mit Rosen bedeckt, und wie es in jenem fruchtbaren hügligen Lande ist, daß, wenn einmal etwas blüht, gleich alles miteinander blüht, so war es auch hier: die Rosen schienen sich das Wort gegeben zu haben, alle zur selben Zeit aufzubrechen, um das Haus in einem Überwurf der reizendsten Farbe und in eine Wolke der süßesten Gerüche zu hüllen.

Wenn ich sage, das Haus sei über und über mit Rosen bedeckt gewesen, so ist das nicht so wortgetreu zu nehmen. Das Haus hatte zwei ziemlich hohe Geschosse. Die Wand des Erdgeschosses war bis zu den Fenstern des oberen Geschosses mit den Rosen bedeckt. Der übrige Teil bis zu dem Dache war frei, und er war das leuchtende weiße Band, welches in die Landschaft hinausgeschaut und mich gewissermaßen heraufgelockt hatte. Die Rosen waren an einem Gitterwerke, das sich vor der Wand des Hauses befand, befestigt. Sie bestanden aus lauter Bäumchen. Es waren winzige darunter, deren Blätter gleich über der Erde begannen, dann höhere, deren Stämmchen über die ersten emporragten, und so fort, bis die letzten mit ihren Zweigen in die Fenster des oberen Geschosses hineinsahen. Die Pflanzen waren so verteilt und gehegt, daß nirgends eine Lücke entstand und daß die Wand des Hauses, so weit sie reichten, vollkommen von ihnen bedeckt war.

Ich hatte eine Vorrichtung dieser Art in einem so großen Maßstabe noch nie gesehen.

Es waren zudem fast alle Rosengattungen da, die ich kannte, und einige, die ich noch lange nicht kannte. Die Farben gingen von dem reinen Weiß der weißen Rosen durch das gelbliche und rötliche Weiß der Übergangsrosen in das zarte Rot und in den Purpur und in das bläuliche und schwärzliche Rot der roten Rosen über. Die Gestalten und der Bau wechselten in eben dem selben Maße. Die Pflanzen waren nicht etwa nach Farben eingeteilt, sondern die Rücksicht der Anpflanzung schien nur die zu sein, daß in der Rosenwand keine Unterbrechung stattfinden möge. Die Farben blühten daher in einem Gemische durcheinander.

(Adalbert Stifter, Gesammelte Werke, Bd. 6, S. 45–48)

Eine Idylle, fürwahr.

„Der Nachsommer" gilt als bedeutendster dichterischer Niederschlag von Stifters Linzer Jahren. In ihm hat er sich nicht nur eine kunstvolle Alternative zum eigenen Leben als Beamter geschaffen und seine Ideale von einem emanzipierten Menschen konzipiert. „Der Nachsommer" spiegelt darüber hinaus Stifters Utopien von einem sinnvollen Umgang mit der Natur und den Erkenntnissen der Wissenschaften. Während einige seiner Zeitgenossen in den Chor derer einstimmten, die sich von der zunehmenden Industrialisierung der Welt Wirtschaftswachstum und Wohlstand erhofften und deshalb dem Leistungsbewußtsein huldigten, zog sich Stifter in die Idylle zurück – und wurde, wie man ihm vielfach vorwarf, zum Wortführer einer literarischen Restauration. Kaum jemand erkannte die subversive Kraft, die im Bildungstraum jenes rückwärtsgewandten Utopisten steckt.

Hugo von Hofmannsthal zählte zu jenen, die Stifter zu würdigen wußten, wie seinem Nachwort zum „Nachsommer", der 1925 in einer neuen Ausgabe veröffentlicht wurde, zu entnehmen ist: „Als der ,Nachsommer' erschien, nannte man das darin Dargestellte altväterisch und beschränkt. Den Gestalten, sagt man, mangle es an Leidenschaft und Tatkraft; die Darstellung sei ohne Farbe und weitschweifig, und der innere Gehalt längst von der vorschreitenden Epoche überholt. Heute heben sich uns diese zartumrissenen Gestalten, die spiegelreine Bildung ihres Lebens zeitlos und doch als sehr nahe entgegen, und auf der geheimen Spirale, auf der sich europäisches Geistesleben bewegt – entgegen jener erhabenen Beharrung des Orients –, sind wir an den Punkt gelangt, wo uns die Lehre dieses Buches als eine nicht erschöpfte, kaum bald zu erschöpfende in die Seele dringt."

Ganz anders hingegen Arno Schmidts Einschätzung des „Nachsommers", wie er sie in einem seiner legendären Dialog-Essays ironisch und pointiert darlegt. Nicht von ungefähr gleichen diese dialogischen Abhandlungen den Runden bei Ring- oder Boxkämpfen, die den Gegner sukzessiv auf den Boden zwingen:

B.: Ganz kurz die Staffage des ‚Nachsommer'. – Stifter weiß es sehr wohl selbst: „Es ist einmal gegen mich bemerkt worden, daß ich nur das Kleine bilde; und daß meine Menschen stets gewöhnliche Menschen seien." Und auch Hebbel hat ihm ja in einem berühmt gewordenen Epigramm bescheinigt, daß ihm „die Käfer & Butterblumen" verächtlich gut glückten . . .

A. (indigniert einfallend): Ja, wenn's doch nur der Fall wäre! Wenn Stifter doch redlich „das Kleine" abgebildet hätte – hat doch der große Alfred Döblin sehr wohl den „Tod einer Butterblume" beschrieben. Aber wo ist hier im „Nachsommer" das tägliche Elend des Landarbeiters? Wo ist das Grauen einer Welt, deren Geschöpfe dadurch leben, daß Eins das Andere auffrißt?! Hätte er doch all die Urfänomene nicht vergessen, deren keines der Kreatur erspart bleibt: Hunger; Krankheit; Armut; Tod; Häßlichkeit; Trunksucht; Prostitution; Verbrechen – *(kleine, boshafte Pause):* Selbstmord! –; ja, auch das Ekelhafte: sind ewig: denn sie sind!

B. (abfällig): Aber der „Nachsommer"? – Sein „Volk" ist grundsätzlich der „Untertan" à la Heinrich Mann: gutgeölte Knechte & Mägde, die lautlos funktionieren, Wäldler von geradezu widerlicher Treuherzigkeit; Untergebene, allem unsittlichen Klassenkampf von Natur aus abhold: wie falsch wird da sein Ton, wenn er – ganz kurz und vorsichtig – diese breitgestirnten glatten Scharen seiner Statisten vorführt.

A.: Die grauenhafte Selbstverständlichkeit Stifters – die er mit dem von ihm hochverehrten späten Goethe teilt, der ja auch einen seiner Helden aufs unverschämteste aussprechen läßt: „Ich mag mit Bürgern & Bauern nichts zu tun haben, wenn ich ihnen nicht geradezu befehlen kann." –

B.: Die genau gleiche scheußliche soziale Herzverfettung: da sitzen die „Herren" eben unter dem Kirschbaum, bekochlöffeln das nicht kommende Gewitter, und Heinrich fragt nach den weit drüben das Landschaftsbild artig belebenden mähenden Landarbeitern? –: "Diese wissen gar nichts von dem Wetter", entgegnete ihm Risach kalt, „und mähen nur, weil ich es angeordnet habe."

A.: „Kein schönrer Tod ist auf der Welt", als sich für den Gutsherrn krumm zu schuften, gelt ja? Doch: so groß ist die Ordnung, daß ich mich nicht erinnern kann, im ganzen Tausendseitenbuch auch nur einmal einen Polizisten erwähnt gefunden zu haben.

B.: Erwähnt sei noch die edle Unverfrorenheit, mit der vorausgesetzt wird, daß Jedermann katholisch sei: dadurch begibt sich Stifter nämlich ein weiteres Mal eines bedeutenden menschlichen Konfliktstoffes; wie er denn das Eliminieren unangenehmer Fakten aus dem Grunde versteht.

A.: Wenn man all diese Bergbauern und Holzfäller, diese Gärtner und Landarbeiter, rückschauend an sich vorüberziehen läßt, bekommt man unweigerlich den Eindruck eines ganzen Regiments von Andreas Hofern: dasselbe biedere Mienenspiel. Allen vorn drauf gepappt: Da sieht man, wie bitter nötig damals die Forderung des alten Julian Schmidt war: der Roman solle das deutsche Volk bei seiner Arbeit aufsuchen!

B.: Noch greller wird die Ruchlosigkeit seines Optimismus, seiner bürgerlichen Katastrofenfeindlichkeit, wenn man sich seine berühmte „Natur" besieht: nicht vom stilistischen Standpunkt; das kommt auch noch; sondern um endlich einmal sein Maximum an Seelenlosigkeit klar herauszustellen.

A.: Ehrfurcht vor dem Leben? –

Freilich; was ist in dieser Hinsicht schon von einem Halbmenschen zu erwarten, von dem beste Gewährsmänner berichten: „Noch in seiner Studienzeit stellte Stifter den Meisenfang hoch über jedes Vergnügen, und pflegte ihn alljährlich mit steigender Leidenschaft, wenn er in seiner Heimat war. Er verfolgte den Zug der Meisen mit unermüdlicher Zähigkeit, und fing oft Hunderte dieser Vögel in wenigen Tagen; dann verschenkte er, heimziehend, die Beute."

B. (scharf): Ehrfurcht vor dem Leben?!: Wenn irgendwo beim Sternenhof eine Pappelallee das schönheitstrunkene Auge der alten Mathilde stört, mit der elenden Begründung, „weil sie so grade wären" – dann werden sie einfach beseitigt: was heißt hier schon n' 100 Jahre alter Baum?!

A.: Und ich möchte bei dieser Gelegenheit, einmal ausdrücklich die Herren Vegetarier daran erinnern, wie einer ihrer Vormänner, Bernard Shaw, so abgesägt = unglücklich dreinschaute, als Sir Jagadis Chandra

Bose ihm experimentell vorführte, wie sich sein geliebtes Gemüse qual-
voll krümme, und unter heftigen Konvulsionen sterbe, wenn es von ihm
zu Tode gebrüht werde!

    B. (scharf): Ehrfurcht vor dem Leben?!: Wie dekretiert doch Risach
in seiner fruchtbaren Öde von den Insekten?: die sind nur geschaffen,
daß sie von den Vögeln gefressen werden. Ja, er weiß es ganz genau: „Zu
dieser Arbeit ist von Gott das Vogelgeschlecht bestimmt worden, und
insbesondere das der kleinen und singenden."

    A.: Welch fürchterliche unnatürliche Taubheit gegenüber dem Lei-
den der Kreatur! Der sehr große Arthur Schopenhauer hat einmal bei
ähnlicher Gelegenheit erschüttert geäußert: „Wenn ein Gott diese Welt
geschaffen hat, so möchte ich dieser Gott nicht sein: ihr Jammer würde
mir das Herz zerreißen!!"

    B.: Als Beispiel dafür, wie ein +2Mensch solche „Insektenfrage" be-
handelt, sei die „Kleine Passion" Gottfried Kellers angeführt; auch ein
großer Mann! –:

    A. (stockend; aber durchaus unsentimental):
„Der sonnige Duft, Septemberluft,
sie wehten ein Mücklein mir aufs Buch;
das suchte sich die Ruhegruft
und fern vom Wald sein Leichentuch.
4 Flügelein von Seiden fein
trug's auf dem Rücken zart,
drin man im Regenbogenschein
spielendes Licht gewahrt.
Hellgrün das schlanke Leibchen war,
hellgrün der Füßchen dreifach Paar,
und auf dem Köpfchen wundersam
saß ein Federbüschchen stramm;
die Äuglein wie ein goldnes Erz
glänzten mir in das tiefste Herz.
Dies zierliche und manierliche Wesen
hatt' sich zu Gruft und Leichentuch
das glänzende Papier erlesen,
darin ich las, ein dichterliches Buch;
so ließ den Band ich aufgeschlagen
und sah erstaunt dem Sterben zu,
wie langsam, langsam ohne Klagen
das Tierlein kam zu seiner Ruh.

3 Tage ging es müd' und matt
umher auf dem Papiere;
die Flügelein von Seiden fein,
sie glänzten alle viere.
Am vierten Tage stand es still
gerade auf dem Wörtlein „will!"
Gar tapfer stand's auf selbem Raum,
hob je 1 Füßchen wie im Traum;
am fünften Tage legt' es sich;
doch noch am sechsten regt' es sich;
am siebten endlich siegt' der Tod,
da war zu Ende seine Not.
Nun ruht im Buch sein leicht Gebein,
mög' uns sein Frieden eigen sein!"

B.: Wo ist hier im „Nachsommer" dieses große Mitleid, diese ‚Grundlage aller Moral'? Jenes Mitleid, das zumal den Dichter auszeichnen sollte?: ist das Stifters viel- und augenverdrehend = berufenes ‚Sanftes Gesetz'?!

A.: Das Sekretieren und Unterdrücken unangenehmer Fakten, das Verkapseln und Verdrängen – oder, weniger höflich ausgesprochen: die Vogel=Strauß=Praktik! – Stifters hat im „Nachsommer" den höchsten und bestürzendsten Grad erreicht; sichtbar wird der Super=Palmström der uns weismachen möchte, „daß nicht passiert sein kann, / was nicht sein darf!"

(Arno Schmidt, Der sanfte Unmensch, S. 123–126)

Dieser Tage erlebt Stifter neuerlich eine Renaissance: Nicht nur Autoren wie Peter Handke und Hermann Lenz haben Stifter wieder neu für sich und eine breite Leserschaft entdeckt, auch die Wissenschaft begegnet seinem Werk wieder differenzierter und gerechter.

Neben dem „Nachsommer" entstanden zwischen 1848 und 1868 die „Bunten Steine" und Teile des „Witiko" unter schwierigsten Arbeitsbedingungen und trotz stetig wachsender Ablehnung durch Leser und Kritik, die Stifter leichtfertig als Wald- und Wiesendichter abtaten. So klingt auch der Nachruf, den ihm die Linzer „Tages-Post" anläßlich seines Todes am 28. Januar 1868 widmete, seltsam harmlos: „Die Stadt Linz, ja ganz Österreich ist durch das Hinscheiden Adalbert Stifters, der heute den 28. Jänner um 8 1/4 Uhr Vormittags das Zeitliche gesegnet hat, um eine schriftstellerische Berühmtheit nicht nur, sondern um einen hochachtbaren Biedermann ärmer geworden. Die persönliche Erscheinung des Verblichenen war so natürlich und ungezwungen wie sein Styl, in welchem Klarheit und eine bis ins kleinste Detail ausgebildete Naturschilderung als Vorzüge glänzen. Stifter war auch als Dilettant in der Ölmalerei glücklich. Freundliche Gutmütigkeit, innige Vaterlandsliebe und Begeisterung für das Schöne und Edle waren hervorragende Züge seines Charakters."

Ein Herr aus Linz: Hermann Bahr

Zu den wirklich ersten, die Jahre nach Stifters Tod dessen Bedeutung erkannten, gehörte der Linzer Hermann Bahr. Sein Aufsatz über Stifter (1919) löste, wie erwähnt, eine neuerliche Rezeption aus und verhalf Stifter zu weiteren Lesern.

Vom Stifter-Haus gelangt man über den Hauptplatz mit seiner prächtigen Häuserfassade und durch die Promenade in die Herrenstraße, wo Hermann Bahrs Geburtshaus steht. Die Gedenktafel ist aber auch hier nicht an der richtigen Stelle angebracht: Es ist nicht das herrschaftliche Haus in der Herrenstraße 12, in dem die Familie Bahr wohnte, sondern das mit Nummer 18, wie man unlängst herausgefunden hat. Erst später übersiedelten die Bahrs drei Häuser weiter.

Hermann Bahr, 1863 in Linz geboren, kennt man als Schriftsteller, Kritiker, Essayist und Bohemien. Zusammen mit Arthur Schnitzler und Hugo von Hofmannsthal gilt er als Träger und Neuerer des literarischen Lebens im Wien der Jahrhundertwende: Dort wurde er, den Karl Kraus polemisch den „Herrn aus Linz" nannte, schnell zum Wortführer und Leitbild einer ganzen Dichtergeneration.

Doch während Bahr sich in der Welt einen Namen machte, beobachtete man seine Karriere von Linz aus mit scheelem Blick: Er wurde dort lange Jahre als enfant terrible angesehen, als ungeratener Sohn der Stadt. Schon eines seiner ersten Dramen provozierte einen Skandal. Als „Die Wunderkur" 1883 ihre Uraufführung erleben sollte, versuchte man sogar, sie verbieten zu lassen, indem man sie als sittlich anstößig und politisch fragwürdig deklarierte. Erst eine zensurierte Fassung des Stückes konnte dann über die Bühne gehen.

Hermann Bahr hat sich von Linz und seinen Bewohnern zeitlebens verkannt gefühlt und sich nur selten dort aufgehalten: „Linz hat mich ja nicht verwöhnt, ich war längst ein Schriftsteller von Ruf, aber meine Vaterstadt nahm niemals Notiz von mir: ich existierte nicht für sie." Dennoch haben ihn Linz und Oberösterreich literarisch immer wieder interessiert, wie nicht zuletzt zwei seiner Stücke zeigen: „Der Franzl. Fünf Bilder eines guten Mannes" (1900) hat den Mundartdichter Karl Stelzhammer zum Thema, „Rudigier" (1915) den Bischof Franz Joseph Rudigier. Beide Dramen wurden auch in Linz aufgeführt, sind aber heute nicht mehr auf den Bühnen oder in den Bibliotheken präsent – ein Schicksal, das beinahe alle Werke Bahrs erfaßt hat. Man kennt wohl seinen Namen und weiß um seine Bedeutung für die österreichische Literatur, doch mehr auch nicht.

Und um nochmals auf den streitbaren Bischof Rudigier zurückzukommen: Er ist es, der 1862 den Grundstein für den Neuen Dom legte, der von Hermann Bahrs Geburtshaus in wenigen Minuten zu erreichen ist. Der neugotische Mariendom, der heute alle anderen Sakralbauten der Stadt an Prunk und Größe übertrifft, wurde für Franz Tumler zum Bild für die Ewigkeit:

Der Katechet in der Schule erklärte uns die Ewigkeit

Stellt euch den Linzer Dom vor
und er wäre mit Sandkörnern gefüllt
und jedes Sandkorn bedeutet tausend Jahre
und alle Sandkörner wären noch nicht eine Sekunde
der Ewigkeit.

Wenn wir zur Schule gingen kürzten wir den Weg ab
und gingen quer durch den Dom
und ich dachte mir die Sandkörner in dem leeren Raum
zwischen den grauen Säulen.
(Franz Tumler, Sätze von der Donau, S. 12)

Mit dem Kopf durch die Wand: Marlen Haushofer

Von der Herrenstraße ist es nicht weit zurück zur Landstraße, Linz' wichtigster Geschäftsstraße. Das Tor der Nr. 31 führt in einen Innenhof, der heute als Kultur- und Veranstaltungszentrum dient. Erst 1968 haben die ursprünglichen Hausinhaberinnen den eindrucksvollen Barockbau verlassen: die Ursulinen, die dort von 1680 bis 1938 eine Klosterschule geführt hatten, woran auch die Barockkirche erinnert.

Zu den wohl prominentesten Zöglingen vor der Schließung der Schule durch die Nationalsozialisten zählt die Schriftstellerin Marlen Haushofer. 1920 in Frauenstein am Inn geboren, wurde sie von den Eltern gezwungen, nach Linz zu übersiedeln, um dort das Gymnasium besuchen zu können. Für das empfindsame Mädchen, das in einer Försterfamilie in der freien Natur aufgewachsen war, stellten die darauffolgenden Jahre in der Klosterschule mit dem angeschlossenen Internat eine schwere Prüfung dar.

In einem Interview resümiert Marlen Haushofer: „Bis zu meinem vierzehnten Lebensjahr war ich ein todunglücklicher Mensch. Man hat mich zu den Ursulinen nach Linz gegeben. Der Übergang von der vollkommenen Freiheit in und rund um das Elternhaus zum Klosterleben führte zu schwersten Depressionen. Ich wurde ernstlich krank und für ein Jahr aus der Schule genommen. Da die Klosterschule aufgelöst worden war, besuchte ich eine öffentliche Mittelschule, die ich dann mit der Matura abschloß. Aber es war mir nach dem Kranksein ein Licht aufgegangen. Ich hatte gelernt, mich nicht mehr gegen Hindernisse aufzulehnen. Mit dem Kopf durch die Wand? Das hatte ich aufgegeben." Kein Zufall, daß Jahre später „Die Wand" (1963) zu Haushofers bekanntestem und wahrscheinlich eindrücklichstem Roman wurde: Die Glasfront, die sich plötzlich zwischen der Protagonistin und der übrigen Welt auftut, ist ebenfalls nicht zu durchstoßen und zwingt sie, ein neues Leben unabhängig von ihrer gewohnten Umgebung aufzubauen. Sinnlos, sich gegen die plötzliche Isolation zu wehren, sinnlos aber auch, Vergangenem nachzutrauern. Als apokalyptischer Roman, der nicht von ungefähr von der Frauenbewegung vereinnahmt wurde, ist er, wie Marlen Haushofer konstatierte, ihr wesentlichstes Werk. Die Verkaufszahlen geben ihr recht.

Weniger bekannt ist hingegen ihr erster Roman, „Eine Handvoll Leben", der einen direkten Reflex auf die Linzer Internatsjahre darstellt und den Alltag zwischen Schule und Gotteshaus minutiös genau abbildet:

Elisabeth konnte nicht beten. Sie mußte immerfort darüber nachdenken, wo in ihr der Böse sitzen mochte, im Kopf, in der Brust oder vielleicht in den Beinen. Und wie sah er aus? Wie eine große, graue Kellerassel oder eine ekelhafte Spinne? Die Vorstellung, ein derartiges Scheusal in sich zu tragen, erfüllte sie mit Abscheu. Und wie sollte der liebe Gott es aus ihr herauszaubern, ja, wie war es überhaupt hineingekommen? Doch wohl im Schlaf durch den Mund. Sie schloß zwar am Abend immer fest die Lippen aufeinander, aber wer weiß, einmal mochte sie es vergessen haben, und schon war der Böse in sie gekrochen. Wenn der liebe Gott ihn jetzt auf der Stelle herausholen wollte, das wäre eine schöne Bescherung. Schwester Martha würde in Ohnmacht fallen, und das Asseltier sich in der Orgel verkriechen.

Am einfachsten war es natürlich, wenn der Böse sie des Nachts verließ, während sie schlief. Aber wo sollte er dann hingehen? Der liebe Gott hatte ihn verstoßen und niemand mochte ihn bei sich haben. Kaum hatte er sich ein warmes Plätzchen in einem schlimmen Kind gesucht, wurde er schon wieder durch Gebete ausgetrieben. Aber wenn er auch schlecht und ein Scheusal war, so war er doch da, und man mußte irgendwie für ihn sorgen.

„Bitte für uns arme Sünder", flüsterte die kleine Schwester. Elisabeths Gedanken spazierten weiter. Man konnte ihm einen kleinen Korb mit Stroh füllen und unter das Bett stellen, auch ein Stückchen Brot würde sich jeden Tag finden. Vielleicht würde er sich bessern, anständig werden und eines Tages sogar beim lieben Gott Gnade finden. Und sie, Elisabeth, wäre dann eine sehr wichtige Person und stünde im Rang gleich neben den vier Evangelisten.

Dann stürzte das Kartenhaus zusammen, denn es fiel ihr ein, daß der Böse ja ein Geist war, ein Geist ohne den winzigsten Körper, nicht einmal so groß wie ein Floh. Mit einem Schlag verlor sie jedes Interesse an ihm, und große Müdigkeit überfiel sie. Der Haß war weg und auch die Reue verblaßte. Oh, die gute Leere im Kopf und das zarte Stoßen in der Brust, noch ein letzter Tränenseufzer, dann sank ihr Kopf langsam auf die Arme nieder, und noch in ihrem Schlaf tropften Schwester Marthas Stoßgebete.

Manchmal versuchte Elisabeth über ihren Zustand nachzudenken, aber immer waren es nur ganz zusammenhanglose Ereignisse, die ihr einfielen. Sie konnte ihre Lage nicht überblicken und erging sich in dunklen Vermutungen. Fest stand jedenfalls, daß ihr Leben, das einmal angenehm gewesen war, plötzlich aus tausend Unannehmlichkeiten bestand.

Sie wollte nicht um sechs Uhr aufstehen und trunken vor Schläfrigkeit in der Kirche singen, sie mochte keinen bitteren Kaffee trinken, und sie war gewöhnt, jederzeit reden zu dürfen, nicht nur zu gewissen Stunden. Besonders aber haßte sie das kalte Waschwasser, die straff geflochtenen Zöpfe und die Kälte.

Den ganzen Tag lang fürchtete sie sich fröstelnd vor dem eiskalten Bett, in dem sie sich nie erwärmen konnte. Während die feuchtkalte Tuchent sie fast erdrückte, wuchs ihre Verzweiflung von Minute zu Minute, bis sie den Polster auf ihr Gesicht legte und zu weinen begann. Es schien

Betty, als hätten diese durchfrorenen Nächte ihrer Kindheit einen kleinen eisigen Kern in ihr zurückgelassen, den niemand auftauen konnte, weil das ein übermenschliches Maß von Wärme und Liebe gefordert hätte. Sehr deutlich glaubte sie wieder die Verzweiflung der Zehnjährigen zu spüren, die sich die Hölle niemals als feurigen Ort, sondern klirrend vor Eiseskälte vorgestellt hatte.

Zwischen dem Schluchzen unter dem Polster und Schwester Marthas übernächtigter Stimme, „Im Namen Jesu aufstehn . . . zu Dir, o Gott, erwacht mein Herz . . .", lag gar kein Zwischenraum. Elisabeth war fest überzeugt davon, keinen Augenblick geschlafen zu haben, und sie wunderte sich manchmal darüber, daß ein Mensch so völlig ohne Schlaf leben konnte. Mit äußerster Anstrengung zog sie mit tauben Händen die feuchtkalte Unterwäsche vom Schemel her und fing an, sich unter der Tuchent anzuziehen.

(Marlen Haushofer, Eine Handvoll Leben, S. 37–40)

In einem anderen Roman, dem „Himmel, der nirgendwo endet", finden die Erlebnisse dieser Internatsjahre in Linz einen weiteren literarischen Niederschlag. Immer ist es das Erlebnis, plötzlich aus dem gewohnten Lebenszusammenhang gerissen zu werden und sich in einer fremden, feindlichen Umgebung wiederzufinden, das die Protagonistinnen prägt und für ihre Handlungsweisen als Erwachsene verantwortlich ist. Eine Konstellation, die Haushofer der Erfahrung der Linzer Internatsjahre verdankt.

Doch nicht nur Linz hat in literarischer Hinsicht viel zu bieten, auch die Umgebung. Wer sich Stifters „Nachsommer" intensiver auf die Spur heften möchte, wird einen Ausflug nach Kremsmünster und nach Kefermarkt nicht scheuen. Kirchschlag schließlich zählt zu Stifters letzten Lebensstationen.

Rosenduft in Kremsmünster:
Stifters „Nachsommer" auf der Spur

Gerade Kremsmünster, 35 Kilometer südlich von Linz gelegen, war seit jeher Anziehungspunkt für Literaturtouristen. Mit der Beschreibung der Lage des Rosenhauses in der Tasche, wie sie der Roman liefert, haben sich Scharen von Germanisten und Stifter-Verehrern auf die Suche nach dem Vorbild für das „Nachsommer"-Idyll gemacht. In Kremsmünster, in dessen bekanntem Stift Adalbert Stifter die Schule besucht hat, glaubten sie es schließlich, nach langer Suche, ein für alle Mal aufgestöbert zu haben. Dort gibt es, etwa 20 Gehminuten westlich des Dorfkerns, den einzeln gelegenen Aspergmeierhof, der, zumindest vom Namen her, dem Rosenhaus Modell gestanden haben könnte. Des Rätsels wirkliche Lösung?

Ich sah mich noch einmal um, da ich zwischen den Feldern hinabging, und sah das weiße Haus im Sonnenscheine stehen, wie ich es schon öfter hatte stehen gesehen, ich konnte noch den Rosenschimmer unterscheiden und glaubte, noch das Singen der zahlreichen Vögel im Garten vernehmen zu können.

Hierauf wendete ich mich wieder um und ging abwärts, bis ich zu der Hecke und der Einfriedigung der Felder kam, bei der ich vorgestern von der Straße abgebogen hatte. Ich konnte mich nicht enthalten, noch einmal umzusehen. Das Haus stand jetzt nur mehr weiß da, wie ich es öfter bei meinen Wanderungen gesehen hatte.

Ich ging nun auf der Landstraße in meiner Richtung vorwärts.

Den ersten Mann, welcher mir begegnete, fragte ich, wem das weiße Haus auf dem Hügel gehöre, und wie es hieße.

„Es ist der Aspermeier, dem es gehört", antwortete der Mann, „Ihr seid ja gestern selber in dem Asperhofe gewesen und seid mit dem Aspermeier herumgegangen."

„Aber der Besitzer jenes Hauses ist doch unmöglich ein Meier?" fragte ich; denn mir war wohlbekannt, daß man in der Gegend jeden größeren Bauern einen Meier nannte.

„Er ist anfangs nicht der Aspermeier gewesen", antwortete der Mann, „aber er hat von dem alten Aspermeier den Asperhof gekauft, und das Haus hat er gebaut, welches in dem Garten steht und zu dem Asperhof gehört, und jetzt ist er der Aspermeier; denn der alte ist längst gestorben."

„Hat er denn nicht auch einen andern Namen?" fragte ich.

„Nein, wir heißen ihn den Aspermeier", antwortete er.

Ich sah, daß der Mann nichts Weiteres von meinem Gastfreunde wisse und sich nicht um denselben gekümmert habe, ich gab daher bei ihm jedes weitere Forschen auf.

(Adalbert Stifter, Gesammelte Werke, Bd. 6, S. 181)

Der heutige Hausherr empfängt immer noch so manchen Stifter-Pilger, wenngleich er zu bedenken gibt, daß sein Hof mit den Beschreibungen des Guts aus dem „Nachsommer" nicht mithalten könne: Er sei halt einfach nicht so stattlich und blühend wie sein Namensvetter aus dem Roman. Doch nicht nur dieser Vergleich vor Ort verweist auf andere Fährten. In Berlin, am Tegeler See, soll das Humboldt-Schlößchen als weitere Vorlage für das Rosenhaus gedient haben. Anzunehmen, daß sich Stifters Bild von diesem idealen Gehöft aus mehreren Erfahrungen und Eindrücken zusammensetzt.

Die Fahrt nach Kremsmünster lohnt sich jedoch nicht nur für diejenigen, die am Aspergmeierhof eine Prise Rosenduft schnuppern wollen. Für das Benediktinerstift Kremsmünster, wo Stifter das Gymnasium besucht hat, können sich nicht nur diejenigen begeistern, die in den naturwissenschaftlichen Sammlungen des „Mathematischen Turms" das Vorbild für das naturkundliche Inventar des Rosenhauses erkennen wollen. Bereits zu Stifters Schulzeit zwischen 1818 und 1826 war die Zusammenstellung der unzähligen geologischen, botanischen und zoologischen Ausstellungsstücke vielgerühmt.

Besonders die Systematik der Sammlung dürfte Stifter nachhaltig geprägt haben. Das Motiv des Sammelns und Ordnens und der damit verbundenen Auseinandersetzung mit Natur taucht in seinem Werk immer wieder auf, verschiedentlich variiert, auch im „Nachsommer". Die Xylothek etwa, die Heinrich eines Tages aufstöbert, ist wahrscheinlich der Kremsmünsterer Holzsammlung nachempfunden:

Auch die Zimmer der Gehilfen besuchten wir und betraten dann die Nebenräume. Es waren dies Räume, die zu verschiedenen Gegenständen, die eine solche Anstalt fordert, notwendig sind. Der vorzüglichste war das Trockenhaus, welches hinter der Schreinerei angebracht war, aus der man in die untere und obere Abteilung desselben gelangen konnte. Es hatte den Zweck, daß in ihm alle Gattungen von Holz, die man hier verarbeitete, jenen Zustand der Trockenheit erreichen konnten, der in Geräten notwendig ist, daß nicht später wieder Beschädigungen eintreten. In dem unteren Raume wurden die größeren Holzkörper aufbewahrt, in dem oberen die kleineren und feineren. Ich konnte sehen, wie sehr es Ernst mit der Anlegung dieses Werkhauses war; denn ich fand in dem Trockenhause nicht nur einen sehr großen Vorrat von Holz, sondern auch fast alle Gattungen der inländischen und ausländischen Hölzer. Ich hatte hierin von der Zeit meiner naturwissenschaftlichen Bestrebungen her einige Kenntnis. Außerdem war das Holz beinahe durchgängig schon in die vorläufigen Gestalten geschnitten, in die es verarbeitet werden sollte, damit es auf diese Weise zu hinreichender Beruhigung austrocknen konnte. Mein Begleiter zeigte mir die verschiedenen Behältnisse und erklärte mir im allgemeinen ihren Inhalt.

(Adalbert Stifter, Gesammelte Werke, Bd. 6, S. 112)

Doch auch andere Teile der Sammlung, die man heute ihrer Größe wegen auch in den Stiftsräumen zeigt, sind bemerkenswert, nicht zuletzt durch ihre exquisite Präsentation in barocken Vitrinen, die in bestens aufeinander abgestimmten Kabinetten zu bewundern sind.

In Stifters Gymnasialzeit in Kremsmünster fallen übrigens auch seine ersten Gehversuche als Dichter. Gefördert von seinen Lehrern Placidus Hall und Ignaz Reischl und inspiriert von der Umgebung Kremsmünsters, sieht er sich, wie eine autobiographische Skizze darlegt, vorerst als Lyriker:

In Kremsmünster, das in einer der wundervollsten Gegenden dieser Erde liegt, lernte ich die Alpen kennen, die nur ein paar Meilen davon im Süden sind. Ich ging von dort (später auch von Wien) sehr oft in das Hochgebirge. In den letzten zwei Jahren war meine Wohnung so, daß, wenn ich morgens die Augen öffnete, die ganze Alpenkette in mein Bett hereinschimmerte. Wie viele heimliche Gedichte machte ich damals, wenn ich abends allein auf irgendeiner Höhe unter Obstbäumen saß und der unendlich zarte Rosenschimmer über die Berge floß.

Kremsmünster, Aquarell von Adalbert Stifter, 1829

In der fünften Klasse des Gymnasiums hatten wir öfter Verse zu Hausaufgaben zu machen. Es sollte zur Übung dienen und hatte auf das Schulzeugnis keinen Einfluß. Einmal hatten wir irgendeinen Stoff in gereimten Jamben zu behandeln. Ich arbeitete mehrere Tage, feilte und feilte und machte die Sache außerordentlich schön. Kurz vor der Ablieferungszeit bat mich mein Mitschüler Tröger, ich möchte ihm bei den gereimten Jamben beistehen, er komme nicht zurecht. Ich sagte ihm, die Zeit sei nun schon sehr kurz, und man könne die Sache nur auf das einfachste machen. Ich half ihm, und wir brachten so ein Ding zustande. Als der Lehrer Ignaz Reischel nach seiner Gepflogenheit in einiger Zeit die Arbeiten in die Schule brachte, um die besseren vorzulesen, sagte er: „Diesmal hat es Tröger am besten gemacht." Als darauf ein Gelächter wurde, kam die Mithelferschaft an den Tag, und wir erhielten einen Verweis.

In der sechsten Klasse des Gymnasiums mußte ein Schüler am Schlusse des Schuljahrs vor und einer nach der Klassenvorlesung und Preisverteilung eine Rede halten. Diese Klassenvorlesungen und Preisverteilungen waren sehr feierlich in dem großen, sehr schönen Stiftssaale bei Anwesenheit aller Lehrer und Priester und einer zahlreichen Volksmenge. Der Abt händigte die Preise aus. Dieses Fest ist in der Tat ein alljährlich wiederkehrendes Freudenfest. Da aber Kremsmünster von Tassilo, Herzog von Bayern, im Jahre 777 gegründet wurde an der Stelle, wo sein Sohn Günther auf der Jagd das Leben verloren hatte, so war es ein Freudenfest am Trauerdenkmale. Unter diesem Titel gab uns unser Lehrer Ignaz Reischel die Aufgabe, die Gründung von Kremsmünster zu behandeln. Wessen Arbeit die beste sei, der dürfe sie dann öffentlich nach der Preisverteilung vortragen. Der Eingang und der Schluß müssen fünffüßige ungereimte, die Erzählung von der Gründung fünffüßige gereimte Jamben sein. Meine Arbeit wurde für die beste erklärt, es wurde an ihr nichts mehr verändert, und ich durfte sie vortragen. Das war im Anfang September 1824, in meinem neunzehnten Lebensjahre.

(Adalbert Stifter, Gesammelte Werke, Bd. 14, S. 130–132)

Kirchschlag – Verblaßte Kurherrlichkeit: Adalbert Stifter

In die genau entgegengesetzte Richtung führt die Fahrt nach Kirchschlag, von wo man einen herrlichen Ausblick über Linz, den Lauf der Donau und das angrenzende Hügelland genießen kann. Selbst hier, in dem verschlafenen Nest und einstigen Kurort, werden Literaturreisende fündig. An der südlichen Außenseite der St. Anna-Kirche erinnert eine Gedenktafel an Kirchschlags wohl prominentesten Kurgast, Adalbert Stifter. Im Hof des alten Badhauses schließlich, etwas versteckt am unteren Dorfende gelegen, weiß man sich ebenfalls mit ihm zu brüsten, wenngleich das Hinweisschild aus besseren Zeiten zu stammen scheint. Das Anwesen wirkt ein wenig verlassen, der Kurbetrieb ist längst eingestellt.

Kirchschlag ist wohl ein beliebter Ferienort, kann aber nicht mehr mit jener Kuratmosphäre aufwarten, die im letzten Jahrhundert für regen Zulauf gesorgt hat. Stattdessen wirbt man mit Stifter für die herrliche Umgebung mit ihren zahlreichen Wanderwegen, die man nach

Bade- und Kurhaus in Kirchschlag

seinen Werken benannt hat. Erholungssuchende wandeln also, sofern sie nicht auf dem großen Stifterweg in Richtung Wildberg unterwegs sind, auf dem Witiko-, Condor- oder Waldgängersteig.

Stifter hatte den kleinen Ort wahrscheinlich schon auf seinen Fahrten von Kremsmünster oder Linz nach Oberplan kennengelernt. Sein erster längerer Aufenthalt in Kirchschlag fällt jedoch erst in den Herbst 1865, sein letzter in den September 1867. Empfohlen war ihm Kirchschlag worden, als er sich, an seinem Leberleiden laborierend, auf die Suche nach einem klimatisch begünstigten Ort nahe Linz begab, wo er den Winter zu verbringen gedachte. Da im Kirchschlager Badhaus außerhalb der normalen Saison besonders preisgünstige Zimmer zu haben waren, entschied er sich zu einer Kur, wenngleich ihm Freunde dringend davon abrieten. Sie warnten ihn davor, er werde dort, einsam und verlassen, zu dieser kalten Jahreszeit nur „Heulen und Zähneklappern" erleben.

Stifter jedoch fühlte sich in Kirchschlag wohl: „Ich höre nie Zank oder Streit, und es berührt mich nichts Unangenehmes. Da die Wirtsleute sehen, daß mir wie einem Kinde Hätscheln und Streicheln wohl tun, so tun sie es. In der gleichen Ruhe und Stille dieser Umgebung beruhigten sich meine Nerven." Immer wieder schwärmte er seiner Frau in Briefen von seiner ländlichen Idylle vor und bezog sie in seinen Kirchschlager Alltag mit ein: Besonders die peinlich genaue Wiedergabe seines Tagesablaufs füllte jene Kluft leidlich, die sich zwischen ihm und Amalie schon lange vorher aufgetan hatte. Der Schluß der Briefe gilt dann meist der Bitte um allerlei Leckerbissen und der Versicherung seiner tiefen Liebe. Nicht zu kurz kommt dabei auch Putzi, der gemeinsame Hund.

Hast du nicht etwas Gutes von Fleisch für mich? War der Schinken gut? Ich aß von der Zunge täglich Abends zur Suppe ein Schnittchen, und es schmekte mir und bekam mir wohl. Sende einmal, wenn es kalt genug ist, ein gut gebratenes Haselhuhn oder ein Repphuhn in einem Schächtelchen. Strizel geht sehr zu Ende. Zwei Pfunde Zwiebak in Rädern wäre sehr willkommen. Einen Leinensak brauchte ich für den überschüssigen Zuker. Wenn du für die Puzi noch keine Marke gelöst hast, so sende sogleich um eine in das Rathhaus; das arme Thierchen soll doch manches Mal in die Luft kommen. Einen großen Pak darfst du aber Haslinger nicht aufhalsen. Alles hat noch ein Bischen Zeit, nur der Strizel ist dringend, wenn ihr nehmlich eben einen habt. Sonst baket doch einen.

Du hast mir schon den rechten Rok geschikt, er ist hier unter den Über-rok gut genug. Wie geht es denn der Marie, lasse wenigstens eine Nach-richt sagen.

Ich muß diesen zerhakten Brief endigen, weil die Zeit drängt. Ich sage dir alles Liebe und alles Schöne, dessen mein Herz nur immer fähig ist, du bist mein theuerstes Kleinod auf dieser Erde, und sollst es bleiben bis in den Tod, und wenn es jenseits ist wie hier, auch über den Tod hin-aus. Mir geht es wohl, ich wäre, wenn die Trennung von dir nicht wäre, selig über das, was ist. Wenn ich dich unten ruhig und heiter wüßte, so wäre das noch das Allerbeste. Sei mein liebes gutes Weib, das für meine Gesundheit ein Stükchen Einsamkeit trägt. Der Sommer soll uns recht glüklich zusammen finden, die Nachkur nach Karlsbad halten wir in der Schweiz, ich schreibe dir das Nähere in dem Briefe. Es kömmt nicht theurer, als wenn wir wieder in Prag und Nürnberg wären, und wird *viel viel* heilsamer sein. Gott wird über alles hinüber helfen. In der großen Ruhe hier entfernt von allen Welthändeln (ich lese gar keine Zeitung) bin ich sehr fleißig, arbeiten, an dich schreiben, und Luftschöpfen im Freien wechseln mit einander ab, Abends 1 bis 1 $^{1}/_{2}$ Stunden plaudern mit Mez und dem Baron, der sehr liebenswürdig ist. Habe ich dir schon geschrie-ben, daß er meinetwillen nach einem kurzen Abstecher nach Aussee den ganzen Winter hier zubringen will. Mit dem Malen ist es schon zwei Tage nichts, dieser Nebel vertilgt jeden Farbeneindruk. Aber ich zeichne mit Kohle auf Leinwand, darauf dann gemalt werden soll.

Lebe wohl, ich hoffe, daß du mir sagen lässest, du seiest voll-kommen gesund. Grüsse Marie und Kathi, und sei tausendmal und tau-sendmal gegrüßt und geküßt von

Deinem treuen Gatten

Adalbert Stifter

Kirchschlag Abends des 6.ten November 1865.

(Adalbert Stifter, Brief an Amalie Stifter, Briefe, S. 161 f.)

Gerade diese Serie von Briefen dokumentiert die symbiotische Be-ziehung der beiden Eheleute. Obwohl Stifter jahrzehntelang unter der Geistlosigkeit und Kleinkariertheit seiner Frau gelitten hatte, raunte er ihr nun banale Liebesschwüre ins Ohr, die nichts von seiner sonstigen Gewandtheit im Umgang mit Sprache vermuten ließen. Eigentlicher Hauptbestandteil dieser Schreiben sind jedoch seine Bitten, ihn aus-reichend mit Essen zu versorgen: Braten, Geflügel und Torten werden hier in einem Atemzug genannt mit den blumigsten Beteuerungen seiner innigsten Anhänglichkeit. Wenn man zudem weiß, daß diese Schreiben von Stifter schon zu Lebzeiten zur Veröffentlichung bestimmt waren, erhält die vertrauliche Korrespondenz, die als eine der schönsten Sammlungen von Liebesbriefen aus dem 19. Jahrhundert gehandelt wird, einen seltsam schalen Beigeschmack.

Die Briefe bildeten jedoch nicht die einzige Verbindung zwischen Linz und Kirchschlag. Stifter fand bald heraus, daß er seine Frau mit Hilfe des Fernglases seines Freundes Haslinger bei vielen ihrer täglichen Arbeiten in ihren drei Zimmern an der Donaulände beobachten konnte – sofern es das Wetter erlaubte. Da die Linzer Wohnung von keinen Nachbarhäusern umgeben war, wurde es ihm sogar möglich, wie er behauptete, das Blühen der Kakteen mitzuerleben: „Mit dem Fernrohr strich ich von seinem Fenstergange langsam an den Bergen hin von Tirol bis Ungarn. Wenn wieder ein ähnlicher Tag wird, zeichne ich Berggestalten durch das Fernrohr, dann richtete ich das Rohr auf das Haus unserer Wohnung, und zwar auf die Fenster unseres Speisezimmers. Alles war so deutlich, daß man jedes Haus in Linz und Ebelsberg, ja jeden Baum sehen konnte. Ich habe die Ebene nie so deutlich erblickt." Stifters Aufenthalte in Kirchschlag waren also vergnüglich – und fruchtbar noch dazu: Er malte an einer Steinstudie und arbeitete an seinen unvollendet gebliebenen Bildern „Ruhe" und „Sehnsucht". Beide sind verloren gegangen und nur anhand genauer Skizzen zu rekonstruieren. Sein Maltagebuch ist hingegen erhalten geblieben. Darin hält er die Minuten seiner täglichen Beschäftigung mit den zwei Bildern akribisch genau fest.

Jürg Amann, geboren 1947, hat diese Aufzeichnungen und Vorstudien für eine Erzählung mit dem Titel „An der Ruhe gemalt" verwendet, die in der Beschäftigung mit der „Ruhe" den bevorstehenden Tod des Künstlers vorwegnimmt:

An der Ruhe gemalt

Der Maler arbeitet an seiner Ruhe. Die Bewegung liegt hinter ihm. Es ist jetzt Winter. Ein weißes, leises, sanft zwischen dem Tag und der Nacht in der Schwebe sich haltendes Licht ist über allem. Ein ewiges Zwielicht. Eine andauernde Dämmerung. Morgen-, Abend-, man weiß es nicht. Man müßte es sich errechnen. Die ist ihm sehr günstig. Weil er in ihr die Zeit, die ihm davonläuft und die er festhält, wenn er nicht gerade mit ihrer Verbuchung befaßt ist, nicht spürt. Weil darin die Zeit, die er

Stifters Maltagebuch, 1862

nicht spürt, auf die Welt, die er nicht sieht, keinen Schatten wirft. Erst in der Nacht, wenn das Licht, das sich gleichmäßig auf alles geworfen hat, fort ist, wenn er wach ist und an alles zurückdenkt, mit dem unruhigen Herzschlag, auf den er dann hinhorcht, beginnt ihm die Zeit wieder zu schlagen. Weiß er natürlich, daß seine Tage, auch wenn er sie durcharbeitet, von einem Ende zum andern, gezählt sind. Er selbst zählt sie ja. Führt Buch über sie. Trägt, wenn er nach seiner Arbeit nach Hause kommt, die Tage, Stunden, Minuten ins Arbeitsbuch ein. Als ob dadurch mehr daraus würden.

Am 2. Oktober beginnt er. Morgens um zehn Uhr sieben. Da ist es ein klarer, leuchtender Herbsttag. Nachdem der Nachsommer mit seinen Gewittern bis tief in den September hinein angehalten hat. Mit weicherem Licht und plötzlich längeren Schatten. Skizziert zunächst nur ein wenig. Da eine Ecke, dort eine Stelle. Mehr wagt er noch nicht. In groben Zügen, mit wenigen Strichen. Zeichnet, überzeichnet, verwirft. Zeichnet, überzeichnet, verwirft. Immer wieder. Eine Stunde und achtzehn Minuten lang. Um elf Uhr fünfundzwanzig bricht er den Versuch wieder ab. Das weiß man, weil er es nachher aufschreibt: Ein Gesicht gehabt gestern, es aber wieder verloren, als ich es festhalten wollte. Ein paar Tage später, am 11. Oktober, nimmt er den Versuch wieder auf, für vierundzwanzig Minuten diesmal, um zehn Uhr sechsundvierzig beginnt er, um elf Uhr zehn gibt er es wieder auf. Vier Wochen später versucht er es wieder, am 6. November, eine geschlagene Stunde lang, von acht Uhr dreißig bis neun Uhr dreißig genau, so jedenfalls hält er es fest. Dann wieder vier Wochen später, am 3. Dezember, von sechzehn Uhr vierundzwanzig bis siebzehn Uhr zweiundfünfzig, eine Stunde und achtundzwanzig Minuten lang. Dann wieder am 17. Dezember von fünfzehn Uhr sechsunddreißig bis sechzehn Uhr vierunddreißig; und dann am 18. Dezember, von acht Uhr fünfunddreißig bis acht Uhr achtundfünfzig; und dann am 24. Dezember, von acht Uhr fünfzehn bis neun Uhr zweiunddreißig; während insgesamt zweier Stunden und achtunddreißig Minuten. Um schließlich täglich und täglich mehrmals und täglich länger, mit immer weniger und immer kürzeren Unterbrechungen, an ihr zu arbeiten.

Jawohl, die Bewegung ist abgeschlossen. Die Bewegung liegt hinter ihm. Zu Beginn haben sich ihre Ausläufer noch mit den Vorläufern der Ruhe gelegentlich überlagert, jetzt sind ihre Wellen verebbt. Diese Linien ohne Anfang und Ende. Dieses Gekräusel, dieses Gewirr, diese Verworrenheiten. Diese, bei aller Auflösungsgenauigkeit, Punkt für Punkt, im ganzen ganz undeutliche Form. Wer weiß, was das sein sollte. Etwas wie ein Gebirge, vielleicht, Stein über Stein geworfen, Berg hinter Berg getürmt, Massiv vor Massiv gelagert, eine Schicht auf die andre geschichtet, eine Faltung in eine nächste geschmiegt, mit tausend Schründen und Klüften, Rüfen und Rissen, Aufwürfen und Abbrüchen, weglos und pfadlos, das erst einmal hinter sich hat gebracht werden wollen. Oder eine Flußlandschaft, ein ganzes System von Flußlandschaften, aus großer Höhe gesehen, aneinandergedrängt, ineinandergeschoben, in endlosen Mäandern umeinander herumgelegt, Geröll und Geschiebe, Rinnsale, Bäche und Ströme, Täler, Nebentäler und Tälchen, verzweigt und verästelt, bis hinauf zu den verborgenen Quellen, mit Unmengen von Vögeln darüber, wirr durcheinanderflatternd, in steigenden und fallenden Schwärmen, deren Flug, wie der Lauf des Wassers, zuerst einmal zu deuten gewesen ist. Oder Rauch oder Luft oder ein Wolkengebilde, unter dem Auge der Betrachtung sich ständig aus sich selber hervorbringend und wieder vergehend und sich wieder hervorbringend, aus ungezählten

Wolken und Wölkchen und Lüftchen und Düftchen, das zuallererst einmal hat durchschaut und aufgelöst werden müssen. Oder Wolken auf einer Stirn. Oder Gewölk. Oder auf vielen Stirnen. Gestirnen. Sternen.
Runzeln und Furchen und Krater. Die sich nach der Hitze und Kälte der
Bildung erst wieder glätten oder besänftigen mußten.

Oder, oder, oder. Es tut nichts mehr zur Sache. Das alles liegt, Gott
sei Dank, hinter ihm. Jetzt sind die Steine im Tal, die Flüsse im Meer, die
Wolken über allem haben sich endlich verflüchtigt, die Luft ist gereinigt,
die Stirn des Malers hat sich entwölkt.

(Jürg Amann, Tod Weidigs, S. 127–130)

Neben der Malerei widmete Stifter die Aufenthalte in Kirchschlag
hauptsächlich seinem „Witiko". Er zeigte sich zufrieden: Immerhin gelang es ihm, in Kirchschlag den zweiten Band des Romans fast bis zu
Ende zu bringen. Im Mai 1867 schloß er ihn dann ab. Daneben arbeitete er in Kirchschlag an seinen beiden Erzählungen „Der Kuß von
Sentze" und „Der fromme Spruch".

Gleichzeitig bemühte sich Stifter, mit Hilfe einer Reihe von Auf-
sätzen, die man heute als „Winterbriefe aus Kirchschlag" kennt, für
den kleinen Ort zu werben:

Winterbriefe aus Kirchschlag

Gönnen Sie einem Manne, der zur Kräftigung seiner Gesundheit,
die durch ein langes Leiden angegriffen war, sich der Meinung und dem
Brauche zuwider einen Winteraufenthalt auf einem hohen Berge verord-
nete, zuweilen einen kleinen Raum in Ihrem Blatte, zu einem Berichte
von diesem hohen Berge in die Ebene hinab. Vielleicht können diese
Worte manchen Leidenden trösten und ihm Zuversicht zur Heilung geben, vielleicht können sie manchem, der das Landleben liebt, zu einem
Entschlusse dienen, vielleicht können sie einem Naturfreunde Freude
machen und ihm Lust erwecken, die Herrlichkeiten des Berges selber zu
schauen, und vielleicht können sie die Eigenschaften dieses Berges in
größern Entfernungen bekanntmachen, als es bis jetzt der Fall ist.

Dieser Berg ist der von Kirchschlag bei Linz.

Obwohl in der Nacht die Lichter der Landeshauptstadt Linz auf
den Berg hinaufschimmern, obwohl man von ihm untertags die Häuser
der Stadt und den Donauspiegel erblickt und das Läuten ihrer Kir-
chenglocken, ja oft sogar das Trommeln ihrer Krieger hört, so werden

doch nicht alle Bewohner von Linz sich um den Berg gekümmert haben, noch wenigere aber sind hinaufgestiegen, ihn zu betrachten, und die allerwenigsten haben eine Kenntnis seiner Eigenschaften erlangt. Und diese Eigenschaften sind solche, daß man oft weite Reisen macht, um ihres Nutzens und ihrer Freude teilhaftig zu werden.

Es sei mir erlaubt, zuerst im allgemeinen von einigen Dingen zu reden, welche die Grundwirkungen auf das menschliche Leben ausüben und welche auf Höhen anders sind als in Niederungen.

Beginnen wir mit dem Feinsten und Holdesten, was wir für das Leben unseres Körpers und unserer Seele auf dieser Erde haben, mit dem Lichte. Wer kennt nicht das schauerlich schöne Gedicht Byrons „Die Finsternis", in welchem der Dichter erzählt, was wurde, nachdem das Licht von der Erde genommen war. Die Menschen zünden endlich Häuser, Kirchen, Wälder an, um Licht zu haben. Und zuletzt sind nicht mehr Menschen, Häuser, Kirchen, Wälder, und die Erde ist ein toter Klumpen. Welche Glut und Pracht der Farben haben Pelze, Gefieder, Blätter, Blumen und Früchte des lichtreichen Mittelgürtels der Erde, und wie geht das alles in ein eintöniges Graugrün, Grau und Weiß in den Gürteln der lichtarmen Pole über. Man gebe einer Pflanze Wärme, Feuchtigkeit, Luft und Erde in der besten Güte und lasse ihr gar kein oder nur ein mattes Licht, und sie wird farblos, unkräftig, spindelnd und strebt mit Angst in die Länge, um irgendwo durch eine Ritze oder ein Loch hinaus in das freudige Licht zu gelangen. Und wer weiß es nicht an sich selber, wie Klarheit des Lichtes Klarheit der Seele ist und Dumpfheit des Lichtes Dumpfheit der Seele. Nervenleidende können durch einen in die Wochen dauernden gleichfärbigen bleiernen, sonnenlosen Himmel nach und nach zur Verzweiflung gelangen. Menschen mit geringem Leben der Nerven und der Einbildungskraft verharren in dumpfem Lichte ohne Klarheit und ohne Dumpfheit, und sie verharren in klarem Lichte ohne Klarheit und ohne Dumpfheit.

Die Hauptquelle des Lichtes für unsere Erde ist die Sonne. Ihr Licht stürmt mit einer Schnelligkeit, davon wir keine Vorstellung haben, in die Räume. Es durcheilt in jeder Sekunde über 40 000 Meilen. Körper von völliger Gleichheit ihres Wesens pflanzen die Bewegung des Lichtes fort und heißen durchsichtig, solche, deren Wesen durch Stoffmischung unterbrochen ist, leiten es nicht so leicht und heißen undurchsichtig. Das dichte, feste Glas, der noch dichtere Diamant sind durchsichtig, das lockere, luftdurchzogene Glaspulver ist undurchsichtig, ebenso der Badeschwamm, der doch voll von Löchern ist. Das Licht wird nämlich beim Übergang von einem Stoffe in den andern immer zum Teile in den alten

Stoff zurückgeworfen, und je mehr solche Übergänge in einem Körper sind, desto weniger wird endlich das Licht, wenn es von dem Körper herauskömmt, und da kein Stoff vollkommen gleichartig ist, ist auch keiner vollkommen durchsichtig, selbst die Luft nicht. Daher ist das Licht, welches endlich durch die Luftschichten der Niederungen auf die Erde gelangt, schwächer als das, welches auf den Gipfel eines hohen Berges niederglänzt. Das wissen Bergsteiger recht gut, wie ihnen alles an heitern Tagen auf dem Berge in scharfem Lichte entgegenschaut und bestimmte Schatten bildet und wie selbst auf waagrechten Ebenen der Hochgebirge der sonnige Schnee leuchtet, daß er sogar Augenentzündungen zuwegebringt, was der sonnige Schnee der waagrechten Ebenen der Niederungen nie kann. Und das wissen auch die, welche länger auf einem Berge gelebt haben, wie ihnen in den Niederungen an den klarsten Tagen wegen größerer Dunkelheit gewissermaßen bange wird. Dazu kömmt noch etwas anderes, besonders bei größeren Städten. Wir sehen an den heitersten Tagen von unserem Berge hinab über der Donauebene und namentlich über Linz einen schmutzigblauen Schleier schweben, die Ausdünstung der Niederung und insbesondere die Ausdünstung der Menschen, Tiere, Schornsteine, Unratkanäle und andere Dinge der Stadt. Der Mann, der aus der durchsichtigen Bergklarheit auf diese Erscheinung niederblickt, denkt unwillkürlich mit einer Art unheimlichen Gefühles daran, daß die da unten in diesem Schwaden und Brodem leben müssen. Endlich ist in bezug des Lichtes noch zu beachten, daß die Niederungen, hauptsächlich die an Wässern, sehr oft an sonst heitern Tagen Erdnebel oder Hochnebel ohne Sonne haben, während die Bewohner des hohen Berggipfels auf diesen Erdnebel oder Hochnebel wie auf ein silberschimmerndes Meer niederschauen und über sich den blauen Himmel und die leuchtende Sonne haben. Ich werde von der unaussprechlichen Pracht dieser Silbermeere, die wir heuer genugsam beobachten konnten, ein anders Mal sprechen und mir auch erlauben, eine genaue Zusammenstellung der Licht-, Wärme-, Nebel- und Regenverhältnisse zwischen hier und Linz einzusenden. Ich bemerke an diesem Orte nur, daß wir im Spätherbst oft fünf bis sechs Tage, dann nach Unterbrechung wieder mehrere Tage den hellsten Sonnenschein hatten, während in der Ebene Nebel lag. Vom 19. Dezember bis 2. Jänner, also vierzehn Tage, war in Linz ununterbrochen mit Ausnahme von ein paar Abendstunden und zwei Mittagsstunden des 31. Dezembers teils Hochnebel, teils Erdnebel, und in Kirchschlag waren zwölf Tage davon ganze Sonnentage, und zwei Tage waren bewölkt.

(Adalbert Stifter, Gesammelte Werke, Bd. 14, S. 16–19)

In weiterer Folge geht Stifter in allgemeinen Betrachtungen auf Wärme, Luft und Wasser und ihre Bedeutung für den menschlichen Organismus ein, um dabei die Vorzüge des Kirchschlager Klimas zu preisen. Nicht von ungefähr werden diese Briefe vielfach in eine Reihe gestellt mit den „Kirchschlager Badeprospekten" (Mayer, Schober), die schon in der Barockzeit die Vorzüge des kleinen Luftkurortes hervorgehoben haben. „Und so ende ich meine Winterbriefe, da ja der Frühling schon in aller Pracht bei uns ist. Möge mancher Mensch, dem es nicht um die Unterhaltung in der Stadt allein zu tun ist, ein Körnchen Gutes darin gefunden haben, und möge der Berg von Kirchschlag der Seele etwas nähergerückt sein. Er kann noch vielen Labsal geben, aber man bedenke, daß er es nicht in einigen Stunden oder Tagen gibt, sondern ein freundschaftliches Zusammenleben mit ihm fordert, das er aber dann auch sicher vergilt." (Adalbert Stifter, Gesammelte Werke, Bd. 14, S. 42)

Kefermarkt – Juwel am Lande: Adalbert Stifter

In eine ähnliche Richtung führt die Fahrt nach Kefermarkt bei Freistadt. Auch der Reiseführer, der „Nachsommer", bleibt derselbe. Kefermarkt, etwa 32 km nördlich von Linz situiert, ist ein unscheinbares Dörfchen, idyllisch zwischen sanften Hügeln gelegen. Daß es in seiner bescheidenen Kirche ein kunsthistorisches Juwel beherbergt, mag man auf den ersten Blick beinahe nicht glauben. Hauptsehenswürdigkeit der 1476 eingeweihten, dreischiffigen Hallenkirche ist der geschnitzte gotische Flügelaltar, der von einem unbekannten Meister geschaffen wurde und in Österreich seinesgleichen sucht. Daß er erhalten blieb, ist ein kleines Wunder, trat doch ein Großteil der Gemeinde bald nach Fertigstellung des Gotteshauses zum Protestantismus über.

Beinahe jahrhundertelang kümmerte sich kaum jemand um den Altar. Stifter war einer der ersten, der seinen Wert erkannte und sich in seiner Eigenschaft als Konservator des oberösterreichischen Kunstvereins für die Renovierung einsetzte. Heute noch feiert man ihn als den „Retter" des Kefermarkter Altars. Der Gotik galt ja überhaupt sein besonderes Interesse, war sie für ihn doch ein dem Winckelmannschen Verständnis der antiken Klassik vergleichbares Kunstideal. Seiner eigenen Arbeit und seinem Verständnis für die Konservierung von Kunstschätzen hat er im „Nachsommer" ein Denkmal gesetzt:

Mariae
Verkündigung,
Gotischer
Flügelaltar von
1491 in Kefer-
markt

In dem unteren Raume sah ich Lärchenholz zu sehr großen, seltsamen Gestalten verbunden, gleichsam zu schlanken Gerüsten, Rahmen
und dergleichen, und fragte, da ich mir die Sache nicht erklären konnte,
um ihre Bedeutung.

„In unserem Lande", antwortete mein Begleiter, „sind mehrere geschnitzte Altäre. Sie sind alle aus Lindenholz verfertigt und einige von
bedeutender Schönheit. Sie stammen aus sehr früher Zeit, etwa zwischen
dem dreizehnten und fünfzehnten Jahrhundert, und sind Flügelaltäre,
welche mit geöffneten Flügeln die Gestalt einer Monstranze haben. Sie
sind zum Teile schon sehr beschädigt und drohen, in kürzerer oder längerer Zeit zugrunde zu gehen. Da haben wir nun einen auf meine Kosten
wiederhergestellt und arbeiten jetzt an einem zweiten. Die Holzgerüste,
um die Ihr fraget, sind Grundlagen, auf denen Verzierungen befestigt
werden müssen. Die Verzierungen sind noch ziemlich erhalten, ihre
Grundlagen aber sind sehr morsch geworden, weshalb wir neue anferti-
gen müssen, wozu Ihr hier die Entwürfe sehet."

„Hat man Euch denn erlaubt, in einer Kirche einen Altar umzugestalten?" fragte ich.

„Man hat es uns erst nach vielen Schwierigkeiten erlaubt", antwortete er, „wir haben aber die Schwierigkeiten besiegt. Besonders kam uns das Mißtrauen in unsere Kenntnisse und Fähigkeiten entgegen, und hierin hatte man recht. Wohin käme man denn, wenn man an vorhandenen Werken vorschnell Veränderungen anbringen ließe. Es könnten ja da Dinge von der größten Wichtigkeit verunstaltet oder zerstört werden. Wir mußten angeben, was wir verändern oder hinzufügen wollten und wie die Sache nach der Umarbeitung aussehen würde. Erst da wir dargelegt hatten, daß wir an den bestehenden Zusammenstellungen nichts ändern würden, daß keine Verzierung an einen andern Platz komme, daß kein Standbild an seinem Angesichte, seinen Händen oder den Faltungen seines Gewandes umgestaltet werde, sondern daß wir nur das Vorhandene in seiner jetzigen Gestalt erhalten wollen, damit es nicht weiter zerfallen könne, daß wir den Stoff, wo er gelitten hat, mit Stoff erfüllen wollen, damit die Ganzheit desselben vorhanden sei, daß wir an Zutaten nur die kleinsten Dinge anbringen würden, deren Gestalt vollkommen durch die gleichartigen Stücke bekannt wäre und in gleichmäßiger Vollkommenheit wie die alten verfertigt werden könnte, ferner als wir eine Zeichnung in Farben angefertigt hatten, die darstellte, wie der gereinigte und wiederhergestellte Altar aussehen würde, und endlich, als wir Schnitzereien von geringem Umfange, einzelne Standbilder und dergleichen in unserem Sinne wiederhergestellt und zur Anschauung gebracht hatten: ließ man uns gewähren. Von Hindernissen, die nicht von der Obrigkeit ausgingen, von Verdächtigungen und ähnlichen Vorkommnissen rede ich nicht, sie sind auch wenig zu meiner Kenntnis gekommen."

„Da habt Ihr ein langwieriges und, wie ich glaube, wichtiges Werk unternommen", sagte ich.

„Die Arbeit hat mehrere Jahre gedauert", erwiderte er, „und was die Wichtigkeit anbelangt, so hat sich wohl niemand mehr den Zweifeln hingegeben, ob wir die nötige Sachkenntnis besäßen, als wir selber. Darum haben wir auch gar keine Veränderung in der Wesenheit der Sache vorgenommen. Selbst dort, wo es deutlich erwiesen war, daß Teile des Altars in der Zeit in eine andere Gruppe gestellt worden waren, als sie ursprünglich gewesen sein konnten, ließen wir das Vorgefundene bestehen. Wir befreiten nur die Gebilde von Schmutz und Übertünchung, befestigten das Zerblätterte und Lediggewordene, ergänzten das Mangelnde, wo, wie ich gesagt habe, dessen Gestalt vollkommen bekannt war, füllten alles, was durch Holzwürmer zerstört war, mit Holz aus, beugten durch ein erprobtes Mittel den künftigen Zerstörungen dieser Tiere vor und überzogen endlich den ganzen Altar, da er fertig war, mit einem sehr matten Firnisse. Es wird einmal eine Zeit kommen, in welcher vom Staate aus vollkommen sachverständige Männer in ein Amt werden vereinigt werden, das die Wiederherstellung alter Kunstwerke einleiten, ihre Aufstellung in dem ursprünglichen Sinne bewirken und ihre Verunstaltung für kommende Zeiten verhindern wird; denn so gut man uns gewähren ließ, die ja auch eine Verunstaltung hätten hervorbringen können, so gut wird man in Zukunft auch andere gewähren lassen, die minder zweifelsüchtig sind oder im Eifer für das Schöne nach ihrer Art verfahren und das Wesen des Überkommenen zerstören."

Engelfigur aus Mittelschrein,
Gotischer Flügelaltar von 1491
in Kefermarkt

„Und glaubt Ihr, daß ein Gesetz, welches verbietet, an dem Wesen eines vorgefundenen Kunstwerkes etwas zu ändern, dem Verfalle
und der Zerstörung desselben für alle Zeiten vorbeugen würde?"
fragte ich.

„Das glaube ich nicht", erwiderte er; „denn es können Zeiten so
geringen Kunstsinns kommen, daß sie das Gesetz selber aufheben;
aber eine längere Dauer und auf eine bessere Weise wäre doch durch
ein solches Gesetz gesorgt, als wenn gar keines wäre. Den besten
Schutz für Kunstwerke der Vorzeit würde freilich eine fortschreitende und nicht mehr erlahmende Kunstempfindung gewähren. Aber alle
Mittel, auch in ihrer größten Vollkommenheit angewendet, würden
den endlichen Untergang eines Kunstwerkes nicht aufhalten können;
dies liegt in der immerwährenden Tätigkeit und in dem Umwandlungstriebe der Menschen und in der Vergänglichkeit des Stoffes. Alles, was ist, wie groß und gut es sei, besteht eine Zeit, erfüllt einen
Zweck und geht vorüber. Und so wird auch einmal über alle Kunstwerke, die jetzt noch sind, ein ewiger Schleier der Vergessenheit liegen, wie er jetzt über denen liegt, die vor ihnen waren."

(Adalbert Stifter, Gesammelte Werke, Bd. 6, S. 112–115)

IV. Durch den Strudengau von Linz nach Ybbs

Literarische Stationen:
MAUTHAUSEN: Elisabeth Reichart, Christa Wolf
DORNACH, KLAM: August Strindberg
GREIN, ST. NIKOLA, STRUDEN: Adalbert Stifter, Nikolaus Lenau,
Peter Härtling, Joseph von Eichendorff
SEISENEGG (bei Amstetten): Catharina Regina von Greiffenberg

Entfernungen (Orientierungswerte):
Linz–Mauthausen: 23 km; Mauthausen–Dornach: 24 km; Dornach–
Klam: 6 km; Klam–Grein: 6 km; Grein–Ybbs: 20 km; Ybbs–Seisenegg
(Autobahnausfahrt Amstetten Ost): 20 km

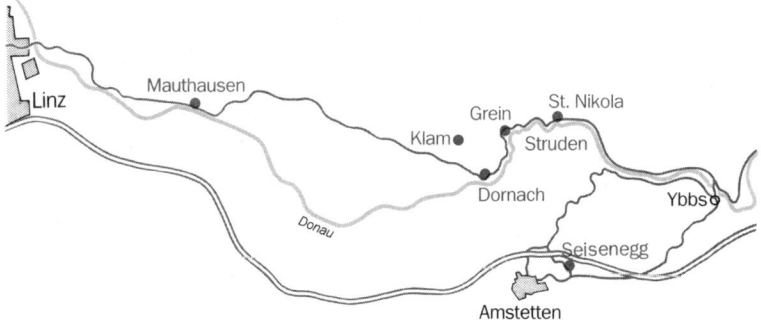

„geht eng durch grüne Gebirge und mit Verzweigungen
durch Ebene rauscht über das Kachlet bei Aschach
dreht sich bei Grein in den Strudel"
Franz Tumler, Sätze von der Donau, S. 52

Die Mühlviertler Hasenjagd rund um Mauthausen: Elisabeth Reichart und Christa Wolf

Zu den ersten Orten, die man donauabwärts hinter Linz durchquert, zählt Mauthausen, ein kleines Städtchen im Mühlviertel mit frisch herausgeputzten Häusern. Nicht von ungefähr wurde es einst genau dort errichtet, wo die Enns in die Donau mündet: Hier konnte man, wie der Name schon ankündigt, Maut für die Waren einheben, die umgeladen und verschifft wurden.

Gleichzeitig war Mauthausen für seine Stein- und Granitbrüche bekannt, die die Stadt während der NS-Zeit zu zweifelhaftem Ruhm gelangen ließen. Kaum jemand, der Mauthausen heute nicht mit dem wohl berüchtigsten und größten Konzentrationslager verbindet, das man während der NS-Zeit auf österreichischem Gebiet installiert hat.

Beinahe alle der etwa 300 000 Insassen, von denen mehr als 120 000 umkamen, waren zu Schwerstarbeit in den Steinbrüchen beordert. Die Todesstiege neben dem eigentlichen Lager, das vom Ortszentrum aus über eine gut beschilderte Straße zu erreichen ist, zeugt noch heute davon. Über 186 Stufen schleppten die größtenteils entkräfteten Häftlinge die Steine vom Steinbruch auf das Plateau, wo sie für den Bau der Baracken benötigt wurden. Wer nicht mehr weiterkonnte, wurde getötet oder von den herabstürzenden Steinen erschlagen.

Heute gehört die Todesstiege zu den erschütterndsten Zeugnissen aus diesen Tagen und ist Teil der Gedenkstätte, in die man das Konzentrationslager verwandelt hat. Im dortigen Museum entdeckt man auch Dokumente zu jenem Ereignis, das als „Mühlviertler Hasenjagd" in die Geschichte eingegangen ist: Am 2. Februar 1945 war es etwa 500 Häftlingen, größtenteils sowjetischen Offizieren, gelungen, aus dem Lager auszubrechen. Lautsprecherwagen informierten die Bevölkerung und riefen dazu auf, sich an der Suche zu beteiligen und jeden Ausbrecher auf der Stelle umzubringen. Nur wenige hatten den Mut, Flüchtlinge zu verstecken oder ihnen mit Kleidern und Nahrung zu Hilfe zu kommen.

Elisabeth Reichart hat diese Jagd in ihrem ersten Roman „Februarschatten" verdichtet: Hilde, damals ein junges Mädchen, kommt über die Schuld, die sie sich zu jener Zeit aufgeladen hat, nicht hinweg und erinnert sich auf Drängen ihrer Tochter an die Vorfälle des Februars 1945:

Ein Schrei weckte Hilde. Ein Schrei, von dem sie nicht wußte, wie oft in letzter Zeit, ob er aus ihr gekommen war oder von draußen.

Es war Vollmond. Der Atem hielt sich lange sichtbar im Raum. Monika schlief noch. Hilde fühlte kalte Schweißperlen auf Monikas Nacken. Sie drehte sich vorsichtig um. Wollte die anderen Geschwister sehen. Wollte Hannes sehen. Hannes und Walter lagen auf dem Rücken. Schlafend. Das Bett hinter ihrem war leer. Max und Stefan übernachteten bei Freunden.

Jetzt hörte sie den lauten Ton wieder. Es war kein Schrei. Es war die Sirene. Die Sirene kam von – dort –.

– dort – das Konzentrationslager Mauthausen.

Daß du mir ja nicht – dort – hingehst. Die Drohung der Eltern. Kein offizielles Verbot war notwendig gewesen. In dem Haus genügte ein Satz vom Pesendorfer. – dort – hat niemand etwas zu suchen. Gebeugte, schuldbewußte Köpfe.

Dieses nahe – dort –. Dieses sichtbare – dort –.

Jetzt hörte Hilde Schüsse.

Auch die anderen Hausbewohner wachten auf.

Sie hörte das Baby schreien. Und die Stimme von Frau Kals. Die das Kind wieder einschläfern sollte. Der Pesendorfer mußte das Fenster geöffnet haben. Niemand sonst würde ein Fenster öffnen. Wenn die Sirenen heulten. Die Sirenen wurden lauter. Nebenan hustete der Vater. Die Mutter wiederholte einen Satz:

„So bleib doch liegen . . ."

Hilde wurde kalt. Von weitem hörte sie ein Motorrad heranfahren. Hörte, wie es vor dem Haus stehen blieb. Die dicken Hausmauern hielten das laufende Motorengeräusch nicht ab.

Dieses Geräusch!

Es drang in Hilde. Setzte sich fest in ihren Eingeweiden. Im Stiegenhaus hallten die Schritte des Pesendorfer. Er vergaß auch in dieser Stunde nicht auf sein „Heil Hitler". Die Worte des Motorradfahrers verstand Hilde nicht. Hörte ihn wegfahren. Ohne daß er das Geräusch aus ihrem Körper mitgenommen hätte. Hörte dann den Befehl des Pesendorfer:

„Heil Hitler!

Alle aufstehen!

Sofort!

In fünf Minuten ist Hausappell!"

Frau Wagners Stimme:

„Heil Hitler! Was ist denn passiert?"

Die Antwort des Pesendorfer: Das werde sie gleich erfahren.

Der Mond beleuchtete das Gesicht von Hannes. Machte dieses weiche Gesicht bleich und streng. Hilde stand auf. Weckte die Geschwister.

Die Mutter trat in das Zimmer. Verschloß mit ihrem schweren Körper die Tür.

„Wenn einer nicht will, braucht er nicht mit hinausgehen.

Ich sage, er ist krank."

Dabei wanderten ihre Augen von einem Sohn zum nächsten. Blieben an Monika hängen.

Monika schüttelte den Kopf. Nahm Hildes Hand. Hilde zog ihre Hand weg. Haßte die Mutter, die nur an Monika dachte. Haßte die Schwester, die ihre zittrige Hand stark machen wollte durch ihre Hand. Sie stellte sich neben Hannes. Sah die Mutter herausfordernd an.

Die Mutter ÜBERSAH sie.

„Was glaubt ihr denn, was ihr versäumt?

Ist ja gut. Zieht euch warm an. Man weiß nie, wie lange so ein Appell beim Pesendorfer dauert."

Nun kam auch der Vater in das Zimmer. Geschlossen ging die Familie hinaus. Seltene Geschlossenheit. Die sich auflöste. Als sie draußen waren.

Frau Emmerich trat zur Mutter. Redete auf sie ein. Hilde suchte Fritzi. Fritzi stand frierend allein herum. Frau Wagner und Herr Wagner gingen auf und ab. Der Vater trat von einem Fuß auf den anderen. Auch jetzt, da das Mondlicht nicht mehr das Gesicht von Hannes erhellte, war dieses Gesicht bleich. Noch immer war von – dort – die Sirene zu hören. Hundegebell. Ab und zu heulte ein Motor auf. Hörten sie Schüsse. Die Wartenden zuckten gleichzeitig zusammen.

Der Pesendorfer kam. Verlangte, daß sich alle der Reihe nach aufstellten. Er rief die einzelnen Namen auf. Frau Kals fehlte. Mutter wollte sie holen.

„Überflüssig!"

Der Befehl ließ sie in der Reihe stehenbleiben. Max und Stefans Abwesenheit ärgerte den Pesendorfer.

Es sei typisch für die zwei, daß sie nicht zur Stelle seien, wenn Deutschland sie einmal brauchte.

Hilde wurde es WÄRMER, als sie hörte, daß Deutschland sie in dieser Nacht BRAUCHTE.

Das große starke Deutschland.

Deutschland mußte sehr stark sein.

Stärker als alles andere.

Es konnte sie und alle Hausbewohner mitten in der Nacht aus den Betten holen.

Deutschland, das war nicht mehr nur ein Wort.

Deutschland, das waren sie alle.

Das machte sie groß und stark.

Vorerst kam die große deutsche Stunde des Pesendorfer. Er teilte die Hausbewohner ein. Die Mutter mußte mit Frau Kals das Haus bewachen. Hilde und Monika sollten ihnen dabei helfen.

Damit war die Deutschlandminute in Hilde beendet. Deutschland helfen.

Getrennt von Hannes.

Das machte dieses Deutschland in ihr kleiner. Nahm viel WÄRME wieder heraus aus ihr. Sie streckte ihre Hand zu Fritzi. Beobachtete dabei die Mutter und Monika. Die sich an die Mutter anklammerte. Alle anderen wurden in zwei Gruppen eingeteilt. In Suchtrupps. Wie der Pesendorfer sagte. Einen übernahm er. Den zweiten mußte der Vater übernehmen. Er stellte sich noch steifer als sonst vor die Hausbewohner. Gesucht würden, und nun wurde die Stimme des Pesendorfer zu einer der Stimmen, die Hilde bisher nur im Radio gehört hatte:

„Schwerstverbrecher

Russen

russische Schwerstverbrecher

Mörder

Diebe

Totschläger

Feinde

Russen, Russen, Rus . . . –"

Die Stimme überschlug sich. Die Stimme, die keine Stimme mehr war. Kurz stand Hannes noch einmal im Mondlicht. Hilde erschrak. Sie mußte Hannes beschützen. Hannes, den EINZIGEN Bruder unter allen Brüdern. Hannes versteckte sich hinter Walter. Dann schlich er weg. Der Pesendorfer war viel zu sehr mit seiner Frau beschäftigt. Ihm fiel es nicht auf. Hilde sah, wie sich die Mutter bekreuzigte. Wie der Pesendorfer seine Frau schlug. Die weinend an ihm hing. Sie anschrie: „Eine Schande! Ausgerechnet du! Das wirst du mir büßen!" Er zerrte sie in das Haus. Die Menschenreihe hörte, wie er die Tür hinter ihr zusperrte.

Er kam zurück. Befahl allen, loszumarschieren.

Schatten blieben im Hof.

Baumschatten, Menschenschatten, Geräuschschatten.

Die Mutter meinte, hier könnten sie höchstens erfrieren. Aber nichts bewachen.

„Gehen wir in die Küche."

Hilde lief weg. Sie mußte Hannes suchen. Nur Hannes konnte diese Schatten vertreiben. Hannes, dessen schmale Gestalt keinen Schatten warf.

In der Allee war es auf einmal still um sie. Die Sirenen hatten aufgehört zu heulen. Nur noch die Scheinwerfer durchbrachen die Nacht. Mondstille. Kalte Stille. Da hörte sie ein Lachen, wie sie es noch nie gehört hatte.

Es war Jubel und es war Schrecken in ihm. Es gleicht den Sirenen.

Diesem Lachen mußte sie folgen.

Sie schlich zur Scheune. Aus der es kroch. Schlich in die Scheune.

Sah, wie das Blut auf den Pesendorfer spritzte.

Sah in der Hand von Frau Emmerich eine Heugabel.

Sah, wie sie mit dieser Heugabel gegen eine auf dem Boden liegende Gestalt schlug. Gegen eine Gestalt, wie Hilde sie noch nie gesehen hatte. Gegen dieses knochige Gesicht. In dem sich die Haut spannte.

Dann sah sie weg.

Sah weg, als die Heugabel zustach.

Sah weg von dem anderen unter den Stiefeln des Pesendorfer. Sah weg von ihrem Bruder Walter, der an die Scheunenwand gelehnt stand. Einen Flüchtling hielt, den er nicht loslassen durfte. Sonst wäre der Flüchtling zusammengebrochen. Hilde spürte, wie ihre Knie sie kleiner, ganz klein machen wollten. Etwas anders in ihr konnte den Knien nicht nachgeben. Hielt die Bilder fest. Hielt alle großen Worte des Pesendorfer fest. Versuchte, die Worte zu den Bildern zu legen. Zu diesen kraftlosen Körpern.

Verbotene Gedanken.

Hilde bekam Kopfweh. Sie schlich zurück in die Allee. Von dem Dorf kamen Menschen herauf. Bewaffnet mit Dreschflegeln. Mit Gartenwerkzeug. Auf Bäumen fanden sie Geflohene. Im Schnee fanden sie

Halbtote. Überall fanden Menschen Menschen. Nur Hilde wurde von niemandem gefunden. Sie, die nichts mehr wollte. Als gefunden werden. Damit es ein Ende hatte. Mit den verbotenen Gedanken. Mit der SCHULD. Deutschland verraten zu haben. Es weiterhin verraten zu müssen. Weil die Bilder blieben. Weil die Worte sie nicht bannen konnten. Diese Körper. Unbewaffnet. Hilflos. Zerbrechlich.
Endlich sprang ein Wort aus dem Schatten.
Stand ein Wort deutlich lesbar im Schnee.
Waren die Wörter wieder aufgreifbar durch ein rettendes Wort: vergiß!
(Elisabeth Reichart, Februarschatten, S. 157–166)

Elisabeth Reicharts Buch sorgte bei seinem Erscheinen im Jahr 1984 nicht zuletzt seiner brisanten Thematik wegen für Aufsehen. Selbst Christa Wolf meldete sich von prominenter Seite zu Wort, um ihre Leseerfahrungen in einem Aufsatz zusammenzufassen und der „Mühlviertler Hasenjagd" zu noch größerer Öffentlichkeit zu verhelfen. Ihr Essay „Struktur von Erinnerung" ist eine sehr persönliche Auseinandersetzung mit „Februarschatten" und dem Thema Verdrängung. In die Neuauflagen des Buches wurde er mitaufgenommen.

Ich las dieses Buch gespannt. Die Anstrengung, die mir auferlegt wurde, erschien mir nötig, nicht willkürlich. Die Struktur des Textes, die einer Enthüllung zutreibt, entspricht dem Gang der Erkundung, den die Autorin unternommen hat, und sie entspricht auch dem Vorgang des Sich-Erinnerns. Ich hatte das Gefühl, an einer Ausgrabung mitzuarbeiten, vor deren Ergebnis mir graute. Wir nehmen teil an den Zuckungen einer Frau, die etwas Entsetzliches herauswürgen soll. Ein Wissen, ein Geheimnis, das sie selbst beinahe nicht mehr kennt, so fest hat sie es in sich eingeschlossen. Vergiß! war ihr Überlebenswort, das sie ihren Nächsten unkenntlich machte und sie in eine unselige Selbstvergessenheit trieb. Diesen Zwangsmechanismus deckt das Buch auf, unbestechlich, aber nicht erbarmungslos, denn die Tochter, die schreibt, die der Mutter ihr Geheimnis abverlangt, steht nicht als die Schuldlose, Rechthabende da, sondern als die Jüngere, die es, unverdient und auch mit Hilfe der Mutter, besser, leichter hatte. So daß sie das Wissen und die Kraft sammeln konnte, um zu fragen.
Gegen Ende des Krieges, Anfang Februar 1945, wurden fast 500 sowjetische Offiziere, die aus dem Konzentrationslager Mauthausen ent-

flohen waren, von der Bevölkerung des Mühlviertels in Oberösterreich niedergemacht.

Elisabeth Reichart ist im Mühlviertel aufgewachsen. Nie, niemals hat sie von den Erwachsenen auch nur eine Andeutung über jenen Massenmord gehört, bis sie selbst fast erwachsen war. Da sprach ihre Großmutter. Wir saßen uns in einem Wiener Restaurant gegenüber, als sie mir davon erzählte, ähnlich stockend, wie sie hier schreibt. Daß diese Mitteilung ihrem Schreibzwang für ihr erstes Buch die Richtung geben mußte, war selbstverständlich. Und daß der Schock, den die Mitteilung auslöste, in dieses Buch eingehen mußte, auch.

Aber sie mußte ja trotzdem zu verstehen suchen. Sie mußte einen Menschen zu verstehen suchen, der dabei war, fast noch ein Kind. Der nicht mordete, aber niemals sprechen konnte. Die reine Schuldzuweisung wäre einfacher gewesen, sich selbst aus dem Spiel zu lassen wäre einfacher gewesen. Schwieriger war es, die Verheerungen aufzuspüren, welche die Verhältnisse in einem Menschen anrichten können und dabei gerecht zu bleiben. Schwieriger, die ambivalenten Gefühle auszuhalten, welche die Erzählerin überfallen, während sie nicht nur in ihrer Figur, auch in sich selbst eine Tiefenschicht nach der anderen abhebt. Haß und Mitleid, Abscheu und Verständnis, Verzweiflung und Schuld – die auch wieder nur an den Reaktionen der Mutter abzulesen sind.

Diese Autorin will ihrer Figur nicht antun, was ihr das ganze Leben lang angetan wurde: Sie will sie nicht zu ihrem Objekt machen. Mir scheint, darin bestand ihre lange und gegen sich selbst rücksichtslose Arbeit an diesem Stoff, daß sie frei wurde von einem blinden Zorn und zu einem sehenden Verständnis kam, das für die Zukunft aussichtsreicher ist. Gewissenhaft, vielleicht übergewissenhaft findet diese Autorin in dem Mittel der doppelten Brechung eine Möglichkeit, ihre Figur von sich selbst zu befreien; indem die Form, die seltsam scheint, oft streng und gebunden, sich auf einmal selbst aufgeben kann: Wenn Hilde, die Mutter, von der doch angeblich die ganze Zeit die Rede war, über die geschrieben wurde, plötzlich aus ihrem Figur-Sein ausbricht und, nachdem sie das Manuskript der Tochter gelesen hat, korrigierend eingreift: Diese Frau bin nicht ich. Die ist ein Hirngespinst der Tochter. Ich habe nie eine schwarze Katze gehabt. Auch sie hat nie eine Katze gehabt. Nichts als Lügen . . . Dieses Haus hat es nie gegeben. So wenig, wie meinen trinkenden Vater.

Aber da steht nun das Haus, schwer zu vergessen. Da ist dieser trinkende Vater, da ist das Dorf. Dies alles so hingestellt zu haben, wie aus Stein, wie aus Fleisch und Blut, und es zugleich als Erfindung zu kenn-

zeichnen und in der Schwebe zu halten, erscheint mir als die eigentliche künstlerische Leistung von Elisabeth Reichart. Und die Tatsache, daß ein anderer Umgang mit Menschen als der mörderische, über den sie schreibt, nicht deklariert wird, sondern als aufmerksames Verhalten der Autorin zu ihren Figuren in die innerste Struktur dieses Buches eingegangen ist.
(Christa Wolf, Die Dimension des Autors, S. 240–242)

Dorniges Dornach: August Strindberg

Die kleine Ortschaft Dornach, direkt an der Uferstraße der Donau gelegen, zählt auf den ersten Blick sicher nicht zu den Plätzen, die zum Verweilen einladen. Einzig über das romantische Schlößchen, an dem der Verkehr gnadenlos vorbeirollt, mag man stolpern und sich wundern: Es wirkt seltsam exotisch inmitten der biederen und schmucklosen Einfamilienhäuser, die es umgeben. Hinter dem zierlichen Palais, zu dem es sein Besitzer um die Jahrhundertwende der damaligen Mode entsprechend umbaute, verbirgt sich der strenge Grundriß eines soliden Herrenhauses, das der ehemalige k. k. Notar Dr. Cornelius Reischl Mitte des letzten Jahrhunderts erworben hatte.

Strindberg-Wohnsitz in Dornach

Reischl gehörte zu den einflußreichsten und wohlhabendsten Männern des Landes Oberösterreich und bestimmte sein Landgut in Dornach zum Alterssitz: Hier wollte er sich ganz der Jagd widmen und die Viehzucht beaufsichtigen, die auf dem riesigen Areal an Feldern und Wald, das er dazugekauft hatte, betrieben wurde.

Eigentlich nichts Außergewöhnliches, hätte dieser Dr. Reischl nicht eine Enkeltochter, Frida, gehabt, die ihm einen besonderen Gast ins Haus brachte: ihren Mann August Strindberg, der zwischen 1893 und 1897 mehrere Monate in Dornach und Umgebung verlebte. Nicht ganz freiwillig allerdings. Strindberg hatte im Mai 1893 in zweiter Ehe die Journalistin Frida Uhl geheiratet, und die beiden erwarteten schon bald darauf ihr erstes Kind. Geldsorgen zwangen ihn daraufhin, das Angebot seiner Frau anzunehmen, für einige Zeit bei ihren Großeltern in Oberösterreich unterzuschlüpfen, um sich dort in Ruhe auf die Geburt vorbereiten zu können. Wiewohl sich Strindberg mit der bürgerlichen Familie, in die er durch seine Verehelichung hineingeraten war, nicht wirklich anfreunden konnte, mußte er sich spätestens nach seiner Ankunft in Dornach im Spätherbst 1893 mehr mit ihr auseinandersetzen, als ihm lieb war.

In seinem autobiographischen Roman „Das Kloster", einer wenig objektiven Abrechnung mit seiner zweiten Ehe, ruft er sich die ersten Eindrücke von seinem oberösterreichischen Exil in Erinnerung. Sein Protagonist Axel und dessen schwangere Frau erreichen Oberösterreich nach einer ermüdenden Reise:

An einem Dezemberabend stiegen sie auf einem kleinen Bahnhof südlich der Donau aus und fuhren im Wagen am Fluß hinunter, durch Wälder und Fluren.

Alles war so neu und ungewohnt. Und er sollte in jenem Haus als Enkelkind in einem merkwürdigen Verhältnis leben, so wie er im vergangenen Sommer acht Tage lang Kind gewesen war.

Sie kamen an die Fährstelle in der Abenddämmerung, der Eisgang hatte begonnen, aber gleichzeitig hatte das Wasser einen so tiefen Stand erreicht, daß mitten im Fluß eine Sandbank war, wo ein anderes Boot sie erwartete. Von dort sah man schon ein großes weißes Gebäude, drei Stockwerke hoch, das unfreundlich und fast unheimlich aussah mit seinen vorspringenden Seitenflügeln und seinen hohen erleuchteten Fenstern.

Sie erreichten das andere Ufer, und bald darauf war er drinnen in dem Gespensterschloß und wurde durch das weißgekalkte, mit dunklen

Strindbergs Frau
Frida Uhl, 1892

Ölgemälden in kohlschwarzen Rahmen geschmückte Treppenhaus geführt, bis er in einem warmen, hell erleuchteten Saal mitten unter den
Verwandten stand, von denen er nur seine Schwiegermutter kannte.

Dank seiner ungewöhnlichen geistigen Wendigkeit schlüpfte er sogleich in seine Rolle als junger Verwandter, der den älteren unter allen
Umständen Respekt und Gehorsam schuldete.

Hier, in diesem Hause, hörte sein Recht, über sich selbst zu be-
stimmen auf, und er mußte sich nach der Meinung, dem Willen und den
Gewohnheiten der anderen richten. Um sich Unannehmlichkeiten zu er-
sparen, hatte er von vornherein beschlossen, nicht länger irgendwelche
eigene Meinungen zu vertreten, sondern alles hinzunehmen, was man
ihm bot, wie fremd oder zuwider es ihm auch vorkommen mochte.

Der alte Großvater war ein Notar und Advokat, der sich mit einem
großen Vermögen zurückgezogen hatte und die Landwirtschaft nur für
den Hausbedarf und zu seinem Vergnügen betrieb. Der größte Teil seiner Ländereien lag als Jagdrevier brach, und der Besitz war in jene Art

von Verfall geraten, die ein Städter für pittoresk hält. Er und seine Frau, beide über siebzig Jahre alt, schienen nur noch umherzugehen und auf ihr Ende zu warten, aber mit der heiteren Resignation gutmütiger, sorgenfreier, rechtgläubiger Katholiken. Sie hatten sich schon ein Mausoleum im Garten erbaut, wo sie ruhen wollten, und sie zeigten es ihren Besuchern gern, so wie andere ihr Sommerhaus zeigen. Es war eine kleine weißgekalkte Kapelle, umgeben von Blumen, die gepflegt wurden, als ob sie schon zu ihrem Gedächtnis dort wüchsen.

Im Hause herrschte Überfluß an allen guten Dingen der Welt, und nach dem halben Hungerleben in Mähren fanden sie hier geradezu das Gegenteil, so daß es darauf ankam, sich vor Schwelgerei zu hüten, ohne jemanden zu verletzen. Fasanen, Hasen und Rehe waren alltägliche Gerichte und wurden schließlich eine Strafe.

„Das geschieht uns recht, weil wir uns über das Manna beklagt haben; nun bekommen wir, wie die murrenden Kinder Israels, Wachteln bis zum Überdruß."

Die Ruhe des Alters, ohne Kummer und ohne Arbeit, herrschte in diesem Haus, wo ebenso viele Diener waren wie Menschen, die bedient wurden. Mit den Alten, die über alle Interessen, Meinungen und Leidenschaften hinausgewachsen waren, war gut auskommen, und die Jungen, die eine eigene Etage bewohnten, brauchten nur zu den Mahlzeiten zu erscheinen.

Die junge Frau lebte nun vollständig in ihrer Mutterschaft, voller Freude und Hoffnung; sie sprach von und mit ihrem ungeborenen Kind, als kenne sie es längst, war mild und fraulich, sogar bescheiden und dankbar gegen den Mann, dessen Gefühle sich nicht geändert hatten, trotz ihrer entstellten Gestalt und ihrer verwelkten Schönheit.

„Ist das Leben nicht schön?" sagte sie.

„Doch, es ist schön; aber wie lange wird es dauern?"

(August Strindberg, Das Kloster, S. 128–131)

Auch Strindberg hat Zweifel an der Dauer dieser Idylle, obwohl er es genießt, sich keine materiellen Sorgen machen zu müssen, wie er Adolf Paul in einem Brief gesteht: „Ich wohne jetzt so nahe an der Donau, daß ich das Wasser rauschen höre, wenn ich im Bett liege. Arbeite viel. Denke mehr, lese unglaublich viel. Die Landschaft ist schön. Fluß mit Steyrer-Alpen im Hintergrund. Das Haus groß, fünfzehn Zimmer usw. . . . . Freundliche Menschen, viel zu essen und früh zu Bett. Also bin ich gerettet [. . .]."

Obwohl Strindberg versucht, sich mit den alten Reischls zu arrangieren, kommt es bald schon zu Reibereien. Der Mann der Enkelin ist eben nicht so einfach zu handhaben, wie man es sich gewünscht hätte. Zudem fügt er sich nicht wirklich in den Alltag der beiden betagten Herrschaften, was diese jedoch unbedingt verlangen. (Nachvollziehen kann man dieses Leben in Strindbergs Drama „Advent": Dem pensionierten Richterehepaar dienten die Reischls als Modell.) Uneinigkeiten mit seiner Frau und dem alten Reischl eskalieren schließlich, so daß man ihn vor die Tür setzt und in eine solide kleine Hütte unweit des Haupthauses verbannt, die ursprünglich als Eselstall vorgesehen war. Strindberg reist bald darauf nach Berlin, um vor Gericht für seinen Roman „Die Beichte eines Toren" einzutreten, kehrt aber dann nach Dornach zurück. Dort erlebt er mit Frida, wie im „Kloster" nachzulesen ist, „die beiden schönsten Monate ihrer ganzen Ehe":

Ihr Häuschen aus Feldsteinen, mit Standsteineinfassungen um die kleinen Fenster, die Schießscharten glichen und mit schmiedeeisernen Gittern versehen waren, war ein vollkommenes Idyll. Es sah aus wie ein Klostergebäude und war überall mit Wein bedeckt. Die Wände in den Zimmern waren weiß gestrichen, ohne Tapeten, und die niedrigen Dekken zeigten kräftige, vom Alter geschwärzte Balken. Er hatte ein kleines Zimmer bekommen, das genau wie eine Mönchzelle war, schmal und lang, mit einem einzigen kleinen Fenster an der einen kurzen Seite. Die Mauern waren mindestens eine Elle breit, so daß vor und hinter dem Fenster Blumen stehen konnten. Die Möbel waren altmodisch und paßten gut zu allem andern.

Hier richtete er sich mit seinem Laboratorium und seiner Bibliothek ein und fühlte sich so wohl wie nie zuvor.

Aber nun sollte hier alles für die Ankunft des Kindes geschmückt werden. Er und seine Frau strichen die Fensterrahmen und die Türen an. Sie pflanzten Rosen und Clematis zu beiden Seiten der Haustür. Sie gruben den Garten um und säten Blumen. Und um die großen weißen Wände drinnen auszufüllen, malte er Bilder.

Als alles fertig war, setzten sie sich hin und bewunderten ihr Werk.

„Herrlich ist es! Nun können wir das Kind erwarten."

„Denk, wie froh es sein wird, am ersten Tag so viele Gemälde zu sehen."

„Aber vor Schwefeldünsten muß es bewahrt werden."

„Ich will das Palladium verkaufen und ihm Wagen und Pferd, Vorreiter und Läufer kaufen."

Sie warteten und hofften. An den langen Frühlingsabenden sprachen sie nur von ihr (oder ihm), versuchten zu raten, ob es eine Tochter oder ein Sohn würde, sprachen über die Namen und fragten nach der Zukunft ihres Kindes. Aber die Gedanken der jungen Frau kreisten am meisten darum, ob es blond sein würde wie sein Sohn, den sie liebte. [. . .]

Endlich, an einem Tage im Mai, als die Sonne schien, kündigte der unbekannte Reisende seine Ankunft an, und nach zwölf schrecklichen Stunden wußte man, daß es ein Mädchen war, das wenigstens keine dunklen Haare hatte!

(August Strindberg, Das Kloster, S. 135 f.)

Strindbergs Tochter Kerstin wird in dieses geruhsame Leben hineingeboren, das für Strindberg die exzessive Beschäftigung mit der Botanik und Geologie bedeutet. Besonders der Verwandtschaft von Mensch und Pflanze und der Suche nach der Urmaterie setzt er sich beinahe wahnhaft auf die Spur. Erste Hinwendungen zur Religion, wie sie später in seinem Leben und Werk eine zentrale Rolle einnimmt, zeichnen sich ab. Die Einsamkeit in Dornach, in die die Familie nach der Geburt Kerstins um so gewaltsamer und verschlingender einbricht, hält Strindberg nicht lange aus: Er flüchtet sich nach Paris. Im „Kloster" schildert er seines Doppelgängers Abschied von der Donau nicht ohne Pathos:

Kerstin, Strindbergs Tochter aus der Ehe mit Frida Uhl

So fuhr er also wieder in die Welt hinaus. Als der Dampfer sich an dem schönen Herbstabend den Strom hinaufarbeitete, sah er noch einmal das kleine Haus mit den erleuchteten Fenstern. In diesem Augenblick war alles Böse und Häßliche, das er da erlebt hatte, wie ausgelöscht, und er spürte nur eine flüchtige Freude bei dem Gedanken, daß er befreit war aus dem Gefängnis, in dem er so sehr gelitten hatte.

Er empfand nur Dankbarkeit und Wehmut, und einen Augenblick lang war das Band zu Frau und Kind so stark, daß er sich ins Wasser stürzen wollte. Aber dann machten die Schaufelräder des kleinen Dampfers ein paar heftige Bewegungen, das Band dehnte sich, streckte sich – und zerriß. (August Strindberg, Das Kloster, S. 151)

Strindbergs Aufenthalt in Paris verläuft nicht eben glücklich: Als „Infernokrise"' ist er sowohl in seine Literatur als auch in die Interpretation seines Werkes markant eingegangen. Nach der Trennung von Frida, die von Wien aus die Annullierung der Ehe betreibt, verstrickt er sich immer stärker in seine Wahnvorstellungen: Nicht nur, daß er sich öffentlich als Frauenhasser deklariert – nicht von ungefähr hat er sich schon in Österreich Otto Weiniger angeschlossen –, auch seine zunehmende Hinwendung zum Okkultismus und seine chemischen Versuche, oft auch an sich selbst, isolieren ihn immer mehr. „Vom Atheismus bin ich in den vollständigen Aberglauben verfallen", analysiert er selbst. Immer weniger vermag er sich gegen seine Paranoia und seine Überzeugung, für sein bisheriges Leben büßen zu müssen, zu wehren. Gleichzeitig wird ihm von mehreren Seiten, unter anderem von Fridas Mutter, der Rettungsanker Katholizismus zugeworfen, an den er sich verzweifelt klammert.

Erst etwa zwei Jahre später, als ihn ein Brief seiner Frau einmal mehr an seine Tochter erinnert, macht sich Strindberg nochmals in Richtung Dornach auf: Er, der sich bei seinem ersten Besuch in Oberösterreich als Atheist gefühlt hat, kehrt als Gläubiger und Pilger, ja sogar neuer Hiob zurück. Das Herrenhaus bleibt ihm diesmal verschlossen, was ihm nicht viel ausmacht, wohnt doch auch Frida längst nicht mehr dort. Sie ist mit Mutter und Tochter, sofern sie sich nicht in Wien aufhält, in den Nachbarort Saxen übersiedelt, einem auch heute noch liebenswerten Dorf, das etwas abseits der Donau in einem kleinen Talkessel liegt. Doch die Augen von Großmutter Reischl sind immer noch scharf: Sie, die Fridas Ehe weniger toleriert denn je, droht mit der Enterbung ihrer Tochter und Enkelin und fordert die sofortige Abreise Strindbergs.

Strindberg als Alchimist

Fridas Tante Melanie Samek, ehemalige Schauspielerin und Sängerin, kommt ihm zur Hilfe: Sie bietet ihm ein Zimmer in ihrem Häuschen in Klam an, nur einen halbstündigen Fußmarsch von Saxen entfernt. Schwiegermutter und angeheiratete Tante zeichnen aber nicht nur für Strindbergs Aufenthalt in Klam verantwortlich. Sie sind es auch, die ihm die Lektüre Emanuel Swedenborgs ans Herz legen, auf den Strindberg schon durch seine Lektüre von Balzacs „Seraphita" in Paris gestoßen ist und der ihn jetzt zu verfolgen beginnt. Swedenborg, der 1688 in Schweden geborene Mystiker, dessen Lehre selbst Goethe beeinflußte, erregt den ohnehin angegriffenen Strindberg durch die Beschreibung seiner Höllenvisionen über alle Maßen. Daß er sich ihm auch noch verwandt fühlt, steigert seine Reizbarkeit: Beide haben die Grenzen der Naturwissenschaft erkannt, ehe sie sich der Religion zugewendet haben.

Strindberg fühlt sich in Klam auf seltsame Weise gepeinigt: So glaubt er im Eingang zur Klamschlucht Dantes Beschreibungen der Hölle wiederzuentdecken, wie er sie aus dessen „Göttlicher Komödie" kennt. Außerdem meint er, im Werk Swedenborgs Indizien dafür zu finden, daß sich dieser selbst einmal in Klam aufgehalten hat, und ist sich nun sicher, die Hölle hier orten zu können.

In seinem Buch „Inferno", das er 1897 auf französisch nieder-
schreibt, hat er diese Erfahrungen verdichtet:

Auf einem Spaziergang in der Umgebung des Dorfs führt mich das
Flüßchen zu dem Hohlweg, der zwischen den beiden Anhöhen verläuft.
Der wirklich großartige Eingang zur Schlucht zwischen umgestürzten
Felsblöcken zieht mich auf ganz sonderbare Art und Weise an. Jene
Höhe, die die verlassene Burg trägt, stürzt lotrecht in die Tiefe und bildet
das Tor zu dem Hohlweg, wo das Flüßchen eine Wassermühle treibt.
Durch das Spiel der Natur hat der Felsblock die Form eines Türkenkop-
fes angenommen, und die Ähnlichkeit ist so groß, daß die ganze
Bevölkerung in der Gegend ihn offenbar so nennt.
    Weiter unten lehnt sich der Wagenschuppen des Müllers eng an die
Felswand. Am Türschloß des Schuppens ist ein Bockshorn aufgehängt,
das Wagenschmiere enthält, und dicht daneben lehnt ein Besen.
    Obwohl das alles ganz natürlich ist, frage ich mich, welcher Teufel
wohl diese beiden Insignien der Hexen, nämlich das Bockshorn und den
Besen, gerade dort und ausgerechnet an diesem Morgen mir in den Weg
gestellt hat.
    Immer weiter gehe ich auf dem feuchten und dämmrigen Fußweg, in
übler Laune, als ein Holzgebäude von ungewöhnlichem Aussehen meine
Schritte hemmt. Es ist ein länglicher und niedriger kastenförmiger Bau
mit sechs Ofenlöchern . . . Ofenlöchern!
    Großer Gott, wo bin ich denn hier?
    Das Bild der Danteschen Hölle, darin die rotglühenden Särge mit
den Sündern, steigt vor mir auf – – – und hier die sechs Ofenluken! Hat
mich ein Alptraum umfangen? Nein, hier ist nur eine anspruchslose
Wirklichkeit, die sich durch einen fürchterlichen Gestank, durch eine
Flut von Jauche und durch chorusartiges Grunzen zu erkennen gibt, das
von einem Schweinestall ausgeht. Der Steig verengt sich zu einem
schmalen Gang zwischen dem Haus des Müllers und dem Berg, direkt
unter dem Türkenkopf.
    Als ich weitergehe, erkenne ich im Hintergrund eine riesige däni-
sche Dogge; ihr Fell ist wie das eines Wolfs gefärbt, und sie scheint ein
Abbild jenes Untiers zu sein, das das Atelier an der Rue de la Santé in
Paris bewachte.
    Schon weiche ich ein paar Schritte zurück, aber da erinnere ich
mich an Jacques Cœurs Wahlspruch: ‚Dem tapferen Herzen ist nichts
unmöglich' und steige hinunter in den Abgrund. Der Zerberus tut so,

als sehe er mich nicht, und ich marschiere weiter, nun zwischen zwei Reihen niedriger und düsterer Häuser: Ein schwarzes Huhn ohne Schwanz und mit einem Hahnenkamm . . ., eine Frau, die beim ersten Anschauen schön zu sein scheint und auf der Stirn ein Mal in Form eines blutroten Halbmonds trägt . . ., aus der Nähe betrachtet, ist sie zahnlos und häßlich.

Da ist der Wasserfall, da die Mühle! Die Geräusche ähneln dem Ohrensausen, das mich schon seit jenen ersten unruhigen Nächten in Paris verfolgt. Die Müllergesellen, weiß wie ungetreue Engel, bedienen das Räderwerk der Maschine wie Henkersknechte, und das große Schaufelrad vollführt seine Sisyphusarbeit, indem es das Wasser hinunterbrausen, unaufhörlich hinunterbrausen läßt.

Dahinter die Schmiede, drinnen nackte und schwarze Burschen, bewaffnet mit Feuerhaken, Kneifzangen, Schmiedehämmern, mitten zwischen den Feuern und Funken, dem glühenden Eisen und geschmolzenem Blei; ein Heidenlärm läßt im Schädel mein Gehirn erbeben und im Brustkorb mein Herz erzittern.

Noch weiter hinten das Sägewerk mit der großen Säge, die mit den Zähnen knirscht, wie sie die riesigen Stämme auf dem Streckbett martert, wobei deren durchsichtiges Blut, das Harz, auf den klebrigen Erdboden rinnt.

Der Hohlweg verläuft weiter längs des Flüßchens, ganz verwüstet durch den Wolkenbruch und den Wirbelsturm. Das Hochwasser hat die scharfen Kieselsteine, auf denen man ausrutscht und nur schlecht gehen kann, mit einer graugrünen Schlammschicht überzogen. Ich möchte den Wasserlauf jetzt gern überqueren, aber der Steg ist weggerissen, und so bleibe ich unter einem steil aufragenden Felsen stehen, wo ein überhängendes Stück auf ein Madonnenbild zu fallen droht; allein die Madonna hält und trägt noch mit ihren schwachen, göttlichen Schultern den unterspülten Felsbrocken.

Auf demselben Weg, auf dem ich gekommen bin, kehre ich zurück, versunken in Grübeleien über diese Fügung von Zufälligkeiten, die zusammen ein großes Ganzes bilden, ja etwas Wunderbares, ohne übernatürlich zu sein.

(August Strindberg, Inferno, S. 150–152)

Anfälle von Todesängsten und Wahnsinn folgen. Kein Spaziergang, den Strindberg nicht symbolisch überhöht, keine Begegnung, die er unvoreingenommen erleben kann: In allem glaubt er Zeichen des Dämonischen zu erkennen, das seiner harrt. Er ist tatsächlich in einen Teufelskreis geraten, aus dem er sich nicht mehr befreien kann. Auch die Hilfe seiner Schwiegermutter und ihrer Schwester, die ihm beide beizustehen versuchen, ist vergeblich: Strindberg ist davon überzeugt, nicht mehr Herr seiner selbst zu sein und findet nur im Zusammensein mit seiner Tochter etwas Ruhe. Besonders die Nächte, in denen ihm merkwürdige Gestalten erscheinen, peinigen ihn:

Nach Ende der Mahlzeit ziehe ich mich zurück in meine rosenrote Kammer, die jetzt schwarz ist, und bereite mich vor auf meinen nächtlichen Kampf. Ja, ich fühle mich bedroht. Von wem? Ich weiß es nicht, aber ich werde den Unsichtbaren herausfordern, sei er nun der Teufel oder der Ewige! Und ich werde mit ihm ringen wie Jakob mit Gott!

Da klopft es an die Tür. Es ist meine Schwiegermutter, die schon ahnt, daß ich eine schwere Nacht haben werde, und mich einlädt, doch auf dem Sofa im Salon zu schlafen.

„Dein Kind ist dir nah, das wird dich retten!"

Ich danke ihr, versichere indessen, es bestehe gar keine Gefahr, und nichts könne mich erschrecken, mein Gewissen sei rein.

Mit einem dünnen Lächeln wünscht sie mir eine gute Nacht.

Nun ziehe ich mir meinen Kampfmantel und die Stiefel an, setze die Mütze auf, fest entschlossen, angekleidet zu schlafen, bereit, als tapferer Krieger zu sterben, der dem Tod kühn ins Auge sieht, nachdem er dem Leben getrotzt hat. Gegen elf Uhr fängt die Luft in der Stube an dick zu werden, und tödliche Angst gewinnt Macht über mich. Ich stürze hin und reiße die Fenster auf. Der Luftzug droht die Lampe zu löschen. Ich mache alles zu! Da fängt die Lampe an zu singen, zu wimmern und zu pfeifen. Danach wird es still.

Sodann beginnt ein Hund in der Nähe ein klagendes Geheul, und das läßt nach altem Volksglauben eine Totenmesse erwarten.

Durch das Fenster blicke ich hinaus: Da oben schimmert der Große Wagen in einsamer Majestät. Da unten liegt das Armenhaus; ein Licht ist angezündet, und eine Greisin sitzt gebückt über ihrem Strickzeug; sie wartet auf die Erlösung, vielleicht fürchtet sie sich auch vor dem Schlaf und ihren Träumen.

Müde strecke ich mich auf dem Bett aus und versuche zu schlafen. Sofort wiederholt sich das alte Spiel. Ein elektrischer Strom sucht den Weg zu meinem Herzen, die Lungen hören auf zu funktionieren, ich muß wieder hoch, wenn ich am Leben bleiben will. Auf einem Stuhl sitzend, viel zu ermattet, um noch lesen zu können, verharre ich so etwa eine halbe Stunde lang, in Stumpfsinn versunken.

Darauf entschließe ich mich, hinauszugehen und bis zum Anbruch des Tages eine Wanderung zu unternehmen. Ich gehe hinunter. Die Nacht ist finster, und das Dorf ruht, aber die Hunde schlafen nicht, und als einer von ihnen losbellt, umringt mich die ganze Bande, und ihre aufgerissenen Rachen und funkelnden Augen zwingen mich, den Rückzug anzutreten.

Als ich wieder ins Haus gekommen bin und die Tür zu meiner Kammer geöffnet habe, kommt es mir so vor, als sei die Stube angefüllt mit lebenden, feindlichen Wesen. Ganz vollgepfropft ist der Raum davon, und mir ist, als müsse ich mich durch ein Gedränge zwängen, als ich zu meinem Bett hinüber will, auf dem ich, resigniert und zu sterben entschlossen, niedersinke. Aber im letzten Augenblick, als der unsichtbare Geier mich unter seinen Schwingen zu ersticken droht, reißt mich jemand vom Bett hoch, und die Jagd der Furien geht weiter. Besiegt, zu Boden geschlagen und zerschmettert, verlasse ich das Schlachtfeld und weiche zurück vor den Unsichtbaren in diesem ungleichen Kampf.

Auf der anderen Seite des Korridors klopfe ich an die Tür der großen Stube. Meine Schwiegermutter, die noch auf ist und in Gebeten versunken schien, kommt und macht auf.

Der Ausdruck, den ihr Gesicht bekommt, und zwar in dem Augenblick, da sie mich erblickt, flößt mir tiefes Entsetzen vor mir selbst ein.

„Was wünschst du, mein Junge?"

„Den Tod wünsche ich mir und sodann verbrannt zu werden, oder verbrennt mich lieber lebendig!"

Kein Wort weiter ist vonnöten; sie hat mich verstanden, und während sie noch gegen ihr Grauen ankämpft, gewinnen bei ihr Mitleid und religiöse Barmherzigkeit die Oberhand, so daß sie eigenhändig das Sofa für mich errichtet und sich danach in das dahinterliegende Zimmer zurückzieht, wo sie und das Kind schlafen.

Aus Zufall – immer dieser satanische Zufall! – steht das Sofa direkt vor dem Fenster, und derselbe Zufall hat es so gefügt, daß das Fenster kein Rouleau hat, so daß mich die schwarze Fensteröffnung, die ins Nachtdunkel hinausgeht, anstarrt, und obendrein ist es auch noch jenes Fenster, durch das der Wind am Abend heulte, als wir zu Tisch saßen.

Am Ende meiner Kräfte sinke ich auf mein Lager, verfluche diesen allgegenwärtigen, unvermeidlichen Zufall, der mich in dem offensichtlichen Bestreben verfolgt, meinen Geist in eine Art Verfolgungswahn geraten zu lassen.

Fünf Minuten Ruhe, während der meine Augen starr auf das schwarze Viereck gerichtet sind, und schon kriecht wieder das unsichtbare Gespenst über meinen Körper, und ich springe auf. Mitten in der Stube bleibe ich stehen, stundenlang, wie eine Statue – ich weiß nicht, wie lange –, verwandelt in einen Säulenheiligen, schlafe ich oder schlafe auch nicht.

Wer gibt mir immer wieder neue Kräfte, damit ich leiden kann? Wer verweigert mir den Tod und liefert mich statt dessen der Folter aus?

Ist er es, der Herr über Leben und Tod, bei dem ich Anstoß erregt habe, als ich bei der Lektüre der Schrift ‚Über die Freude zu sterben' Selbstmordversuche machte und mich bereits für das ewige Leben für reif hielt?

Bin ich Phlegyas, der zur Todesangst im Tartarus wegen seines Übermuts verurteilt wurde, oder gar Prometheus, der durch den ihn zerfressenden Adler bestraft wurde, weil er den Sterblichen das Geheimnis der Schicksalsmächte enthüllt hatte?

Bei der Niederschrift dieser Zeilen erinnere ich mich an jene Szene aus der Passionsgeschichte Jesu, als die Soldaten ihm ins Gesicht spien, andere ihm Backenstreiche gaben und wieder andere ihn mit Ruten schlugen, wobei sie zu ihm sagten: ‚Christus, weissage uns, wer dich geschlagen hat!'

Meine Jugendgenossen dürften wohl noch im Gedächtnis haben, wie der Verfasser dieses Buches auf jenem orgiastischen nächtlichen Fest in Stockholm die Rolle des Soldaten spielte . . .

Wer war es also, der dich geschlagen hat? Diese unbeantwortete Frage, dieser Zweifel, diese Ungewißheit, dieses Geheimnisvolle an der Sache – das ist meine Hölle.

Möge er sich endlich entdecken, damit ich mit ihm ringen und ihm die Stirne bieten kann!

Aber gerade davor hütet er sich, um mich mit Wahnsinn zu schlagen, um mich mit meinem schlechten Gewissen zu peinigen, das ja eine hinreichende Triebfeder ist, um mich überall Feinde suchen zu lassen. Feinde – das sind diejenigen, die durch meine bösen Absichten verletzt worden sind, denn jedesmal, wenn ich einen neuen Feind aufspüre, schlägt mein Gewissen.

(August Strindberg, Inferno, S. 173–177)

Nur selten gelingt es Strindberg, sich in Gegenwart von Kerstin, seiner „Beatrice", zu erholen, auch wenn er sich zumindest stundenweise erleichtert fühlt. Es zieht ihn weiter auf seiner „Pilgerwanderung", wie er sie nennt: Am 27. November 1896 verläßt er Klam und trennt sich in Dornach von seiner Familie. In „Inferno" verabschiedet er sich von dieser Episode seines Lebens, an die ihn später nur mehr der rege Briefwechsel mit seiner Tochter und deren Großmutter erinnert, mit großen Worten: „Ade, weißes Haus in Dornach, du warst ein Platz der Dornen und auch der Rosen! Ade, Donau! Ich tröste mich mit dem Gedanken, daß ihr nichts anderes wart als ein kurzer Traum, kurz wie der Sommer, doch weit süßer als die Wirklichkeit, die ich nicht vermisse . . ." (Inferno, S. 196)

„Inferno" und „Das Kloster" sind nicht der einzige literarische Ertrag von Strindbergs Begegnung mit dem Strudengau. Sein dreiteiliges Drama „Nach Damaskus" ist die dichterische Umsetzung seiner Inferno-Krise und seiner drei unglücklichen Ehen. Etliche der Schauplätze und Figuren des Stückes sind, genau bis in die kleinsten Details, ein deutlicher Spiegel seines Aufenthalts in Dornach. Ähnliches gilt für sein Jahresfestspiel „Advent", das Strindbergs wohl grellste Höllenvisionen dramatisch darstellt. In ihm bedient er sich, wie schon erwähnt, vieler Erfahrungen, die er mit Fridas Familie gemacht hat: reiche Ausbeute also für sein Werk.

Doch auch vor Ort kann der Literaturreisende lohnende Entdeckungen machen. An Strindberg erinnert nicht nur das Schlößchen in Dornach, das längst nicht mehr im Besitz der Reischls ist, sondern auch ein kleines Haus in Klam, das man von Saxen aus nach etwa drei Kilometern erreicht: Im Zentrum des Dorfes neben dem Gemeindehaus gelegen, macht es heute noch einen ähnlich verwinkelten und verschlafenen Eindruck wie damals, als Strindberg es photographiert und bewohnt hat. Eine bronzene Gedenktafel verweist auf das Genie aus Schweden, das, glaubt man diversen Gerüchten, im Ort für viel Aufsehen gesorgt hat. Daß man sich seiner sehr wohl erinnert und ihn auch zu würdigen versucht, beweist der Strindberg-Weg, der wenige Schritte von seiner Wohnung entfernt in die Klam einbiegt. Dort, direkt unter der Burg Klam, führt er etwa zwei Kilometer die Klam Schlucht entlang bis nach Saxen. Strindbergs täglicher Spaziergang ist auch heute noch eine lohnende kleine Wanderung, die kaum etwas von jener Hölle verrät, die Strindberg dort gefunden und erlebt hat.

Wohnhaus Strindbergs in Klam

Grein – Letzte Rast vor den Strudeln

Eine andere seiner Schriften hat Strindberg übrigens ganz in der Nähe von Dornach publizieren lasen: Seine kleine Abhandlung über die Goldwäscherei ist in Grein, einem Städtchen mit ebenfalls reicher literarischer Vergangenheit, gedruckt worden. Es ist nicht nur bekannt für seinen pittoresken Kern und die spätgotische Greinburg, sondern viel mehr noch für sein Rokokotheater, das zudem mit einer seltsamen Entstehungs- und Wirkungsgeschichte aufwarten kann.

Konzipiert wurde es nämlich als handfestes Wirtschaftsunternehmen, das die Gemeindeväter dabei unterstützen sollte, ihren Verpflichtungen den Armen gegenüber nachzukommen. Die Idee setzte sich durch, und es fanden sich schon bald Abonnenten für die 165 Plätze, die mittels eines Schlüssels – die Greiner gelten als Erfinder des „Sperrsitzes" – aufgesperrt und heruntergeklappt werden mußten.

Das Theater, das man am 13. Januar 1793 mit dem Lustspiel „Der Trauerschmaus oder Der Bäckermeister Kasperl" eröffnete und täglich bespielte, finanzierte in den darauffolgenden Jahrzehnten so manche Ausspeisung für Hungernde. Und da man sich in Grein auch der moralischen Wirkung des Theaters bewußt war, sorgte man dafür, daß der Zuschauerraum direkt mit dem Gefangenentrakt des Rathauses verbunden wurde. Durch ein Fenster konnten die Häftlinge am Theatergeschehen teilhaben und, so hoffte man zumindest von Seiten der Stadt, durch erbauliche Kunstgenüsse innere Läuterung erfahren. Daß sie außerdem von den Theaterbesuchern mit leiblichen Genüssen verwöhnt wurden, mag den Ruf Greins als musischster und gemütlichster Kotter weit und breit begründet haben.

Auf seine Weise einmalig ist das Greiner Theater auch heute noch, da man die Gefangenen längst in geschlossene Anstalten abgeschoben und die Sperrsitze freigegeben hat: Regelmäßige Aufführungen während des Sommers entführen in die Welt des Spätrokokos, wie sie das Ambiente des Theaters auf einzigartige Weise aufleben läßt – nirgends sonst in Österreich gibt es eine Bühne aus dieser Zeit, die immer noch bespielt wird.

In den Strudeln gefangen:
Adalbert Stifter und Nikolaus Lenau

Grein ist darüber hinaus auch Tor zum Strudengau, der zu den landschaftlich eindrücklichsten Abschnitten der österreichischen Donaustraße zählt. Hier engen hohe Granitfelsen den Fluß bis auf ein Drittel seiner sonstigen Breite ein, was für den Flußlauf nicht ohne Folgen blieb: Der Strudel, der dem Landstrich den Namen gab, und der dazugehörige Wirbel machten diese Passage bis vor wenigen Jahren für die Schiffahrt äußerst gefährlich. Während es viele Schiffer vorzogen, ihre Ladung und Passagiere an dieser Stelle vom Schiff aufs Fuhrwerk zu bringen und sie am Landweg zu transportieren, gab es immer wieder Boote, die sich den Lotsen von St. Nikola oder Grein anvertrauten und die Fahrt durch den Struden wagten.

Kein Wunder, daß sich um die Wirbel hinter Grein allerlei Geschichten ranken. Zu den bekanntesten gehört wohl die Sage vom „Teufelsturm am Donaustrudel". Die Gebrüder Grimm haben sie in ihre legendäre Sammlung aufgenommen und bekannt gemacht. Vor Ort waren sie wahrscheinlich nicht: Vielleicht taucht deshalb – und dies nur zur Erklärung für all diejenigen, die stets eine Landkarte neben sich haben – der Ort Persenbeug als Pösenbeiß auf. Und vielleicht liegt deshalb Stockerau in der Nähe von Grein. Hörfehler, wie sie sich bei mündlicher Überlieferung einschleichen können?

Grein an der Donau, um 1840

Der Teufelsturm am Donaustrudel

Es ist eine Stadt in Österreich mit Namen Grein, ob der Stadt hat es einen gefährlichen Ort in der Donau, nennet man den Strudel bei Stokkerau, da hört man das Wasser weit und breit rauschen, also hoch fällt es über den Felsen, macht einen großen Schaum, ist gar gefährlich da durchzufahren; kommen die Schiff in einen Wirbel, gehen gescheibweis herum, schlägt das Wasser in die Schiffe und werden alle, die auf dem Schiff sind, ganz und gar naß. Wenn ein Schiff nur ein wenig an den Felsen rührt, zerstößt es sich zu kleinen Trümmern. Da muß jedermann arbeiten, an den Rudern mit Gewalt ziehen, bis man herdurchkommt. Daselbst herum wohnen viel Schiffleut, die des Wassers Art im Strudel wissen; die werden alsdann von den Schiffleuten bestellt, daß sie also desto leichter, ohn sondern Schaden, durch den Strudel kommen mögen.

Kaiser Heinrich, der dritte dieses Namens, fuhr hinab durch den Strudel; auf einem andern Schiff war Bischof Bruno von Würzburg, des Kaisers Vetter; und als dieser auch durch den Strudel fahren wollte, saß auf einem Felsen, der über das Wasser herausging, ein schwarzer Mann, wie ein Mohr, ein greulicher Anblick und erschrecklich. Der schreit und sagt zu dem Bischof Bruno: „Höre, höre, Bischof! Ich bin dein böser Geist, du bist mein eigen; fahr hin, wo du willt, so wirst du mein werden; jetzund will ich dir nichts tun, aber bald wirst du mich wiedersehen." Alle

Menschen, die das hörten, erschraken und fürchteten sich. Der Bischof machte ein Kreuz und gesegnete sich, sprach etlich Gebet, und der Geist verschwand vor ihnen allen. Dieser Stein wird noch auf diesen Tag gezeigt; ist darauf ein kleines Türmlein gebaut, allein von Steinen und kein Holz dabei, hat kein Dach, wird der Teufelsturm genannt. Nicht weit davon, etwan zwei Meilen Wegs, fuhr der Kaiser mit den Seinen zu Land, wollt da über Nacht bleiben in einem Flecken, heißt Pösenbeiß. Daselbst empfing Frau Richilta, des Grafen Adelbar von Ebersberg Hausfrau (er war aber schon gestorben), den Kaiser gar herrlich; hielt ihn zu Gast und bat ihn daneben, daß er den Flecken Pösenbeiß und andere Höfe herum, so ihr Gemahl vogtsweise besessen und verwaltet hätte, ihres Bruders Sohn, Welf III., verleihen wollte. Der Kaiser ging in die Stube, und während er da stand bei dem Bischof Bruno, Grafen Aleman von Ebersberg und bei Frau Richilta und er ihr die rechte Hand gab und die Bitte gewährte, fiel jähling der Boden in der Stube ein; der Kaiser fiel hindurch auf den Boden der Badstube ohne allen Schaden, dergleichen auch Graf Aleman und die Frau Richilta; der Bischof aber fiel auf eine Badwanne auf die Taufel, fiel die Rippe und das Herz ein, starb also in wenig Tagen hernach.
(Brüder Grimm, Deutsche Sagen, S. 459 f.)

Dennoch trifft man wohl auf keine dieser armen Seelen, wenn man des Nachts bei Nebel oder Regen an der Donau unterhalb von Grein unterwegs ist. Und auch dem Donaufürsten wird man, wie es eine andere Sage will, kaum begegnen, der am Ufer nach den Edelsteinen sucht, die ihm ein Fischer aus seiner Krone geschlagen hat. Erst wenn er sie gefunden hat, darf er in seinen Palast tief im Strom zurückkehren, wo die Tochter des Fischers lebt. Diese wiederum nimmt Ertrunkene bei sich auf, um sie nach vier Tagen an die Wasseroberfläche zurückzuschicken. Vorher aber kündigt sie den Tod der Vermißten an, indem sie einen Blumenstrauß auf der Donau treiben läßt – als Zeichen für alle, die auf die Rückkehr der Ertrunkenen warten.

Doch hier im Strudengau blüht nicht nur die Volksliteratur. Schriftsteller verschiedenster Herkunft und Bedeutung haben sich von den Strudeln inspirieren lassen und sie in ihre Werke aufgenommen. So beschreibt etwa Adalbert Stifter in seinem „Witiko" eine Fahrt durch die Wirbel, wie sie sich, seiner Meinung nach, im 12. Jahrhundert zugetragen haben könnte: Nach seinem Abschied von Passau ist Witiko auf der Donau nach Wien unterwegs, wo er seine Mutter besuchen möchte. Hinter Linz enden die lieblichen Auen.

Der Donau-Wirbel, um 1840

Darauf fuhr das Schiff in eine finstere Schlucht ein, wie die gewesen war, welche man unterhalb Passau durchfahren hatte. Das Wasser wurde in der Schlucht eingeengt und floß mit größerer Schnelligkeit dahin. Als das Schiff eine Zeit in der Schlucht gefahren war, kamen von einem hölzernen Hause, das auf dem Ufer stand, drei Männer in einem Kahne an das Schiff, hefteten den Kahn an dasselbe, bestiegen es, und die Schiffer übergaben ihnen die Leitung des Fahrzeuges. Sie lenkten es an dem Orte Grein vorüber. Unterhalb des Ortes wurde die Schlucht noch wilder. Es standen auf großen Felssteinen Türme, und auf einem Inselfelsen stand auch ein Turm. Über den Schiffschnabel hin sah man auf dem Strome eine Fläche, die so weiß wie Schnee war. Die Leute sagten, man komme zu den Stellen Strom und Wirbel, die den Schiffen sehr gefährlich seien. Alle sammelten sich nach und nach auf dem Dache des Schiffes. Als man zu der weißen Fläche gekommen war, stimmten die Menschen ein lautes Gebet an. Die Männer, denen die Leitung des Schiffes anvertraut worden war, späheten sorgsam, arbeiteten emsig und lenkten das Schiff in ein schnelles, tiefes Wasser zwischen dem Inselturme und der weißen Fläche, welche schäumendes, tosendes Wasser über Geklippe war. Das Schiff ging geschwinde in dem tiefen Wasser hinunter, wurde um ein Fels gelenkt, und hinter dem Felsen sah man den Wirbel, der sich in großen Ringen drehte. Die Männer lenkten das Schiff an dem Rande der Ringe vorüber. Dann ruheten sie, blickten nach vorwärts und ließen das Schiff in das breitere, stillere Wasser hinausgehen. Das Hilfegebet der Menschen verwandelte sich in ein Dankgebet. Als es geendiget war, erhielten die Männer, welche das Schiff gelenkt hatten, ihren Lohn, bestiegen den Kahn und fuhren wieder an das Ufer. Dann kam ein anderes Schifflein herzu, aus welchem Menschen an einer langen Stange einen hölzernen Kübel emporhielten und eine Gabe für die Armen und für eine Kirche zur Behütung der Schiffe verlangten. Alle legten eine Gabe in den Kübel. Hierauf kam noch ein größeres Schiff und heischte Wassermaut und Wasserzins. Die Wassermaut und der Wasserzins wurden bezahlt. Dann ging das rotschnablige Schiff zwischen kleineren Waldhöhen in freies Land mit Wiesen und Feldern und Wäldern und Kirchen und Burgen hinaus.

(Adalbert Stifter, Gesammelte Werke, Bd. 10, S. 214 f.)

Bedrohlicher klingt die Schilderung der Passage durch den Struden in der sehr persönlichen Beschreibung Nikolaus Lenaus, der im September 1844 zu einer Fahrt auf der Donau von Wien nach Stuttgart aufbrach. Weit größere Reisen lagen zu diesem Zeitpunkt bereits hinter ihm: 1802 als Nikolaus Franz Niembsch in Rumänien geboren, übersiedelte er bald darauf nach Ungarn und Österreich. Später hielt er sich viel in Schwaben auf, wo er die Freundschaft von Justinus Kerner, Gustav Schwab und Ludwig Uhland genoß und den Kontakt zu seinem Verleger Johann Friedrich Freiherr Cotta von Cottendorf herstellte. Ein Abstecher nach Amerika war Teil seines rastlosen inneren und äußeren Umhertreibens, das in seinen Gedichten ebenso vielfältigen Niederschlag fand wie seine unglücklichen Erfahrungen mit Frauen.

1844 schließlich glaubte er, seinem Leben nochmals eine glückliche Wende geben zu können: Er hatte sich in Baden-Baden mit Marie Behrends verlobt, die er im Oktober desselben Jahres zu heiraten beabsichtigte. Zuvor aber wollte er sich in Wien endgültig von Sophie von Löwenthal trennen und verabschieden. Sophie, selbst verheiratet, hatte es verstanden, Lenau jahrelang an sich zu fesseln und ihn nicht freizugeben.

Peter Härtling hat Lenaus Schwierigkeit, sich innerlich von Sophie freizumachen und dies auch durch die Eheschließung mit Marie zu dokumentieren, literarisch gestaltet. Seine „Suite" mit dem Titel

„Niembsch oder Der Stillstand" thematisiert diesen Konflikt. Um Verwirrungen vorzubeugen: Marie hat er in Juliette Zegerlein, Sophie in Karoline von Zarg umbenannt.

Es ergab sich ohne sein Zutun. Die Einladungen von seiten der Mutter, deren Aufdringlichkeit ihn sogleich degoutierte, ihn trotzdem nicht warnte, mehrten sich, Juliette eröffnete sich als ein erstaunlich wißbegieriges Wesen, das nicht genug bekommen konnte von seinen Flunkereien, und er überbot sich nach allen Regeln dieser miserablen Kunst. Die Damen bewohnten in einem mittelklassigen Hotel ein dürftig eingerichtetes Appartement, übersahen geflissentlich die Schäbigkeit, verwiesen ab und zu auf das Vermögen des Herrn Gemahls, „des lieben Papas", der sich unentwegt in der Welt herumtreibe, und Niembsch vermutete, daß der „Papa" eine flüchtige, wenngleich nicht folgenlose Erscheinung gewesen war, der Weltreisen noch am besten anstehen. Juliette bestrickte ihn. Nicht mehr die geheimnisvolle Naivität der Schwestern, auch die Leib und Geist einende Intelligenz Karolines nicht. Töricht im Übermaß, dazu ein Schuß frecher Neugierde, der ihm Furcht einflößte, und auch, daß sie ihr Wesen nicht zu dämpfen vermochte. Sie war unanständig laut. Auf die Jungfernschaft der Tochter hielt sich die Madame Zegerlein viel zugute. Was ihn anzog war aber nicht die undelikate Lockung, sondern ein deutliches Gespür für jene penetrante kleinbürgerliche Stubenwärme, die er seit den Tagen von Ödenburg entbehrt hatte, hier fand er sie wieder. Juliette Zegerlein – deren Mama wohl ober übel dazugerechnet – bot ihm den Küchendunst des Zuhause, wenngleich die Behausung in dem Hotel, die billige Umgebung, ihn eher abschreckte. Juliette war laut, zugegeben, aber sie war ein Weib, das über die Liebe nicht nachdachte. Sie würde die Nächte bei ihm sein, würde seine Angelegenheiten in ihre Hände nehmen, und die Welt würde ihn nicht mehr behelligen. Böte sich ihm nicht solchermaßen auch die Chance, dem Zeitwahn zu entweichen, jenem gewaltigen Ticken hinter seiner Stirn, das ihm die Zeilen und Gedanken zerstörte, jenem Bewußtsein des dauernden Verlustes? Und Bequemlichkeit könnte er mitrechnen. Er schrieb, nach einigem Zögern, an Karoline:

Sie werden, Allerliebste, inzwischen vernommen haben, daß ich mich in Baden-Baden pflege, eine Kur, die trefflich anschlägt und – sollte mir meine Unvernunft kein Schnippchen schlagen – mich die Ehe lehrt. Ei, ich sehe Sie hochfahren und den Ort, die Unbekannte verwünschen? Haben Sie Grund, Gnädigste? Mein Stuttgarter Experiment schlug nicht fehl, ich hätte, wäre ich ein vollkommener Experimentator und meinen Ideen untertan, mich in die Erkenntnis verkapseln und das Ziel erreichen können. Ich bin ein armseliger Mensch, der sucht und sich scheut, zu finden, was er weiß. Verleugne ich, mit meinem Plan, Sie, die Schwestern? Ehre ich Sie nicht andererseits, alles, was Sie mir zugeflüstert haben in den Lehrnächten des Jünglings? Da erreicht er, was Sie ihm nicht zutrauten, da fällt ihn plötzlich Reife an. Ich werde Ihnen, obgleich ich Sie zu schonen trachte und meine Eitelkeit mich in Ihr aufgewühltes Herz sehen läßt, Juliette, die Zukünftige (welch eine merkwürdige, tötende Bezeichnung), in Andeutungen schildern. Sie ist jung, nicht über die Achtzehn, was meinem Alter wahrlich nicht entspricht, doch sie wird meine Greisenjahre durch ihre Lebhaftigkeit bewegen, nicht wahr, Liebste? Ein wenig derb, handfest, von südlichem Typ, was sie mir näherbringt, ihr Geschmack recht ungekünstelt und den einfacheren Dingen hold, und ich will mir nicht anmaßen, ihr das Denken beizubringen, was hülfe es uns beiden? Eine Jungfrau zu allem, was ihre Mutter (diese mir übrigens eine leidige Beigabe, auf deren baldiges Ableben kaum Hoffnung ist) bekräftigt und was mich nicht abschreckt: so werde ich, was Sie mir beibrachten, weitergeben, die feinsten Nuancen wohl sparend für jene Jahre, da allein die tatenlose Erinnerung solcher Auffrischungen bedarf. Kurz und gut: Wir planen zu heiraten. Ich bin sprunghaft, verzeihen Sie mir. Ich will Ruhe haben, mehr nicht. Nicht die Übungen, die ich mir auferlegt hatte, sind falsch gewesen, ich verzage, teure Frau, ich habe versagt. Nun will ich mich fesseln lassen, auf daß mein böswilliger Geist im trägen Fleisch ersticke. Rechnen Sie auch diesen Zynismus zu den Behaglichkeiten meines neuen Heimes. Ich gedenke Ihrer mit aller Zärtlichkeit, die ich für Sie aufspare, alle Zeit –

Was antwortete ihm Karoline? Beschwor sie ihn, Baden-Baden und der halbgaren Circe den Rücken zu kehren? Als alle Warnung, auch von Kürners Seite, nichts fruchtete, ließen die Freunde ihm freien Weg. Sie kannten Juliette nicht, ihre Vorstellungen pendelten offenbar zwischen dem Bilde einer großspurigen Hure und einer von ihrer satanischen Mama mißbrauchten Naiven. Das wäre zu mischen.

Alles, was Niembsch hernach tat, zeichnete sich durch schattenhafte Tonlosigkeit aus, obwohl jedermann ihn heiter und bezaubernd fand, „phantastisch verjüngt". Es war – man schreibt das bedenkenlos hin: die papierenen Jahreszeiten – im Sommer, als er um Juliettes Hand anhielt. Die Verlobung wurde dem Bekanntenkreis der Damen mitgeteilt, während Niembsch keinen Wert darauf legte, auch seine Freunde zu infor-

mieren. Sie erfuhren es, entsetzten sich von neuem, und endlich entschloß sich Zarg, Karoline zuliebe, nach Baden-Baden zu reisen, die Erwählte zu mustern. Sein Besuch währte zwei Tage, er unterhielt sich, wie stets, vorzüglich mit Niembsch, schilderte ihm den mißlichen Zustand, in den er Karoline mit seinem Ausbruch gedrängt habe, was Niembsch gar nicht aufnahm, Zarg resignierte, schaute sich die beiden Damen, die alte und die junge, an und war, als er, zurückgekehrt, Karoline deren Konterfei darbot, darauf bedacht, das Ordinäre des Augenscheins zu mildern. Seine Korrekturen ließen um so nachhaltiger die von ihm erkannte Natur der Damen Zegerlein durchscheinen, und Karoline kommentierte, es wäre für alle, die an dem Spiele teilhätten, am erträglichsten, es von vornherein und bis zum scheußlichen Ende, welches sie sich leicht ausmalen könne, als Komödie aufzufassen. Und sie beklagte die Willkür Niembschs, der seine Verzweiflung den Satyrn überlasse.
(Peter Härtling, Niembsch oder Der Stillstand, S. 121 f.)

So wie die Karoline in Härtlings Roman hat wohl auch Sophie von Löwenthal auf Lenaus Eröffnung reagiert: sie warnte ihn vor der Verbindung mit Marie, die keinerlei Vermögen in die Ehe mitbringen würde, und stürzte ihn damit in gehörige Zweifel. Seine Heimreise von Wien nach Stuttgart, die, wie er gehofft hatte, einen Auftakt für ein ruhigeres Leben markieren hätte sollen, verlief nicht eben glücklich. Zunehmend mehr verschaffte sich die Verwirrung in ihm Raum, eine falsche Entscheidung getroffen zu haben. Zudem geriet sein Schiff in Seenot: Ein schicksalsträchtiger Zufall? Lenau berichtete beiden Frauen von den bangen Stunden, in denen er um sein Leben zitterte. Sophie von Löwenthal erreichte der plastischere Bericht:

Linz, den 17. September 1844

Liebe Sophie!
O wie ärgert mich diese schlechte Wirtshaustinte, die mir Ihren lieben Namen so blaß hinschreibt. Ich muß eben nehmen, was ich habe, weil ich die erste Stunde meiner Rast zu meinem ersten Briefe an Sie benützen will.

Auf der Reise bisher ist es mir mitunter seltsam ergangen. Der erste Tag gab gutes Wetter, und die Reisegesellschaft hielt sich den größern Teil des Tags fast sämtlich oben auf dem Verdeck, was mir die Kajüte zu einer willkommenen einsamen Klause werden ließ. Des Vormittags einige Stunden brachte auch ich auf dem Verdeck zu, und nie war mir eine

Stromfahrt so bedeutsam und ergreifend erschienen wie diese. Wenn man von was recht Liebem geschieden ist und um das Verlorene trauert, so ist es gut, in einen Strom zu schauen, wo alles wogt, rauscht und schwindet wie das Beste des Lebens. Diese Wehmut hätte sich mir zu bitterer Qual gesteigert, wäre mir nicht mit den Wellen auch der Gedanke zugeschwommen, daß ich ja selbst bald auch so verrauschen werde und vergehen. – Als es aber Abend ward, ging ich hinab in die Kajüte und lag ganz mutterseelenallein und ungestört in jener Abendstimmung, die mich manchmal in Lainz überfallen. Ich danke für die drei Sacktücher, die Sie mir auf die Reise mitgegeben.

Ihre Worte in der letzten Stunde, liebe Sophie: „Mir ist, als sollt ich Sie nie wieder sehen", klingen mir schmerzlich und drohend nach, und seltsam fügte sichs, daß diese Worte am zweiten Tag meiner Reise sehr leicht hätten wahr werden können. Gestern nämlich mußte unser Schiff Nebels wegen einige Morgenstunden verlieren und hatte darüber die Zeit versäumt, in der es durch den Strudel passieren sollte. Zu spät kamen wir an das schön gelegene Örtchen Nikolai (das ein junger russischer Graf während des Beiliegens schnell in seine Reisemappe trug) und mußten dort anlegen und bleiben, bis die erwarteten stromabfahrenden Schiffe vorbeigezogen sein würden. Über vier Stunden harrten wir, des armen Nicolai und aller seiner Schönheiten fast müde, ohne mehr als *eines* jener Schiffe zu erblicken. Da erklärte der Strandinspektor um ein Uhr mittags, daß wir nunmehr fahren dürften. Zufälligerweise hatte aber diesmal der dazu aufgestellte Strandwächter in einem Weinrausche die Sperrfahne oberhalb des Strudels, das Signal für die talfahrenden Schiffe, stillzustehn und die Vorüberkunft des Dampfschiffs abzuwarten, *nicht* aufgesteckt, und wir fuhren dem Strudel zu. Als wir links um die Felsenecke bogen, wo der Strom ebenso reißend als sein Bett enge wird, kamen uns zwei mit Granitsteinen schwerbelastete aneinandergebundene Schiffe entgegen, die, das wehrende Zeichen an der bekannten Stelle nicht findend, bona fide in die Talenge eingefahren waren. Unsere Steuerleute wurden beim Anblick dieser Begegnung von Schreck ergriffen: „Jesus, Maria, kommt da ein Schiff daher", doch hielten sie rüstig und gewandt unser Schiff nach dem linken Ufer hin, während unsere Gegenfahrer, ebenfalls höchst besorgt, aus allen Kräften arbeiteten, um ihre Fahrzeuge dem rechten Ufer (wohin die Strömung ihren Abfall hatte) so nahe und uns so ferne wie möglich hinzusteuern. Die feierliche Stille des nahen Todes herrschte einige Augenblicke hüben und drüben, denn an einem Haare hing es, so wären wir zusammengestoßen und nach der Aussage unserer Anführer unrettbar alles versunken. Kaum zwei Zoll voneinander entfernt fuhren die verderblichen Wanderer sich vorüber. Der Kapitän, als die fatale Begegnung überstanden war, gratulierte uns zur glücklich abgelaufenen Gefahr. Die verlornen Fahrstunden ließen uns erst gegen zehn Uhr abends (gestern) in die Nähe von Linz gelangen. Die Nacht war sehr finster; plötzlich scharrezte (nach der Schiffersprache) das Schiff, und wir fuhren auf. Wir saßen fest auf einer weidlichen Sandbank. Eine große Schar reisender Schiffsknechte, die sich an Bord befanden, wurden zu Hülfe genommen, und man arbeitete von zehn Uhr abends bis sieben Uhr früh, bis das Schiff wieder flott wurde. Ich legte mich anfangs in der Kajüte hin und dachte über mein Schicksal nach. Sans comparaison. Doch um zwölf Uhr wurde mir das Lärmen zu toll, ich stand auf und mischte mich unter die Schiffsleute und machte durch zwei Stunden ihre Arbeiten mit, mit unglaublicher Anstrengung und Ausdauer. Das Zerren am Schiffstau, um das Schiff zu lüften und zu schieben, auf Kommando und taktmäßig verrichtet, ist in der Tat eine enorme Anstrengung. Von [Zeit] zu Zeit rief der Anführer sein durchdringendes „Zarrts an!", dann wurde immer mit verdoppelter Wut gekeucht und gezerrt, und das Schiff zitterte vom Aufstampfen der eisenbeschlagenen gewaltigen Füße. Die Szene hatte in der finstern und stürmischen Nacht, beleuchtet nur von der schlechten Schiffslaterne, etwas Großartiges. Mir war diese Diversion sehr wohltätig, denn der Seele tut es wohl, wenn sie einmal ihre Bewegung an den Leib abgeben kann. Nach zweistündiger Arbeit, wie ich sie nie getan hatte und wie ich mich derselben gar nicht fähig geglaubt hätte, legte ich mich nieder und schlief trotz dem fortgesetzten ununterbrochenen Getös einen herrlichen Schlaf. Um sieben Uhr morgens wurden wir endlich flott und fuhren nach Linz, wo ich im Gasthof zum Erzherzog Karl einen Tag bleibe und ausruhe. Morgen mittags ein Uhr reise ich mit dem Eilwagen nach Salzburg. Ich würde lieber über Regensburg reisen, allein die Wasserfahrt hat meiner Geige wehgetan, wie ich aus ihrer gestörten Stimme wahrnehme; auch ist das Holz ganz naß anzufühlen. – Gestern bemerkte ich eine Frau auf dem Schiffe, die einzige, die mir bis jetzt vorgekommen, die Ihnen ähnlich sieht, ähnlich an Gesicht und Gestalt, auch im Alter. Ich hatte eine große Freude darüber. Begierig, auch ihre Stimme zu hören, sprach ich sie an; doch hier hörte die Ähnlichkeit auf, denn die Stimme ist das Allerpersönlichste. Sie ist die Frau eines Kriegskommissärs und auf einer Reise nach Verona begriffen. Die Ähnlichkeit der Frau mit Ihnen, und daß sie mir auf dem Schiffe begegnete, dünkte mir eine jener seltenen sinnreichen Einrichtungen des Geschicks, die uns im rechten Momente wahrhaft beglücken können; es war mir wie eine angenehm überraschende Veranstaltung unsichtbarer Mächte, daß mir das Licht Ihrer lieben Erscheinung, teure Sophie, nicht plötzlich entschwunden sein, sondern mich in einem schwachen Nachglanze noch einmal freundlich begrüßen sollte. Leben Sie wohl, bis wir uns wiedersehen. Wahren Sie Ihre Gesundheit. Grüßen Sie Max und Kinder. Gott segne Sie, wie Sie mein Herz segnet.

Ihr Niembsch

(Nikolaus Lenau, Sämtliche Werke, Bd. 2, S. 1044–1048)

Lenaus Donaureise sollte seine letzte sein. Am 29. 9. 1844 erlitt er einen Schlaganfall, wenig später begannen Depressionen, die in einem Selbstmordversuch mündeten. Am 22. 10. 1844 schließlich wurde er in eine Irrenanstalt eingewiesen, aus der er bis zu seinem Tod 1850 nie mehr entlassen wurde.

Zu seinen letzten Gedichten zählt der „Blick in den Strom", der wahrscheinlich auf der Fahrt von Wien nach Stuttgart entstanden ist und den er Mitte Oktober, kurz vor seinem endgültigen Zusammenbruch, an Sophie Löwenthal sandte: Der Abschied von ihr dürfte der Auslöser für die Zeilen gewesen sein. Sie sind vielfach als Lenaus Resümee über sein Leben gedeutet worden:

Blick in den Strom

Sahst du ein Glück vorübergehn,
Das nie sich wiederfindet,
Ists gut in einen Strom zu sehn,
Wo alles wogt und schwindet.

O! starre nur hinein, hinein,
Du wirst es leichter missen,
Was dir, und solls dein Liebstes sein,
Vom Herzen ward gerissen.

Blick unverwandt hinab zum Fluß,
Bis deine Tränen fallen,
Und sieh durch ihren warmen Guß
Die Flut hinunterwallen.

Hinträumend wird Vergessenheit
Des Herzens Wunde schließen;
Die Seele sieht mit ihrem Leid
Sich selbst vorüberfließen.
(Nikolaus Lenau, Sämtliche Werke, S. 511)

Liebliche Wellen: Joseph von Eichendorff

Von einer ganz anderen, weniger bedrohlichen Seite zeigt sich die Donau im Werk Joseph von Eichendorffs, wenngleich sie auch hier die innere Entwicklung der jeweiligen Protagonisten bedeutungsvoll und anspielungsreich spiegelt. Eichendorff beendete 1808 sein Studium der Rechte in Heidelberg mit einer Reise von Regensburg nach Wien, die ihn dann weiter in seine Heimat Schlesien führte. Der Eindruck, den diese Schiffsreise in ihm hinterließ, war offensichtlich ein prägender. Sowohl in „Ahnung und Gegenwart" als auch in seiner wohl bekanntesten Novelle, „Aus dem Leben eines Taugenichts", begegnet man der Flußlandschaft an der Donau.

Die Wirbel hinter Grein eröffnen seinen in mehreren Punkten autobiographischen Roman „Ahnung und Gegenwart", der übrigens auch in Österreich entstanden ist: Auf Schloß Ernstbrunn, nahe Stockerau gelegen, konzipierte er 1811 einen Bildungsroman, dem eigene Erlebnisse zugrunde liegen. Schauplatz für die locker aneinandergereihten Episoden, die von über 50 Liedern durchbrochen sind, ist nicht nur Ernstbrunn, sondern der gesamte österreichische Donauraum. In der eindeutigen Nachfolge von Goethes „Wilhelm Meister" entstanden, ist das Buch mit seiner schmerzlich-resignierenden Melancholie durchaus als Vorläufer von Adalbert Stifters „Nachsommer" zu lesen und teilt mit diesem nicht zuletzt auch die Szenerie.

Den Auftakt für die Erlebnisse des Grafen Friedrich bildet die Fahrt auf der Donau durch den Strudengau, wo er zusammen mit Freunden von der Studentenzeit Abschied nimmt und durch die Begegnung mit einem jungen Mädchen in einen neuen Abschnitt seines Lebens hineingeworfen wird:

Die Sonne war eben prächtig aufgegangen, da fuhr ein Schiff zwischen den grünen Bergen und Wäldern auf der Donau herunter. Auf dem Schiffe befand sich ein lustiges Häufchen Studenten. Sie begleiteten einige Tagereisen weit den jungen Grafen Friedrich, welcher soeben die Universität verlassen hatte, um sich auf Reisen zu begeben. Einige von ihnen hatten sich auf dem Verdecke auf ihre ausgebreiteten Mäntel hingestreckt und würfelten. Andere hatten alle Augenblicke neue Burgen zu salutieren, neue Echos zu versuchen und waren daher ohne Unterlaß beschäftigt, ihre Gewehre zu laden und abzufeuern. Wieder andere übten ihren Witz an allen, die das Unglück hatten, am Ufer vorüberzugehen, und diese aus der Luft gegriffene Unterhaltung endigte dann gewöhnlich mit lustigen Schimpfreden, welche wechselseitig so lange fortgesetzt wurden, bis beide Parteien einander längst nicht mehr verstanden. Mitten unter ihnen stand Graf Friedrich in stiller, beschaulicher Freude. Er war größer als die andern, und zeichnete sich durch ein einfaches, freies, fast altritterliches Ansehen aus. Er selbst sprach wenig, sondern ergötzte sich vielmehr still in sich an den Ausgelassenheiten der lustigen Gesellen; ein gemeiner Menschensinn hätte ihn leicht für einfältig gehalten. Von beiden Seiten sangen die Vögel aus dem Walde, der Widerhall von dem Rufen und Schießen irrte weit in den Bergen umher, ein frischer Wind strich über das Wasser, und so fuhren die Studenten in ihren bunten, phantastischen Trachten wie das Schiff der Argonauten. Und so fahre denn, frische Jugend! Glaube es nicht, daß es einmal anders wird auf Erden. Unsere freudigen Gedanken werden niemals alt und die Jugend ist ewig.

Wer von Regensburg her auf der Donau hinabgefahren ist, der kennt die herrliche Stelle, welche der Wirbel genannt wird. Hohe Bergschluchten umgeben den wunderbaren Ort. In der Mitte des Stromes steht ein seltsam geformter Fels, von dem ein hohes Kreuz trost- und friedenreich in den Sturz und Streit der empörten Wogen hinabschaut. Kein Mensch ist hier zu sehen, kein Vogel singt, nur der Wald von den Bergen und der furchtbare Kreis, der alles Leben in seinen unergründlichen Schlund hinabzieht, rauschen hier seit Jahrhunderten gleichförmig fort. Der Mund des Wirbels öffnet sich von Zeit zu Zeit dunkelblickend, wie das Auge des Todes. Der Mensch fühlt sich auf einmal verlassen in der Gewalt des feindseligen, unbekannten Elements, und das Kreuz auf dem Felsen tritt hier in seiner heiligsten und größten Bedeutung hervor. Alle wurden bei diesem Anblicke still und atmeten tief über dem Wellenrauschen. Hier bog plötzlich ein anderes fremdes Schiff, das sie lange in weiter Entfernung verfolgt hatte, hinter ihnen um die Felsenecke. Eine hohe, junge, weibliche Gestalt stand ganz vorn auf dem Verdecke und sah unverwandt in den Wirbel hinab. Die Studenten waren von der plötzlichen Erscheinung in dieser dunkelgrünen Öde überrascht und brachen einmütig in ein freudiges Hurra aus, daß es weit an den Bergen hinunterschallte. Da sah das Mädchen auf einmal auf, und ihre Augen begegneten Friedrichs Blicken. Er fuhr innerlichst zusammen. Denn es war, als deckten ihre Blicke plötzlich eine neue Welt von blühender Wunderpracht, uralten Erinnerungen und niegekannten Wünschen in seinem Herzen auf. Er stand lange in ihren Anblick versunken, und bemerkte kaum, wie indes der Strom nun wieder ruhiger geworden war und zu beiden Seiten schöne Schlösser, Dörfer und Wiesen vorüberflogen, aus denen der Wind das Geläute weidender Herden herüberwehte.

Sie fuhren soeben an einer kleinen Stadt vorüber. Hart am Ufer war eine Promenade mit Alleen. Herren und Damen gingen im Sonntagsputze spazieren, führten einander, lachten, grüßten und verbeugten sich hin und wieder, und eine lustige Musik schallte aus dem bunten, fröhlichen Schwalle. Das Schiff, worauf die schöne Unbekannte stand, folgte unsern Reisenden immerfort in einiger Entfernung nach. Der Strom war hier so breit und spiegelglatt wie ein See. Da ergriff einer von den Studenten seine Gitarre, und sang der Schönen auf dem andern Schiffe drüben lustig zu:

Die Jäger ziehn in grünen Wald
Und Reiter blitzend übers Feld,
Studenten durch die ganze Welt,
So weit der blaue Himmel wallt.
Der Frühling ist der Freudensaal,
Viel tausend Vöglein spielen auf,
Da schallts im Wald bergab, bergauf:
Grüß dich, mein Schatz, viel tausendmal!

Sie bemerkten wohl, daß die Schöne allezeit zu ihnen herübersah, und alle Herzen und Augen waren wie frische junge Segel nach ihr gerichtet. Das Schiff näherte sich ihnen hier ganz dicht. Wahrhaftig, ein schönes Mädchen! riefen einige, und der junge Student sang weiter:

Viel rüstge Bursche ritterlich,
Die fahren hier in Stromes Mitt,
Wie wilde sie auch stellen sich,
Trau mir, mein Kind, und fürcht dich nit!
Querüber übers Wasser glatt
Laß werben deine Äugelein,
Und der dir wohlgefallen hat,
Der soll dein lieber Buhle sein.

Hier näherten sich wieder die Schiffe einander. Die Schöne saß vorn, wagte es aber in dieser Nähe nicht, aufzublicken. Sie hatte das Gesicht auf die andere Seite gewendet, und zeichnete mit ihrem Finger auf dem Boden. Der Wind wehte die Töne zu ihr herüber, und sie verstand wohl alles, als der Student wieder weiter sang:

> Durch Nacht und Nebel schleich ich sacht,
> Kein Lichtlein brennt, kalt weht der Wind,
> Riegl auf, riegl auf bei stiller Nacht,
> Weil wir so jung beisammen sind!
> Ade nun, Kind, und nicht geweint!
> Schon gehen Stimmen da und dort,
> Hoch übern Wald Aurora scheint,
> Und die Studenten reisen fort.

So war es endlich Abend geworden, und die Schiffer lenkten ans Ufer. Alles stieg aus, und begab sich in ein Wirtshaus, das auf einer Anhöhe an der Donau stand. Diesen Ort hatten die Studenten zum Ziele ihrer Begleitung bestimmt. Hier wollten sie morgen früh den Grafen verlassen und wieder zurückkreisen. Sie nahmen sogleich Beschlag von einem geräumigen Zimmer, dessen Fenster auf die Donau hinausgingen. Friedrich folgte ihnen erst etwas später von den Schiffen nach. Als er die Stiege hinauf ging, öffnete sich seitwärts eine Türe und die unbekannte Schöne, die auch hier eingekehrt war, trat eben aus dem erleuchteten Zimmer. Beide schienen übereinander erschrocken. Friedrich grüßte sie, sie schlug die Augen nieder und kehrte schnell wieder in das Zimmer zurück.

Unterdes hatten sich die lustigen Gesellen in ihrer Stube schon ausgebreitet. Da lagen Jacken, Hüte, Federbüsche, Tabakspfeifen und blanke Schwerter in der buntesten Verwirrung umher, und die Aufwärterin trat mit heimlicher Furcht unter die wilden Gäste, die halbentkleidet auf Betten, Tischen und Stühlen, wie Soldaten nach einer blutigen Schlacht, gelagert waren. Es wurde bald Wein angeschafft, man setzte sich in die Runde, sang und trank des Grafen Gesundheit. Friedrich war heute dabei sonderbar zumute. Er war seit mehreren Jahren diese Lebensweise gewohnt, und das Herz war ihm jedesmal aufgegangen, wie diese freie Jugend ihm so keck und mutig ins Gesicht sah. Nun, da er von dem allen auf immer Abschied nehmen sollte, war ihm wie einem, der von einem lustigen Maskenballe auf die Gasse hinaustritt, wo sich alles nüchtern fortbewegt wie vorher. Er schlich sich unbemerkt aus dem Zimmer und trat hinaus auf den Balkon, der von dem Mittelgange des Hauses über die Donau hinausging. Der Gesang der Studenten, zuweilen von dem Geklirre der Hieber unterbrochen, schallte aus den Fenstern, die einen langen Schein in das Tal hinauswarfen. Die Nacht war sehr finster. Als er sich über das Geländer hinauslehnte, glaubte er neben sich atmen zu hören. Er langte nach der Seite hin und ergriff eine kleine zarte Hand. Er zog den weichen Arm näher an sich, da funkelten ihn zwei Augen durch die Nacht an. Er erkannte an der hohen Gestalt sogleich das schöne Mädchen von dem andern Schiffe. Er stand so dicht vor ihr, daß ihn ihr Atem berührte. Sie litt es gern, daß er sie noch näher an sich zog, und ihre Lippen kamen zusammen. Wie heißen Sie? fragte Friedrich endlich. Rosa, sagte sie leise und bedeckte ihr Gesicht mit beiden Händen. In diesem Augenblicke ging die Stubentür auf, ein verworrener Schwall von Licht, Tabaksdampf und verschiedenen tosenden Stimmen quoll heraus, und das Mädchen war verschwunden, ohne daß Friedrich sie halten konnte.

Erst lange Zeit nachher ging er wieder in sein Zimmer zurück. Aber da war indes alles still geworden. Das Licht war bis an den Leuchter ausgebrannt und warf, manchmal noch aufflackernd, einen flüchtigen Schein über das Zimmer und die Studenten, die zwischen Trümmern von Tabakspfeifen, wie Tote, umherlagen und schliefen. Friedrich machte daher die Tür leise zu und begab sich wieder auf den Balkon hinaus, wo er die Nacht zuzubringen beschloß. Entzückt in allen seinen Sinnen, schaute er da in die stille Gegend hinaus. Fliegt nur, ihr Wolken, rief er aus, rauscht nur und rührt euch recht, ihr Wälder! Und wenn alles auf Erden schläft, ich bin so wach, daß ich tanzen möchte! Er warf sich auf die steinerne Bank hin, wo das Mädchen gesessen hatte, lehnte die Stirn ans Geländer und sang still in sich verschiedene alte Lieder, und jedes gefiel ihm heut besser und rührte ihn neu. Das Rauschen des Stromes und die ziehenden Wolken schifften in seine fröhlichen Gedanken hinein; im Hause waren längst alle Lichter verlöscht. Die Wellen plätscherten immerfort so einförmig unten an den Steinen, und so schlummerte er endlich träumend ein.

(Joseph von Eichendorff, Werke, S. 539–543)

Die Bedeutung des Flusses für das Schicksal Friedrichs kehrt in „Ahnung und Gegenwart" leitmotivisch wieder, vielseitig variiert und spielerisch in das Romangeschehen verwoben. Besonders in den Gedichten, die die Handlung durchziehen, stößt man immer wieder auf Passagen, in denen der Blick auf oder in den Strom das äußere Geschehen metaphorisch unterstreicht. So etwa in „Frische Fahrt", einem Lied, das sich gleichermaßen in Eichendorffs erstem Roman wie in seiner Lyriksammlung „Wanderlieder" findet:

Frische Fahrt

Laue Luft kommt blau geflossen,
Frühling, Frühling soll es sein!
Waldwärts Hörnerklang geschossen,
Mutger Augen lichter Schein;
Und das Wirren bunt und bunter
Wird ein magisch wilder Fluß,
In die schöne Welt hinunter
Lockt dich dieses Stromes Gruß.

Und ich mag mich nicht bewahren!
Weit von euch treibt mich der Wind,
Auf dem Strome will ich fahren,
Von dem Glanze selig blind!
Tausend Stimmen lockend schlagen,
Hoch Aurora flammend weht,
Fahre zu! Ich mag nicht fragen,
Wo die Fahrt zu Ende geht!
(Joseph von Eichendorff, Werke, S. 9)

So wie die Fahrt auf der Donau durch den Wirbel bei Grein für Graf Friedrich zum Ausgangspunkt für eine Reihe von Erlebnissen wird, die ihn sich selbst näherbringen, ist sie für den Taugenichts Abschluß seiner Reise: Er, der in Italien sein Glück gesucht und sich in allerlei Verwechslungs- und Liebesgeschichten verstrickt hat, spürt, daß er seine Heimat mehr vermißt hat als erwartet. Er kehrt nach Wien zurück, wo er die Dame seines Herzens, die erst nach diesem Abstecher in die Fremde erreichbar geworden ist, ehelicht.

Ähnliche Motive wie in „Ahnung und Gegenwart" sind es, derer sich Eichendorff auch in dieser Novelle, die er 1822 begonnen hat, bedient: Verwunschene Schlösser, geheimnisvolle Gärten, tückische, aber verspielte Irrtümer und vor allen Dingen der phantasievolle Umgang mit dem Thema Reise prägen seine Prosa, die eine seltene Leichtigkeit und fließende Schwerelosigkeit auszeichnet.

Auch die Beschreibung der Rückkehr des Taugenichts aus Rom und seine Fahrt auf der Donau schlägt diesen scheinbar naiven, heiteren Tonfall an:

Auf einmal schrie der Waldhornist mit seiner Baßstimme: Topp, da hab ich es, er schlug dabei fröhlich auf die Landkarte neben ihm. Der andere ließ auf einen Augenblick von seinem fleißigen Blasen ab und sah ihn verwundert an. Hört, sagte der Waldhornist, nicht weit von Wien ist ein Schloß, auf dem Schlosse ist ein Portier, und der Portier ist mein Vetter! Teuerste Kondiszipels, da müssen wir hin, machen dem Herrn Vetter unser Kompliment, und er wird dann schon dafür sorgen, wie er uns wieder weiter fortbringt! – Als ich das hörte, fuhr ich geschwind auf. Bläst er nicht auf dem Fagott? rief ich, und ist von langer, gerader Beschaffenheit und hat eine große vornehme Nase? – Der Waldhornist nickte mit dem Kopfe. Ich aber embrassierte ihn vor Freuden, daß ihm der Dreistutzer vom Kopfe fiel, und wir beschlossen nun sogleich, alle miteinander im Postschiffe auf der Donau nach dem Schloß der schönen Gräfin hinunterzufahren.

Als wir an das Ufer kamen, war schon alles zur Abfahrt bereit. Der dicke Gastwirt, bei dem das Schiff über Nacht angelegt hatte, stand breit und behaglich in seiner Haustür, die er ganz ausfüllte, und ließ zum Abschied allerlei Witze und Redensarten erschallen, während in jedem Fenster ein Mädchenkopf herausfuhr und den Schiffern noch freundlich zunickte, die soeben die letzten Pakete nach dem Schiffe schafften. Ein ältlicher Herr mit einem grauem Überrock und schwarzem Halstuch, der auch mitfahren wollte, stand am Ufer und sprach sehr eifrig mit einem jungen, schlanken Bürschchen, das mit langen, ledernen Beinkleidern und knapper, scharlachroter Jacke vor ihm auf einem prächtigen Engländer saß. Es schien mir zu meiner großen Verwunderung, als wenn sie beide zuweilen nach mir hinblickten und von mir sprächen. – Zuletzt lachte der alte Herr, das schlanke Bürschchen schnalzte mit der Reitgerte und sprengte, mit den Lerchen über ihm um die Wette, durch die Morgenluft in die blitzende Landschaft hinein.

Unterdes hatten die Studenten und ich unsere Kasse zusammengeschossen. Der Schiffer lachte und schüttelte den Kopf, als ihm der Waldhornist damit unser Fährgeld in lauter Kupferstücken aufzählte, die wir mit großer Not aus allen unsern Taschen zusammengebracht hatten. Ich aber jauchzte laut auf, als ich auf einmal wieder die Donau so recht vor mir sah: wir sprangen geschwind auf das Schiff hinauf, der Schiffer gab das Zeichen, und so flogen wir nun im schönsten Morgenglanze zwischen den Bergen und Wiesen hinunter.

Da schlugen die Vögel im Walde, und von beiden Seiten klangen die Morgenglocken von fern aus den Dörfern, hoch in der Luft hörte man manchmal die Lerchen dazwischen. Von dem Schiffe aber jubilierte und schmetterte ein Kanarienvogel mit darein, daß es eine rechte Lust war.

Der gehörte einem hübschen jungen Mädchen, die auch mit auf dem Schiffe war. Sie hatte den Käfig dicht neben sich stehen, von der andern Seite hielt sie ein feines Bündel Wäsche unterm Arm, so saß sie ganz still für sich und sah recht zufrieden bald auf ihre neuen Reiseschuhe, die unter dem Röckchen hervorkamen, bald wieder in das Wasser vor sich hinunter, und die Morgensonne glänzte ihr dabei auf der weißen Stirn, über der sie die Haare sehr sauber gescheitelt hatte. Ich merkte wohl, daß die Studenten gern einen höflichen Diskurs mit ihr angesponnen hätten, denn sie gingen immer an ihr vorüber, und der Waldhornist räusperte sich dabei und rückte bald an seiner Halsbinde, bald an dem Dreistutzer. Aber sie hatten keine rechte Courage, und das Mädchen schlug auch jedesmal die Augen nieder, sobald sie ihr näher kamen.

Besonders aber genierten sie sich vor dem ältlichen Herrn mit dem grauen Überrocke, der nun auf der andern Seite des Schiffes saß und den sie gleich für einen Geistlichen hielten. Er hatte ein Brevier vor sich, in welchem er las, dazwischen aber oft in die schöne Gegend von dem Buche aufsah, dessen Goldschnitt und die vielen dareingelegten bunten Heiligenbilder prächtig im Morgenschein blitzten. Dabei bemerkte er auch sehr gut, was auf dem Schiffe vorging, und erkannte bald die Vögel an ihren Federn; denn es dauerte nicht lange, so redete er einen von den Studenten lateinisch an, worauf alle drei herantraten, die Hüte vor ihm abnahmen und ihm wieder lateinisch antworteten. Ich aber hatte mich unterdes ganz vorn auf die Spitze des Schiffes gesetzt, ließ vergnügt meine Beine über dem Wasser herunterbaumeln und blickte, während das Schiff so fortflog und die Wellen unter mir rauschten und schäumten, immerfort in die blaue Ferne, wie da ein Turm und ein Schloß nach dem andern aus dem Ufergrün hervorkam, wuchs und wuchs und endlich hinter uns wieder verschwand. Wenn ich nur *heute* Flügel hätte! dachte ich und zog endlich vor Ungeduld meine liebe Violine hervor und spielte alle meine ältesten Stücke durch, die ich noch zu Hause und auf dem Schloß der schönen Frau gelernt hatte.

Auf einmal klopfte mir jemand von hinten auf die Achsel. Es war der geistliche Herr, der unterdes sein Buch weggelegt und mir schon ein

Weilchen zugehört hatte. Ei, sagte er lachend zu mir, ei, ei, Herr ludi magister, Essen und Trinken vergißt er. Er hieß mich darauf meine Geige einstecken, um einen Imbiß mit ihm einzunehmen, und führte mich zu einer kleinen lustigen Laube, die von den Schiffern aus jungen Birken und Tannenbäumchen in der Mitte des Schiffes aufgerichtet worden war. Dort hatte er einen Tisch hinstellen lassen, und ich, die Studenten und selbst das junge Mädchen, wir mußten uns auf die Fässer und Pakete ringsherum setzen.

Der geistliche Herr packte nun einen großen Braten und Butterschnitten aus, die sorgfältig in Papier gewickelt waren, zog auch aus einem Futteral mehrere Weinflaschen und einen silbernen, innerlich vergoldeten Becher hervor, schenkte ein, kostete erst, roch daran und prüfte wieder und reichte dann einem jeden von uns. Die Studenten saßen kerzengerade auf ihren Fässern und aßen und tranken nur sehr wenig vor großer Devotion. Auch das Mädchen tauchte bloß das Schnäbelchen in den Becher und blickte dabei schüchtern bald auf mich, bald auf die Studenten, aber je öfter sie uns ansah, je dreister wurde sie nach und nach.

Sie erzählte endlich dem geistlichen Herrn, daß sie nun zum erstenmal von Hause in Kondition komme und soeben auf das Schloß ihrer neuen Herrschaft reise. Ich wurde über und über rot, denn sie nannte dabei das Schloß der schönen gnädigen Frau. – Also das soll meine zukünftige Kammerjungfer sein! dachte ich und sah sie groß an, und mir schwindelte fast dabei. – Auf dem Schlosse wird es bald eine große Hochzeit geben, sagte darauf der geistliche Herr. Ja, erwiderte das Mädchen, die gern von der Geschichte mehr gewußt hätte; man sagt, es wäre schon eine alte, heimliche Liebschaft gewesen, die Gräfin hätte es aber niemals zugeben wollen. Der Geistliche antwortete nur mit Hm, hm, während er seinen Jagdbecher vollschenkte und mit bedenklichen Mienen daraus nippte. Ich aber hatte mich mit beiden Armen weit über den Tisch vorgelegt, um die Unterredung recht genau anzuhören. Der geistliche Herr bemerkte es. Ich kanns Euch wohl sagen, hub er wieder an, die beiden Gräfinnen haben mich auf Kundschaft ausgeschickt, ob der Bräutigam schon vielleicht hier in der Gegend sei. Eine Dame aus Rom hat geschrieben, daß er schon lange von dort fort sei. – Wie er von der Dame aus Rom anfing, wurde ich wieder rot. Kennen denn Ew. Hochwürden den Bräutigam? fragte ich ganz verwirrt. – Nein, erwiderte der alte Herr, aber er soll ein lustiger Vogel sein. – O ja, sagte ich hastig, ein Vogel, der aus jedem Käfig ausreißt, sobald er nur kann, und lustig singt, wenn er wieder in der Freiheit ist. – Und sich in der Fremde herumtreibt, fuhr der Herr gelassen fort, in der Nacht gassatim geht und am Tage vor den Haustüren schläft. – Mich verdroß das sehr. Ehrwürdiger Herr, rief ich ganz hitzig aus, da hat man Euch falsch berichtet. Der Bräutigam ist ein moralischer, schlanker, hoffnungsvoller Jüngling, der in Italien in einem alten Schlosse auf großem Fuß gelebt hat, der mit lauter Gräfinnen, berühmten Malern und Kammerjungfern umgegangen ist, der sein Geld sehr wohl zu Rate zu halten weiß, wenn er nur welches hätte, der – Nun, nun, ich wußte nicht, daß Ihr ihn so gut kennt, unterbrach mich hier der Geistliche und lachte dabei so herzlich, daß er ganz blau im Gesichte wurde und ihm die Tränen aus den Augen rollten. – Ich hab doch aber gehört, ließ sich nun das Mädchen wieder vernehmen, der Bräutigam wäre ein großer, überaus reicher Herr. – Ach Gott, ja doch, ja! Konfusion, nichts als Konfusion! rief der Geistliche und konnte sich noch immer vor Lachen nicht zugute geben, bis er sich endlich ganz verhustete. Als er sich wieder ein wenig erholt hatte, hob er den Becher in die Höh und rief: Das Brautpaar soll leben! – Ich wußte gar nicht, was ich von dem Geistlichen und seinem Gerede denken sollte, ich schämte mich aber, wegen der römischen Geschichte, ihm hier vor allen Leuten zu sagen, daß ich selber der verlorene, glückselige Bräutigam sei.

Der Becher ging wieder fleißig in die Runde, der geistliche Herr sprach dabei freundlich mit allen, so daß ihm bald ein jeder gut wurde und am Ende alles fröhlich durcheinander sprach. Auch die Studenten wurden immer redseliger und erzählten von ihren Fahrten im Gebirge, bis sie endlich gar ihre Instrumente holten und lustig zu blasen anfingen. Die kühle Wasserluft strich dabei durch die Zweige der Laube, die Abendsonne vergoldete schon die Wälder und Täler, die schnell an uns vorüberflogen, während die Ufer von den Waldhornsklängen widerhallten. – Und als dann der Geistliche von der Musik immer vergnügter wurde und lustige Geschichten aus seiner Jugend erzählte: wie auch er zur Vakanz über Berge und Täler gezogen und oft hungrig und durstig, aber immer fröhlich gewesen, und wie eigentlich das ganze Studentenleben eine große Vakanz sei zwischen der engen, düstern Schule und der ernsten Amtsarbeit – da tranken die Studenten noch einmal herum und stimmten dann frisch ein Lied an, daß es weit in die Berge hineinschallte.

Nach Süden sich nun lenken
Die Vöglein allzumal,
Viel Wandrer lustig schwenken
Die Hüt im Morgenstrahl.
Das sind die Herren Studenten,
Zum Tor hinaus es geht,
Auf ihren Instrumenten
Sie blasen zum Valet:
Ade in die Läng und Breite,
O Prag, wir ziehn in die Weite:
Et habeat bonam pacem,
Qui sedet post fornacem!

Nachts wir durchs Städtlein schweifen
Die Fenster schimmern weit,
Am Fenster drehn und schleifen
Viel schön geputzte Leut.

Wir blasen vor den Türen
Und haben Durst genug,
Das kommt vom Musizieren,
Herr Wirt, ein'n frischen Trunk!
Und siehe, über ein kleines
Mit einer Kanne Weines
Venit ex sua domo –
Beatus ille homo!

Nun weht schon durch die Wälder
Der kalte Boreas,
Wir streichen durch die Felder,
Von Schnee und Regen naß,
Der Mantel fliegt im Winde,
Zerrissen sind die Schuh,
Da blasen wir geschwinde
Und singen noch dazu:
Beatus ille homo,
Qui sedet in sua domo,
Et sedet post fornacem
Et habet bonam pacem!

Ich, die Schiffer und das Mädchen, obgleich wir alle kein Latein verstanden, stimmten jedesmal jauchzend in den letzten Vers mit ein, ich aber jauchzte am allervergnügtesten, denn ich sah soeben von fern mein Zollhäuschen und bald darauf auch das Schloß in der Abendsonne über die Bäume hervorkommen.

(Joseph von Eichendorff, Werke, S. 1132–1137)

Während der junge Taugenichts in Wien am Ziel seiner Reise angekommen ist, endet die Fahrt durch den Strudengau bei Ybbs, wo das Kraftwerk Ybbs-Persenbeug für ein ruhiges Dahingleiten auf dem Wasser verantwortlich ist: Erst seit seinem Bau vor etwa vierzig Jahren muß sich die Schiffahrt vor den Wirbeln nicht mehr fürchten.

Klio des Isterstrandes:
Catharina Regina von Greiffenberg auf Seisenegg

Wer sich nun, da Ybbs sicher erreicht ist, nicht scheut, den direkten Blick von der Donau abzuwenden und sich auf seiner Reise entlang des Flusses ein Stück zurückzubewegen, dem sei ein Ausflug nach Schloß Seisenegg bei Amstetten empfohlen. Die wehrhafte Burg, die jahrhundertelang einen strategisch wichtigen Wegabschnitt beherrschte und zudem bis 1848 als Landgericht fungierte, war Geburtsort und Wirkungsstätte der Dichterin Catharina Regina von Greiffenberg (1633–1694), derer man sich heute in Seisenegg immer noch erinnert – nicht zuletzt auch auf der Speisekarte der stimmungsvollen Burgtaverne.

Catharina Regina von Greiffenberg gehört zu jenen schreibenden Frauen, die lange Zeit in Vergessenheit geraten waren. Dabei konnte sie zu Lebzeiten eine große Lesergemeinde um sich scharen und sich im Kreise ihrer männlichen Kollegen sehr wohl behaupten. Nicht von ungefähr sprach man hochachtungsvoll von ihr als der „Klio des Isterstrandes".

Ihr Ruhm verblaßte allerdings rasch, und erst zu Beginn unseres Jahrhunderts begann man, die Greiffenberg neu zu entdecken. Heute gilt sie als bedeutendste österreichische Barocklyrikerin und bewegt sich in beinahe allen Literaturgeschichten in prominenter Umgebung: Genannt wird sie häufig in einem Atemzug mit Dichtern wie Angelus Silesius (1624–1677), Quirinus Kuhlmann (1652–1689) oder Andreas Gryphius (1616–1664).

Ihr Talent fürs Dichten entdeckte Catharina Regina von Greiffenberg bereits als junges Mädchen. Schon früh studierte sie theologische, historische und philosophische Schriften und beschäftigte sich mit den damals so beliebten Poetiken, deren bekannteste wohl die von Opitz, Vidas und Scaliger waren. In einem in der Nachbarschaft wohnenden Dichter, dem Übersetzer Johann Wilhelm von Stubenberg, fand sie einen Lehrmeister, der sie schon bald mit einer Reihe literarisch interessierter Freunde bekannt machte. Diese hatten sich zwanglos zum Ister-Bund zusammengeschlossen. Die junge Greiffenberg überflügelte ihren Lehrmeister jedoch schnell und wurde Mitglied des „Pegnesischen Blumenordens", der sich besonders mit Schäferlyrik beschäftigte und bisweilen dem bloßen Klang-Ästhetizismus huldigte.

Sie selbst jedoch war fest davon überzeugt, daß sie ihre Begabung einzig und allein in den Dienst Gottes stellen müßte.

Gegen Amor

Der kleine Wüterich mag mit den Pfeilen spielen
und tändeln, wie er will: er gewinnet mir nichts ab,
weil gegen seine Pfeil ein Demant Herz ich hab.
Er machet mich nicht wund, ich darf nit Schmerzen fühlen.

Er mag mit tausend List auf meine Freyheit zielen.
Ihm ich, dem blinden Kind, ein Zucker-Zeltlein gab:
er meint', es wär mein Herz. O leicht-geteuschter Knab!
Ich will mein Mütlein noch an deiner Einfalt kühlen.

Schau, wie gefällt dir das! trotz, spräng mir diesen Stein
mit deinem goldnen Pfeil. Der Lorbeer soll mich zieren,
nicht deine Dornen-Ros' und Myrten-Sträuchelein.

Du meinst es sey nur Scherz, ich wolle mich vexieren.
Nein! nein! die süße Ruh soll mir das Liebste seyn,
mein dapfers Herz soll nichts als Ruh und Freyheit spüren.
(Catharina Regina von Greiffenberg, Gedichte, S. 57)

Beinahe alle ihre Sonette sind religiösen Inhalts, wenngleich sie mit Elementen aus der Schäferdichtung kokettieren.

Schloß Seisenegg

Auf die fruchtbringende Herbst-Zeit

Freud-erfüllter, Früchte-bringer, vielbeglückter Jahres-Koch,
Grünung-, Blüh- und Zeitung-Ziel, werkbeseeltes Lustverlangen!
Lange Hoffnung ist in dir in die Tat-Erweisung gangen.
Ohne dich wird nur beschauet, aber nichts genossen noch.

Du Vollkommenheit der Zeiten! mache bald vollkommen doch,
Was von Blüh und Wachstums-Kraft halbes Leben schon empfangen.
Deine Wirkung kann allein mit der Werk-Vollziehung prangen.
Werter Zeiten-Schatz! ach! bringe jenes Blühen auch so hoch,

Schütt aus deinem reichen Horn hochverhoffte Freuden-Früchte.
Lieblich süßer Mund-Ergötzer! lab auch unsern Geist zugleich,
So erhebt mit jenen er deiner Früchte Ruhm-Gerüchte.

Zeitig die verlangten Zeiten in dem Oberherrschungs-Reich.
Laß die Anlaß-Kerne schwarz, Schickungs-Äpfel saftig werden,
Daß man Gottes Gnaden-Frücht froh genießt und ißt auf Erden.
(Catharina Regina von Greiffenberg, Gedichte, S. 56)

Catharina Regina
von Greiffenberg, 1694

Ihre religiöse Erziehung verdankt Catharina Regina von Greiffenberg übrigens ihrer Mutter. Diese – die Familie gehörte zum protestantischen Landadel – hatte ihr aufgetragen, sich einzig Jesus verlobt zu fühlen. Um so größer war Catharinas Schrecken, als ihr Onkel und Vormund Hans Rudolf um sie warb. Schweren Herzens willigte sie in diese Heirat ein, „diese Liebe vor eine Göttliche Schickung achtend". Doch auch in den darauffolgenden Jahren widmete sie sich immer intensiver ihren selbstauferlegten theologischen Verpflichtungen. So verfolgte sie das Ziel, den österreichischen Hof, eine Hochburg des Katholizismus, zum Protestantismus zu bekehren. In unzähligen erbaulichen Gedichten und Andachtsbüchern, die sich in Wien seltsamerweise großer Beliebtheit erfreuten, widmete sie sich jahrzehntelang einer Mission, die vollkommen aussichtlos war und schließlich auch sie selbst gefährdete. Besonders nach dem Tod ihres Mannes war sie großen Anfeindungen ausgesetzt. Im Jahre 1679 schließlich flüchtete sie nach Nürnberg, wo sie bis zu ihrem Tod lebte. Wiewohl sie ihre Aufgabe als gescheitert betrachtete, dichtete sie weiter für Gott, in der Hoffnung, ihr Werk würde eines Tages auf gnädigere Ohren fallen.

Man täte Catharina Regina von Greiffenberg Unrecht, wollte man sie einfach als religiöse Schwärmerin abtun. Sie ist zu sehr Künstlerin mit Verstand und hohem Bewußtsein für die Möglichkeiten literarischer Mittel, als daß sie sich in ihrer Lyrik lediglich in naiver Hingabe an ihre religiösen Überzeugungen verlieren würde. Ihre Gedichte erweisen sich vielmehr als kunstvoll gebaut und souverän in ihrer Bildlichkeit. Es sind manieristische, hochartifizielle Texte, die mit raffinierten Vergleichen aufwarten, Alliterationen und Binnenreime kühn arrangieren und Sinn- und Sprachspiele schier mühelos variieren. An religiöser Inbrunst fehlt es ihnen natürlich nicht.

Neu-Jahrs-Wunsch-Gedanken, als am heiligen Neu-Jahrs-Tag der Mond in Schützen gegangen

Ach! triff! ach! triff das Ziel, du himmlisches Absehen,
Du lieb-erhitzter Schütz, in meiner Glückes-Scheib!
Ich mein dein Ehr und Lob, daß ich es herrlich treib;
Laß es von meinem Mund wie Pfeil vom Bogen gehen!

Laß keinen Unglücks-Wind es von dem Zielflug wehen.
Gib, daß es sonnen-stet in seiner Kreis-Reis bleib.
Und wenn der Bogen schon zerspringt, mein schwacher Leib,
Acht ich es nicht, bleibt nur mein guter Vorsatz stehen.

Ach! heb an, auf das neu im neuen Jahr zu segnen,
Weil tausend neue Pfeil der Teufel ihm bereit.
Dreh ihm sie selbst ins Herz. Laß mir dafür begegnen

Der Gnad und Hilfe Heer, daß es mich stets geleit.
Laß wie auf Gedeons Fell auf mich dein Segnen regnen.
Mit neuer Hilf erschein in neuer Jahres Zeit.
(Catharina Regina von Greiffenberg, Gedichte, S. 24)

V. Durch den Nibelungengau und die Wachau von Ybbs nach Krems

Literarische Stationen:
PÖCHLARN: Oskar Kokoschka
MELK: Heinrich von Melk, Albert Paris Gütersloh, Umberto Eco
AGGSBACH: Josef Viktor von Scheffel, Konrad Bayer, Gerhard Rühm
SPITZ: Arthur Schnitzler
DÜRNSTEIN: Heinrich Heine

Entfernungen (Orientierungswerte):
Ybbs–Pöchlarn: 18 km; Pöchlarn–Melk: 11 km; Melk–Aggsbach: 10 km; Aggsbach–Spitz: 8 km; Spitz–Dürnstein: 12 km; Dürnstein–Krems: 5 km

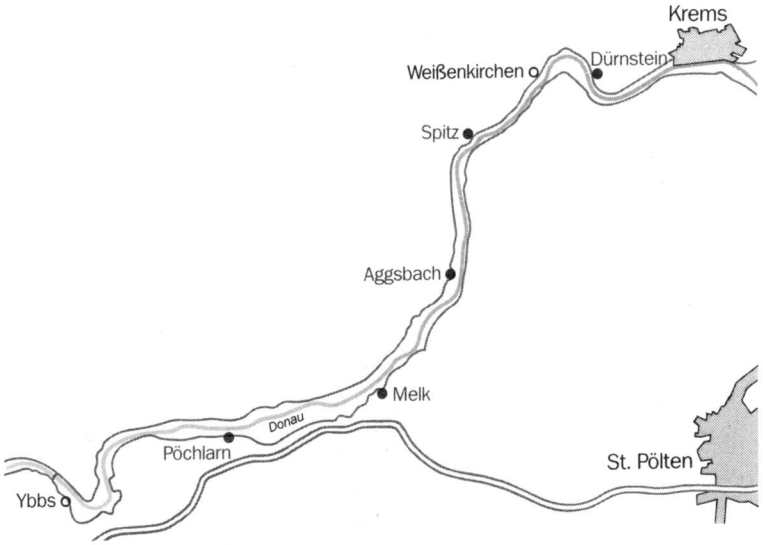

„Sprache und Land sind ohne Bedeutung bei diesen Orten
sie haben ihr Gesicht von der Donau"
Franz Tumler, Sätze von der Donau, S. 73

In der Nibelungenstadt Pöchlarn: Oskar Kokoschka

In Ybbs empfiehlt es sich, am rechten Donauufer zu bleiben, um nach Pöchlarn zu gelangen. Eine Route übrigens, die Tradition hat. Schon die Burgunden machten hier, in der Heimatstadt des Markgrafen Ruediger von Bechelaren, vier Tage lang Station.

Ruediger, dem König Etzel die Brautwerbung anvertraut hatte, bewirtete seine Gäste und stiftete dabei gleich eine weitere Hochzeit: Kriemhilds Bruder Giselher verlobte sich mit Ruedigers Tochter Dietlinde, und man beging ein entsprechend großes Fest.

Grund genug für Pöchlarn, sich stolz „„Nibelungenstadt" zu nennen und sich als Herz des Nibelungengaus zu preisen: Man versteht es hier, sich auf Ruedigers vielgerühmte Gastfreundschaft zu berufen und damit um Feriengäste zu werben. An Ruediger und den Zug der Burgunden erinnert übrigens ein Denkmal, das 1987 erbaut wurde. Es versinnbildlicht den „europaweiten Friedensgedanken" und stellt die Verbundenheit aller im Nibelungenlied erwähnten Städte dar.

Auf diese Vergangenheit Pöchlarns spielt auch Oskar Kokoschka an, wenn er in seinem Aufsatz „Wie ich mich sehe" (1936) seine Herkunft beschreibt: „Meine Wiege stand in Pöchlarn, an der Donau, im Bechelaren der Nibelungen, die bekanntlich den Rheinschatz, den goldenen, hüteten. Als ich geboren wurde, allerdings, befanden sich im Staatssafe bloß devalierte Guldenzettel, deshalb lernte ich schon früh, selbständig zu sein und für meinen Lebensunterhalt zu sorgen."

Kokoschka ist der wohl berühmteste Sohn Pöchlarns, denn sein Ruhm überstrahlt den der Nibelungen natürlich bei weitem. Am 1. März 1886 geboren, verbrachte er nur einige wenige Jahre in Pöchlarn, da seine Familie zu Beginn der neunziger Jahre nach Wien übersiedelte, wo Kokoschka die Kunstgewerbeschule des Österreichischen Museums für Kunst und Industrie besuchte und sich bereits als junger Mann als Maler und Schriftsteller präsentierte.

In Pöchlarn kam man erst spät auf die Idee, ihm die Ehrenbürgerschaft zu verleihen und sich auf die Suche nach einem Haus zu machen, in dem ein Museum Platz finden sollte. Daß sein Geburtshaus noch stand und lediglich neu adaptiert werden mußte, war natürlich ein Glücksfall. 1973 schließlich, sieben Jahre vor Kokoschkas Tod also, wurde die Oskar-Kokoschka-Dokumentationsstelle eröffnet, die jedes Jahr mit Sonderausstellungen verschiedene Aspekte seines Werkes beleuchtet. Gleichzeitig fungiert dieses Archiv als Herausgeber des Oeuvrekatalogs und Berater für wissenschaftliche Arbeiten.

Doch auch dem interessierten Besucher steht das zweiteilige Haus in der Hauptstraße von Pöchlarn, das über einen idyllischen Innenhof verfügt, mit den bereits erwähnten Wechselausstellungen und einer permanenten Photoschau, die Kokoschkas Leben beleuchtet, offen.

Literaturinteressierte können sich zudem in der Bibliothek in seine Essays, Dramen und Dichtungen vertiefen. Kokoschkas literarische Werke kennt man ohnehin weniger als seine Bilder. Dabei gehört gerade sein Kurzdrama „Mörder, Hoffnung der Frauen" zu den frühesten und zugleich extremsten Werken des Expressionismus. Der in Versen und rhythmischer Prosa verfaßte Einakter, der Adolf Loos gewidmet

Oskar Kokoschka:
Der schmale Weg
(Mann mit Schlange),
1908

ist, löste 1910 bei seinem Erscheinen im „Sturm" ungewohnt heftige Reaktionen beim Publikum aus und wurde vielen anderen Autoren zum Vorbild für eine neue Konzeption des Dramas. Späteren Stücken wie dem „Brennenden Dornbusch" oder „Orpheus und Euridike" blieb der durchschlagende Erfolg versagt.

Daneben schrieb Kokoschka Essays und, besonders in seinen Anfängen, Lyrik. Zu seinen ersten Dichtungen zählen etwa „Die träumenden Knaben", die er 1907 „Gustav Klimt in Verehrung zugeeignet" hat. Auch sie stehen ganz in der Tradition des Expressionismus:

Die träumenden Knaben

rot fischlein
fischlein rot
stech dich mit dem dreischneidigen messer tot
reiß dich mit meinen fingern entzwei
daß dem stummen kreisen ein ende sei

rot fischlein
fischlein rot
mein messerlein ist rot
meine fingerlein sind rot
in der schale sinkt ein fischlein tot

und ich fiel nieder und träumte
viele taschen hat das schicksal
ich warte bei einem peruanischen steinernen baum
seine vielfingrigen blätterarme greifen wie geängstigte arme
und finger dünner
gelber figuren
die sich in dem sternblumigen gebüsch unmerklich wie
blinde rühren
ohne daß ein heller
verziehender streifen in der dunklen luft von fallenden
sternblumen die stummen tiere lockt
blutraserinnen
die zu vieren und fünfen aus den grünen
atmenden seewäldern
wo es still regnet

wegschleichen
wellen schlagen über die wälder hinweg und
gehen durch die wurzellosen
rotblumigen
unzähligen luftzweige
die wie haare im meerwasser saugend tauchen
dort heraus winden sich die grünen wogen
und das schreckliche meer der untiefen und
menschenfressenden fische
faßt die überfüllte galeere
oben an den masten schwingen käfige mit kleinen
blauen vögeln
zieht an den eisernen ketten und tanzt mit ihr
hinein in die teifune, wo
wassersäulen wie geisterschlangen auf dem brüllenden
meer gehen
ich höre die rufe der schiffer
die in die länder der sprechenden vögel wollen
die segel schwankten hin und schwankten her
kalte luft bewegte sie und drehte die tücher
das schiff legt an
leise gehen taktmäßig
in pausen verständlich
dann wieder übertönt die prozessionen der vom schiff
steigenden
schleicher in braunen wollkleidern winden sich durch
und nackte magere mädchen geben vögel
nüsse und korallenschnüre zur erinnerung
an die nächte der dunklen zärtlichkeiten
und ich fiel und träumte die kranke nacht

was schlaft ihr
blaugekleidete männer
unter den zweigen der dunklen nußbäume im mondlicht?

ihr milden frauen
was quillt in euren roten mänteln
in den leibern die erwartung verschlungener glieder
seit gestern und jeher?

spürt ihr die aufgeregte wärme der zittrigen
lauen luft
– ich bin der kreisende wärwolf –

wenn die abendglocke vertönt
schleich ich in eure gärten
in eure weiden
breche ich in euren friedlichen kraal

mein abgezäumter körper
mein mit blut und farbe erhöhter körper
kriecht in eure laubhütten
schwärmt durch eure dörfer
kriecht in eure seelen
schwärmt in euren leibern

aus der einsamsten stille
vor eurem erwachen gellt mein geheul

ich verzehre euch
männer
frauen
halbwache hörende kinder
der rasende liebende wärwolf in euch

und ich fiel nieder und träumte von unaufhaltbaren
änderungen
(Oskar Kokoschka, Das schriftliche Werk, Bd. 1, S. 7–10)

Melk – das Tor zur Wachau:
Albert Paris Gütersloh und Umberto Eco

Kurz hinter Pöchlarn markiert dann der Blick auf Stift Melk den Beginn der Wachau.

„Zu Gast bei den Jahrhunderten, wobei diese einander überbieten,
und überdies in einer Gegenwart stehen, die den stets gültigen Genuß
am Leben in sinnenfroher Arbeit präsentiert – das erleben kann man
nur in der Wachau." Hehre Worte aus gelehrtem Mund – Alexander von

Humboldt fand andere Worte für die Wachau als etwa die Schriftstellerin Gertrud Fussenegger, die den Zauber dieser wohl bekanntesten und vielleicht auch schönsten Abschnitte der österreichischen Donaulandschaft auf ihre Weise einfängt:

Es war in jenem fernen warmen, beinahe unheimlich wetterstabilen Herbst 1938, dem letzten Friedensherbst, der doch schon alles andere als friedlich war: Im März war der Anschluß erfolgt, im Mai war die Sudetenkrise angelaufen, die Propagandamaschine drehte sich rasselnd und keuchend, um die schwelende Glut eines möglichen Konfliktes zum hellauflodernden Feuer eines Krieges anzublasen, sie drehte sich in wahnsinniger aufgeheizter Eile, als wäre jeder Tag des Friedens zuviel.

In dieser Situation tiefster Beunruhigung beschlossen wir eine Reise durch die Wachau. – Ich kam damals eben vom Rhein, ich hatte ihn zum erstenmal gesehen und war irritiert durch den Anblick einer Landschaft, die mir bereits technisch aufgeklüftet, überzivilisiert und in ihren historisch belassenen Teilen künstlich absichtsvoll romantisiert schien. Ich war irritiert von dem wilhelminischen Aufputz, der die Rheinufer säumte, ich hatte mir das alles ganz anders vorgestellt.

Nun brachen wir in die Wachau auf.

Wir begannen mit Melk, übersetzten auf der Fähre, fuhren das linke Ufer der Donau entlang, blieben in Weißenburg, Spitz, Sankt Michael, machten Dürnstein unsere Aufwartung und hielten uns dann noch zwei Tage in Krems auf; wir waren etwa eine Woche unterwegs, fuhren einen kleinen schäbigen Opel Olympia, den wir durch Zufall billig ergattert hatten, wohnten in Landgasthäusern, kehrten selten ein und nahmen unsere Mahlzeiten meist irgendwo am Straßenrand oder in einem Weingarten: Brot, Wurst und Trauben – und am Abend ein Glas Wein.

Unser Reisetempo war Schneckentempo. Abgesehen von zahllosen Zwischenaufenthalten – es war keine Straße vorhanden, nur ein Sträßchen, nach heutigen Begriffen unbefahrbar, zwischen den Ortschaften holprig und voll Schlaglöcher, in den Ortschaften abenteuerlich verwinkelt, eng und immer noch einmal verengt durch vorspringende Torbogen, Ecksteine, Treppchen, das Pflaster ein Konglomerat aus Katzenköpfen und Platten, Rinnen und Regensteinen. Einem andern Auto begegneten wir – zum Glück – nur selten. Unsere Verkehrspartner waren zumeist Bauernwagen, Rinder, Schweine, Gänse, Schubkarren und zu Kinderwagen umfunktionierte Leiterwäglein. Dann und wann war die Weiterfahrt überhaupt gesperrt, wenn hinter einer scharfen Straßenecke soeben Heu, Mist oder Holz auf- oder abgeladen wurde, da hieß es warten oder unter waghalsigen Manövern einen Umweg antreten.

Doch das alles war nur die lange skurril gewundene Zeile, auf der uns jene Tage den herrlichsten Text aufzuschreiben hatten, den Text: Kulturlandschaft Wachau.

Ich meine damit jetzt weniger den ungeheuren prachtvoll dröhnenden Introitus Stift Melk, nicht einmal Dürnstein mit seinem weltberühmten Bijou, der Prandtauer-Munggenast-Steinl-Kirche, die Vedute Schönbühel oder den schwerblütigen Prunk von Göttweig. Ich meine vielmehr Haus für Haus oder Häuschen für Häuschen zwischen ihren Toreinfahrten, Höfen, Backöfen, Holzschuppen und Ställen; ich meine die krummen und winkeligen Mauern, die uns eher modelliert als gebaut vorkamen, die krummen, oft grotesk gegiebelten Dächer unter den plumpen und dabei doch so anmutigen Kaminen, die Treppchen, die sich in abenteuerlichen Wendungen zu Lauben und Pawlatschen emporschwangen, die schiefen altersschwachen Spaliergerüste, über die Wein, Veitschi und Efeu grüne Kaskaden schickten; ich meine auch die kleinen Gärten voll bunter Bauernblumen und Gemüsen – und dazwischen Kirchen und Kirchlein, Kapellen, Wegkreuze und Marterln, Friedhöfe, deren Mauern ringsum mit gotischen Grabsteinen bestückt waren, alte Karner und Wehrbauten. Die ländlichen Architekturen, oft demütig ins Gelände gebückt, oft aber auch hinter edlen hochgestreckten Fassaden aristokratischer Herkunft – sie bestachen auch noch im Verfall durch eine malerisch sensible Oberfläche auf vielfach bizarr geschwungenem und gestaffeltem Grundriß. Alle Ortschaften schienen uns von höchster bildnerischer Musikalität gestaltet, ob sie sich an das Ufer des Stromes hinabwagten oder ob sie einen Hang emporstiegen und die Brust des Berges nachmodellierten, aus allen Winkeln blickten Madonnen und Kruzifixe, Engel und Heilige, ein ganzes Heer lieblich-frommer Gestalten bewohnte Nischen, Gesimse, Giebel, bewachte Pforten und Tore oder rankte sich zwischen Wolkenkissen um Säulen herum. Sie waren noch nicht Kunstgegenstände nach neueren Begriffen, sondern lebten mit den Bewohnern das bäuerliche Jahr: Sie waren mit welkenden Kränzen behängt, mit Büscheln reifer Ähren, mit Maiskolben und Kürbissen geschmückt, das Land bekannte sich zu ihnen wie zu seinen Ackergöttern oder Hausgeistern, Laren und Penaten, Wichteln und Roggenmuhmen.

Wir erlebten diese Landschaft als eine Enklave ganz eigener Art, als einen Bereich träumerischer Versonnenheit. Das Klischee des fröhlichen Weinlandes paßte nicht auf sie. Die Ärmlichkeit der Behausungen stand in einem erstaunlichen Gegensatz zu der doch ganz offenkundigen Fruchtbarkeit der Erde, zur Üppigkeit der hier reifenden Rebkulturen. Wo sich auch – da und dort – das Element des Bacchantischen antrug, es war sogleich wieder aufgehoben durch die Ausstrahlung einer eher frommen, klösterlich einfachen, bescheidenen Gesinnung. Daß die Siedlungsform auf das Einzelhaus, auf den Einzelhof verzichtete und sich jeweils auf die geschlossene, häufig sogar noch ummauerte Ortschaft beschränkte, wies uns darauf hin, daß man hier lange und immer wieder unter kriegerischen Invasionen gelitten hatte. Burgen und Wehrkirchen gaben gleiches Zeugnis, und die Geschichte lieferte Namen und Daten nach: Awaren, Ungarn und Türken; Söldneraufstände des 15., Einbrüche der protestantischen Stände und der Schweden im 17., die Napoleonische Invasion im frühen 19. Jahrhundert. Dann – ein friedlicher Interakt von 130 Jahren. (Doch sieben Jahre später waren hier schon die Russen eingezogen.)

Der Strom glitt ruhig, in stiller Selbstgenügsamkeit vorüber: kaum ein Schiff, Schlepper und Lastkahn; träumerisch lässiger Fährbetrieb. Durch Glockenschlag rief man sich den Fergen vom jenseitigen Ufer herbei; keine Eile, kein Lärm. In den Gasthäusern erregte die Frage nach einem Fremdenzimmer eher Verwirrung: man war auf solche Wünsche nicht vorbereitet. Erst nach einigem Zögern und familiären Beratungen wurde dem Gast bedeutet, ein Zimmer werde ihm hergerichtet. Man begann zu fegen, die Betten zu lüften und zu beziehen. In einem größeren Ort wurden wir weitergeschickt: schon in der vorigen Nacht seien Fremde dagewesen, nun hänge die Wäsche noch naß an der Leine . . . Am Abend erlosch jedes Licht. Um neun schlief Dorf hinter Dorf die ganze Strecke entlang.

(Gertrud Fussenegger, Das große Ensemble, Die Wachau, S. 151–158)

Ganz so romantisch ist eine Fahrt durch die Wachau in unseren Tagen nicht mehr, haben doch die kleinen Weinorte dem Fremdenverkehr einen ordentlichen Obulus zahlen müssen. Dennoch hat die Wachau nicht ihren ganzen Charme an die vielen Touristen verkauft, die sich alljährlich zur Marillenblüte oder Weinernte dort einfinden: Dem Reiz der Flußlandschaft, der sich aus der aparten Mischung von lieblichen Weinbergen und schroffen Felsen konstituiert, kann man sich schwer entziehen.

Noch dazu, da die Wachau jedem Besucher, der sich mit der Donau bewegt, in Melk einen imposanten Empfang zu bereiten versteht. Das Kloster, das majestätisch auf einem Felsvorsprung thront, ist weithin sichtbar als geistliches wie kunsthistorisches Zentrum dieses Gebietes. August Strindberg hat in seinem Drama „Nach Damaskus", in dem er seine Erlebnisse in Österreich minutiös genau abbildet, Stift Melk als Vorbild für sein Kloster genommen. Seine Regieanweisungen lassen daran keinen Zweifel: „Der Mittelgrund ist der Fluß, der still dahinfließt. Den Hintergrund bildet das andere Ufer . . . Über die Kronen der Laubbäume erhebt sich das Kloster: ein kolossales viereckiges Gebäude, ganz weiß, mit zwei Reihen kleiner Fenster; die Fassade wird von der Klosterkirche mit zwei Türmen im Jesuitenstil unterbrochen. Die Kirchentür ist offen, und in einem bestimmten Augenblick ist die Monstranz am Altar im Schein der Sonne zu sehen . . ."

Dichterische Freiheiten: Strindberg hat Melk nicht zuletzt durch den weißen Anstrich und das Regiment der Jesuiten eine Strenge verliehen, die dem Ensemble ganz und gar fremd ist. Vom Stift, leuchtend gelb und lediglich hin und wieder weiß durchsetzt, geht viel mehr eine gelassene Heiterkeit aus, die ihresgleichen sucht.

Hier, wo nun das Barock mit seinem verspielten Pomp Einzug gehalten hat, wußte Melk jahrhundertelang die verschiedensten Gesichter zu zeigen. Immerhin gehen die Ursprünge des Klosters auf das 10. Jahrhundert zurück, als Melk Stammsitz der Babenberger war, ehe diese im 12. Jahrhundert auf den Kahlenberg bei Wien übersiedelten. Zuvor aber riefen sie im Jahr 1089 Benediktinermönche aus Lambach in Oberösterreich nach Krems und schenkten ihnen umfangreiche Ländereien, die die Existenz einer Klostergemeinschaft materiell sichern sollten. Als Ort für die Anlage wurde der Ausläufer des Dunkelsteinerwaldes ausgewählt, ein langgestreckter Felsrücken, der zwischen der Stadt Melk und der Donau liegt und schon früher durch seine exponierte Lage als römischer Wachposten verwendet worden war.

Im 14. Jahrhundert wurde das Stift zu einer Klosterfestung ausgebaut, ehe man zu Beginn des 18. Jahrhunderts den wohl berühmtesten österreichischen Barockbaumeister, den Tiroler Jakob Prandtauer, mit der Neugestaltung von Melk betraute. Ihm zur Seite standen Künstler wie Paul Troger, Johann Michael Rottmayr oder Franz Rosenstingl. Sie haben das Bild von Melk geprägt und seinen Ruf als bedeutendstes sakrales Bauwerk des Barock in Mitteleuropa begründet.

Obwohl rein äußerlich kaum sichtbar, hat auch das Mittelalter in Melk deutliche Spuren hinterlassen: Die Sammlung von Büchern und Handschriften – es sind etwa 80 000 Bände –, mit der wohl nur wenige Stiftsbibliotheken Österreichs mithalten können, und ihre Präsentation

Stift Melk

ist einzigartig. Untergebracht in einem zweigeschossigen Saal, der von einem Deckenfresko Paul Trogers überdacht wird, zeugt die reiche Sammlung von Handschriften von der literarischen Tradition des Stiftes, das gerade im Hoch- und Spätmittelalter nicht wenige Dichter und Wissenschaftler hervorgebracht hat: Die Schreib- und Klosterschule, die sich besonders mit der Geschichtsforschung befaßte, war weit über das Land hinaus bekannt. Kurios auch, daß das erste Kochbuch in deutscher Sprache ebenfalls von einem Melker Mönch verfaßt wurde: Seine Abhandlung über die „Küchenmeisterei" (1491) und seine gereimte „Tischzucht" (1522) ließen ihn auf diesem Gebiet zu Ansehen und Bekanntheit kommen.

Den Verfasser der wohl ältesten Dichtung, die in Melk entstanden ist, kennt man allerdings nicht. Sein „Marienlied" ist eines der frühesten, strengsten und zugleich eindrücklichsten Beispiele geistlicher Lyrik aus dem beginnenden Mittelalter. Vermutlich zwischen 1130 und 1160 entstanden, ist es Ausdruck inniger Marienverehrung, wie sie zu dieser Zeit einen Höhepunkt erlebte. Ausgehend von lateinischen Kirchenliedern wurde damals begonnen, die Kunde von der Huld der Gottesmutter in eine Volkssprache zu übersetzen. Die 14 Strophen, die alle gleich gebaut sind, schöpfen aus dem Repertoire von Bildern und Symbolen, die der klassischen Mariendichtung entnommen sind, und münden in refrainartige Fürbitten.

Cedrus in Libano,   rosa in Jericho,
du irwelte mirre,   du der waezest also verre.
du bist uber engil al,   du besuontest den Even val,
Sancta Maria.

Eva braht uns zwiscen tot,   der eine ie noch richsenot.
du bist daz ander wib,   diu uns brachte den lib.
der tiufel geriet daz mort,   Gabrihel chunte dir daz gotes wort,
Sancta Maria.

Chuniginne des himeles,   porte des paradyses,
du irweltez gotes hus,   sacrarium sancti spiritus,
du wis uns allen wegente   ze jungiste an dem ente,
Sancta Maria.

(Zeder von Libanon, Rose von Jericho, / erlesene Myrrhe, du duf-
test da so weithin. / Du bist über alle Engel, du machtest Evas Fall wieder gut, / Sancta Maria. // Eva brachte uns zwiefachen Tod, der eine
herrscht noch immer. / Du bist die andere Frau, die uns das Leben gebracht hat. / Der Teufel riet die Übeltat, Gabriel verkündete dir das Got-
teswort, / Sancta Maria. // Königin des Himmels, Pforte des Paradieses, /
du erlesenes Haus Gottes, Tempel des heiligen Geistes, / sei uns allen
hilfreich zuletzt am Ende, / Sancta Maria.)
(Melker Marienlied, Str. 11, 12, 14)

Möglicherweise zur gleichen Zeit oder kurz später entstanden
sind die Bücher des Heinrich von Melk, der als erster deutschsprachiger Satiriker gerühmt wird. Obwohl nicht sicher belegt ist, ob Auf-
traggeber und Verfasser, die in einer Wiener Handschrift aus den
Jahren um 1300 genannt werden, tatsächlich aus dem niederösterreichischen Melk stammen, gelten die beiden Gedichte als Werke
des Heinrich von Melk und sind als solche in die Literaturgeschichte eingegangen.

Bekannt geworden ist vor allen Dingen Heinrichs „Erinnerung an
den Tod", dessen 1042 Verse ein großes Memento Mori mit einer
scharfen Satire auf das ausschweifende Leben von Rittertum und
Geistlichkeit darstellen. Seine Ermahnungen, sich schon während des
Lebens der Schrecken bewußt zu sein, die auf Sünder nach dem Tod
warten, sind kraftvoll, scharf und leidenschaftlich.

Heinrich von Melk ist mehr aufrüttelnder Prediger als überzeugender Denker. Die Register der Rhetorik weiß er allerdings zu ziehen: Ausrufe, Fragen, schlagkräftige Bilder, Vergleiche und kleine Szenen, in denen die Beteiligten selbst zu Wort kommen, zeugen von der Vielfalt seiner stilistischen Mittel. Immer wieder spricht er sein Publikum direkt an, um seine Thesen anhand von Beispielen zu erläutern und das Gewissen der Leser wachzurütteln. Manch einer mag sich vor seinen angriffslustigen Tiraden gefürchtet haben, in denen er Recht und Unrecht klar zu trennen verstand. Ein Prediger mit Charisma, wie seine Texte glauben machen:

Nu ginc dar, wip wolgetan,
unt scowe dinen lieben man
unt nim vil vlizichlichen war
wie sin antlutze si gevar,
wie sin sceitel si gerichtet,
wie sin har si geslichtet;
scowe vil ernstliche,
ob er gebar iht vroelichen,
als er offenlichen unt tougen
gegen dir spilte mit den ougen:
nu sich, wa sint siniu muozige wart
da er mit der frowen hohvart
lobet unt seite;
nu sich in wie getaner heite
diu zunge lige in sinem munde
damit er die trutliet chunde
behagenlichen singen . . .

(Nun komm her, schöne Frau, / und betrachte deinen lieben Mann / und nimm genau wahr, / wie sein Antlitz aussieht, / wie sein Scheitel gerichtet, / sein Haar geordnet sei; / sieh ernsthaft zu, / ob er sich irgendwie fröhlich gebärde, / wie er offen und heimlich / dir [einst] mit den Augen winkte. / Nun sieh, wo sind seine müßigen Worte, / mit denen er der Dame Hoffart / lobend verkündete; / nun sieh, in welcher Art / die Zunge in seinem Mund liegt, / mit der er die Liebesliedchen / wohlgefällig zu singen wußte . . .)
(Heinrich von Melk, Erinnerung, 597 ff.)

Ganz ähnlich wütet Heinrich im „Priesterleben", das seinem ersten Gedicht in Sprache, Versbau und theologischer Haltung sehr ähnlich ist. Auch diesmal sind es wieder die Pfarrer, auf die Heinrichs Spott und Warnungen hinzielen. Besonders deren Völlerei und Umgang mit den „irren wip" prangert er in aggressiven Tönen an, um sie zu einer Umkehr zu bewegen: Harte Zeiten für die Geistlichkeit in Melk und Umgebung.

Ein Sprung über die Jahrhunderte in unsere Zeit, da man manches milder beurteilt: Albert Paris Gütersloh (1887–1973) weiß die Lebensart der Mönche, die ihnen nicht nur das Ambiente des Stiftes nahelegt, zu schätzen, wenn er seine Sicht des Melker Klosterlebens heiter portraitiert. Gütersloh, den man nicht von ungefähr als „letzte große Barockfigur Österreichs" betitelte, hat den Benediktinern in seinem letzten Buch, dem sokratischen Faustroman „Die Fabel von der Freundschaft", ein liebevolles literarisches Denkmal gesetzt.

Wiewohl in Aufbau und Sprache durchaus barock und üppig-ausufernd – Gütersloh verliert sich einmal mehr in Ausschweifungen, scholastischen Disputationen und Exkursen –, spielt der Roman im Mittelalter. Den Vergnügungen der Melker Mönche in diesen Tagen, dem Ballspiel, ist ein kleiner Einschub gewidmet. In der kleinen Szene um den Brunnen steckt ein Stück Weltgebäude – und in dem Roman die Summe von Güterslohs schriftstellerischer Arbeit:

Der Streit für oder gegen das Fäustchen wurde natürlich nicht vor des Fäustchens Ohren ausgetragen, sondern hinter Zellentüren, in der Bibliothek, im Refektorium, während des Wandelns im Kreuzgang oder des ferialen im Garten, einem wenig gepflegten Nutzgarten, in dessen Mitte als einziges Zierstück ein kräftiger Springquell stand, steingefaßt, der auf seinem Schopfe einen kleinen Ballen balancierte, nicht immer, eigentlich nur selten; doch gerade jetzt, wo wir ihn brauchen. Mit dem Ballen hat es die folgende Bewandtnis. Möge uns gelingen, sie Klosterfremdlingen begreiflich zu machen! Vielleicht so: weltliche Menschen erleiden die Qual der Wahl zwischen den verschiedensten, erlaubten und unerlaubten Belustigungen. Vom Halten sprechender Papageien angefangen bis zum Halten schöner heimtückisch schweigender oder Lügen verbreitender Weiber. Die geistlichen Menschen dagegen, die ein Eigentum weder besitzen noch erwerben dürfen, sind gewissermaßen schon an ihrem Stengel vom Hervorbringen sowohl der weißen wie der roten Blüten des Vergnügens abgeschnitten. Und doch bedürfen auch sie der Heiterkeit! Und zwar nicht nur der gestatteten, sondern viel mehr jener sogar gebotenen, die aus einer dankbaren Zustimmung zum Schöpfer kommt, einer fest überzeugten durch des Schöpfers Schlußwort, er habe alles, was er gemacht hat, gut gemacht. Diesem Zwecke diente der Ballen. Er würde aber nicht die notwendige Reinheit des Mittels zu einem so heiligen Zweck gehabt haben, wenn im ganzen Kloster noch ein anderes, gleiches oder ähnliches Mittel hätte gefunden werden können. Es war aber keines da.

Nun hat das kirchliche Jahr mehr und voneinander verschiedenere Feste als das weltliche, und hat jeder Orden überdies die seinen. Man hat also üppig getafelt oder ebenso üppig gefastet, zu Ehren eines kanonisierten Papstes, Königs, Kardinals, Bischofs oder eines seligen Hungerleiders, und auf die unermeßbaren Verdienste Jesu Christi hin einen kräftigen Vorschuß in Form eines vollkommenen oder unvollkommenen Ablasses erhalten. Für gewöhnlich an solchen Tagen nahm der Pater Prior aus der Schreibpultlade, wodrinnen jener Ballen verzweifelt sich mühete, den benachbarten verschrumpfelten Äpfelchen gleichzusehen, um ja nicht wieder kalt baden zu müssen, eben diesen Ballen, den talentlosen Imitator von Ähnlichkeiten, und steckte ihn zur Strafe in die Kapuze. Unmöglich können Sie, verehrter Leser, wenn Sie ein junger Herr sind, schön und vermögend, und ein brillantes Armband in der Brusttasche tragen, das Sie Ihrer Freundin oder Ihrer Gattin als Handschelle anzulegen eilen – um die jederzeit treulosen Weiber fester an Sie zu binden –, ein wärmeres Wohlwollen empfinden, eine größere Selbstlosigkeit zu üben glauben, und ein noch tieferes Beglücken denken, als der Pater Prior empfand, glaubte, dachte.

Unmöglich aber auch können Kinder, die den Besuch des lustigen Onkels erwarten, zusammengewimmelter in dem Haustore stehen, ein längeres gemeinsames Ohr dem Wagenrollen entgegenspitzen, und stürmischer das Nabelorakel befragen, ob die erlaubten Bonbons und die verbotenen Knallfrösche der Gute wohl auch diesmal mit sich führen würde, als die jungen Patres, die noch studentisch übermütigen Novizen und die, in Ermangelung jeglicher Gelehrsamkeit, eine sehr weittragende geistige Bescheidenheit an den Tag legenden Laienbrüder, die um das Bassin mit den drei dicken Goldfischen und den diesen als Sonnenschirm dienenden Wasserrosen standen, wenn genau fünf Minuten nach Beginn der Rekreation der Pater Prior, seinen zweiten Schatten werfend, den Pater Ökonom, einen Dreschflegel von Menschen, in den Garten trat, den Ballen in der Kapuze, hoffentlich. Wenn ja, und wenn das Haupt so vieler Glieder nicht im letzten Augenblick Bedenken getragen hat, dem aufs Kreuz gespannten mönchischen Ernst ein wenig die Nägel zu lockern, setzte er den Ballen mit einer sehr adeligen Hand – er war ein Graf gewesen und hatte eine wie in Wachs gebildete - recht geschickt in den hüpfenden Schaum, wodrinnen der Arme ein Gesicht machte – sofern erlaubt ist, bei einem Ballen, der doch nur eine allseitig geschwollene Bakke sein kann, von einem Gesicht zu reden – wie der Affe auf der Schabracke des Zirkuspferdes.

Während wir obige Szene schilderten – doch nicht nur um des Erzählens willen –, beschlich uns die Besorgnis, es werden vielleicht nur wenige die Bedeutung begreifen können, die der an sich so unbedeutende Akt sowohl für den Meister wie für die Jünger gehabt hat. Wir wollen daher versuchen, das ihn Verstehen auch in Jenen zu bewirken, die unseren Bemühungen wenigstens eine Handbreit Christlichkeit, darauf gerade noch Fuß zu fassen ist, darbieten. (Für Ungläubige schreiben wir nicht!)

Erstens also war das große Mißverhältnis zwischen der ungeduldigen Erwartung des recht nichtigen Aktes und der überaus hohen Freude, die der nie für bestimmt zu erhoffenden Setzung desselben folgte, ein den Prior tief beruhigender Anblick. Er zeigte nämlich, erstens, dem geistlichen Vater, daß die mit Hilfe des Taufwassers von den Strafen der Erbsünde ausgenommene, und nur von den persönlichen Sünden zu trübende Heiterkeit nicht nur nicht erloschen sei in seinen Söhnen, sondern sie auch der nach Hören der Frohen Botschaft so gern sich einstellenden evangelischen Traurigkeit siegreichen Widerstand geleistet hätten.

Zweitens bewies die brennende Neugier nach dem nur dilettantischen Tanzen des Ballen, mit welch geringerer Erheblichkeit die Anlässe zu Sinnen- oder Kunstgenuß ihr Auslangen finden. Was für Ungeheuer von Sphinxen und Götterbildern muß die Welt hervorbringen, um von der Wirkung, deren Maximum der Ballen mühelos erreicht, wenigstens das Minimum zu erzielen!

Drittens wollte der Prior mit dem unfreiwilligen Baden und Tanzen des Ballen im Schopfe des Wasserstrahls, weil scherzhaft gestaltet, ein viel leichter eingängiges Beispiel geben von der Berufene wie Unberufene – ohne der Beiden Stellung zum Übernatürlichen zu erwähnen – regierenden Naturgesetzlichkeit. Aber er wollte noch mehr, nämlich: mit dem wiederholten Geschehenlassen eines nichts weniger denn wunderbaren Vorgangs nichts Geringeres bewirken, als das Wunderbare zu bagatellisieren! In aller Ehrfurcht natürlich vor dem visionären Schauen, dem Schweben über dem Boden, dem alleinigen

Sichnähren vom eucharistischen Brote, dem Empfangen der göttlichen Wundmale, und was für andere Steine des Anstoßes sonst das vulkanische Feuer des himmlischen Liebhabers ausschleudert, die allerdings nur auf den Weg der Ungläubigen zu liegen kommen, als ökumenischer Lehrer, nicht nur des kleinen Häufleins der Begnadeten, sondern auch der noch nicht Begnadeten hatte er die trockne, ja, dem Außergewöhnlichen wie feindlich gesinnte, Pflicht, den allen vorgeschriebenen Weg zum Heile, den Gesetzesweg, für den einzigen zu erklären, und den nicht vorgeschriebenen, aber weit schwierigeren und viel glänzenderen außer Betracht zu lassen. Ein herrlicher Sieg des religiösen Genius über den sogenannten Genius! Nimm dein Kreuz auf dich und folge mir nach, sagt der Herr. Nicht jedoch hat er gesagt: nimm drei Brote, und zaubere fünftausend aus ihnen! Gegen jene, die den Appell zu Etablierung eines alle befriedigenden Ausnahmezustandes lieber hören, warf der Prior seinen konservativen Ball.

(Albert Paris Gütersloh, Die Fabel von der Freundschaft, S. 80–84)

Ebenfalls im Mittelalter angesiedelt ist ein literarischer Bestseller unserer Tage, der inzwischen die Welt erobert hat: Umberto Ecos „Der Name der Rose". All denjenigen, die den packenden Kriminalroman aus den Tagen der Inquisition verschlungen haben oder mit dessen Verfilmung mehr oder weniger glücklich waren, mag Adson von Melk noch in Erinnerung sein. Als Schüler William von Baskervilles, der mit der Aufdeckung der seltsamen Todesfälle in einer Benediktinerabtei im Apennin betraut wird und zudem noch in politischer Mission unterwegs ist, kann er aus erster Hand von den denkwürdigen Ereignissen jener Tage berichten. Er tut es allerdings erst, als er sich, nachdem er viel in Europa herumgezogen war, in Melk zur Ruhe gesetzt hat.

Im Anfang war das Wort, und das Wort war bei Gott, und Gott war das Wort. Das selbige war im Anfang bei Gott, und so wäre es Aufgabe eines jeden gläubigen Mönches, täglich das einzige eherne Faktum zu wiederholen, dessen unumstößliche Wahrheit feststeht. Doch *videmus nunc per speculum in aenigmate*, die Wahrheit verbirgt sich im Rätsel, bevor sie sich uns von Angesicht zu Angesicht offenbart, und nur für kurze Augenblicke (oh, wie so schwer zu fassende!) tritt sie hervor im Irrtum der Welt, weshalb wir ihre getreulichen Zeichen entziffern müssen, auch wo sie uns dunkel erscheinen und gleichsam durchwoben von einem gänzlich aufs Böse gerichteten Willen.

Dem Ende meines sündigen Lebens nahe, ergraut wie die Welt und in der Erwartung, mich bald zu verlieren im endlosen formlosen Abgrund der stillen wüsten Gottheit, teilhabend schon am immerwährenden Licht der himmlischen Klarheit, zurückgehalten nur noch von meinem schweren und siechen Körper in dieser Zelle meines geliebten Klosters zu Melk, hebe ich nunmehr an, diesem Pergament die denkwürdigen und entsetzlichen Ereignisse anzuvertrauen, deren Zeuge zu werden mir in meiner Jugend einst widerfuhr. *Verbatim* will ich berichten, was ich damals sah und vernahm, ohne mich zu erkühnen, daraus einen höheren Plan abzuleiten, vielmehr gleichsam nur Zeichen von Zeichen weitergebend an jene, die nach mir kommen werden (so ihnen der Antichrist nicht zuvorkommt), auf daß es ihnen gelingen möge, sie zu entziffern.

Der Herr gewähre es mir in seiner Gnade, ein klares Bild der Ereignisse zu entwerfen, die sich zugetragen in jener Abtei, deren Lage, ja selbst deren Namen ich lieber verschweigen möchte aus Gründen der Pietät. Es geschah, als das Jahr des Herrn 1327 sich neigte – dasselbe, in welchem der Kaiser Ludwig gen Italien zog, um die Würde des Heiligen Römischen Reiches wiederherzustellen gemäß den Plänen des Allerhöchsten und zur Verwirrung des ruchlosen, ketzerischen und simonistischen Usurpators, der damals in Avignon Schande über den heiligen Namen des Apostolischen Stuhles brachte (ich spreche von der sündhaften Seele jenes Jakob von Cahors, den die Gottlosen als Papst Johannes XXII. verehrten).

Vielleicht empfiehlt es sich zum besseren Verständnis des Geschehens, in welches ich mich hineingezogen fand, daß ich zunächst in Erinnerung rufe, was sich in jenem Abschnitt dieses Jahrhunderts zutrug, so wie ich es damals begriff, als ich es miterlebte, und wie es mir heute, ergänzt um später Gehörtes, im Rückblick erscheint – wenn mein Gedächtnis imstande ist, die Fäden so vielfältiger und höchst verwirrender Ereignisse richtig zusammenzuknüpfen.

Bereits in den ersten Jahren des Jahrhunderts hatte Papst Clemens V. den Heiligen Stuhl nach Avignon transferiert, um Rom dem Ehrgeiz der örtlichen Adelsgeschlechter zu überlassen – woraufhin die heiligste Stadt der Christenheit, zerrissen von Machtkämpfen ihrer weltlichen Herren, sich schrittweise in einen Zirkus, ja ein Bordell verwandelte. Sie nannte sich Republik und war doch keine, durchzogen von bewaffneten Banden, geplagt von Gewalttätigkeiten und Plünderungen. Kirchenmänner, die sich der weltlichen Jurisdiktion entzogen, scharten Horden von Missetätern um sich und gingen auf Raub, das Schwert in der Hand, Prälaten mißachteten ihre Amtspflichten und betrieben korrupte Geschäfte.

War es angesichts dessen nicht allzu verständlich, wenn nun das Caput Mundi erneut und mit Recht zum Ziel und Maß all derer wurde, die nach der Krone des Heiligen Römischen Reiches trachteten und die Würde der weltlichen Herrschaft wiederherstellen wollten, wie sie einst ruhmreich erglänzte zu Zeit der Cäsaren?

So kam es, daß Anno Domini 1314 zu Frankfurt am Main fünf deutsche Fürsten den Herzog Ludwig von Bayern zum höchsten Lenker des Reiches wählten. Am selben Tage hatten jedoch auf dem anderen Ufer des Main bereits der Pfalzgraf bei Rhein und der Erzbischof von Köln den Herzog Friedrich von Österreich zur selben Würde erkoren. Zwei Kaiser für einen Thron und ein Papst für deren zwei – eine Situation, die wahrlich nur höchste Verwirrung stiften konnte . . .

Zwei Jahre später wurde in Avignon der neue Papst gewählt: besagter Jakob von Cahors, ein alter Fuchs von zweiundsiebzig Jahren, der sich, wie bereits erwähnt, Johannes XXII. nannte – und gebe der Himmel, daß niemals wieder ein Pontifex Maximus darauf verfalle, sich einen so grenzenlos diskreditierten Namen zu wählen! Als Franzose und treuer Diener des Königs von Frankreich (die Bewohner jenes verderbten Landes sind stets geneigt, die Interessen der eigenen Landsleute vorzuziehen, gänzlich unfähig, die Welt insgesamt als ihr geistiges Vaterland zu betrachten) hatte er König Philipp den Schönen gegen die Ritter des Templerordens unterstützt, als dieser sie (wohl zu Unrecht) schlimmster Verbrechen zieh, um sich ihrer immensen Reichtümer zu bemächtigen, Arm in Arm mit besagtem korrupten Prälaten. Inzwischen hatte sich auch König Robert von Neapel in die Sache mit eingemischt und, um seine Vorherrschaft über die italienische Halbinsel aufrechtzuerhalten, den neuen Papst dazu überredet, keinen der beiden deutschen Kaiser anzuerkennen, auf daß er selber Generalkapitän des Kirchenstaates bleibe.

Im Jahre 1322 schlug Ludwig der Bayer seinen Rivalen Friedrich. Johannes, nun den einen Kaiser noch heftiger fürchtend als vorher die zwei, exkommunizierte den Sieger, woraufhin dieser seinerseits den Papst als Ketzer anklagte. Einfügen muß ich hier, daß im selben Jahre zu Perugia das Generalkapitel der franziskanischen Brüder getagt hatte – mit dem Ergebnis, daß nun ihr Ordensgeneral Michael von Cesena, anknüpfend an die Lehre der sogenannten „Spiritualen" (von denen zu sprechen ich noch Gelegenheit haben werde), die These der radikalen Armut Christi zur Glaubenswahrheit erhob: Wenn Christus mit seinen

Jüngern, so lautete sie, je etwas besessen habe, dann nur als *usus facti,* nie aber als weltliches Eigentum. Eine würdige Resolution, gedacht zur Wahrung der Tugend und Reinheit des Ordens, doch sie mißfiel dem neuen Papst sehr, denn offenbar sah er darin ein Prinzip, das seinen eigenen Ansprüchen als Oberhaupt der Kirche entgegenstand – wollte er doch dem Kaiser das Recht auf die Wahl der Bischöfe absprechen und sich statt dessen selber das Recht auf die Investitur des Kaisers anmaßen. Sei es nun aus diesen oder aus anderen Gründen, jedenfalls verurteilte Johannes im Jahre 1323 die Thesen der Franziskaner in seinem Dekretale *Cum inter nonnullos.*

Dies, denke ich, war wohl der Zeitpunkt, an welchem Ludwig in den Franziskanern, die dem Papst nunmehr feindlich gesonnen waren, mächtige Alliierte zu sehen begann. Durch ihre Thesen über die Armut Christi bestärkten sie in gewisser Weise die Auffassungen der kaiserlichen Theologen, namentlich der Gelehrten Marsilius von Padua und Johannes von Jandun. So kam es schließlich dazu, daß Ludwig, nachdem er sich mit dem geschlagenen Friedrich verständigt hatte, wenige Monate vor den Ereignissen, die ich hier zu berichten gedenke, über die Alpen nach Italien zog. Kampflos erreichte er Mailand, ließ sich von den dort versammelten Bischöfen die Lombardenkrone aufsetzen, geriet in Streit mit den Fürsten Visconti, obwohl sie ihn freundlich empfangen hatten, belagerte Pisa, ernannte Castruccio, den Herzog von Lucca, zum Reichsvikar (womit er wohl einen Fehlgriff getan haben dürfte, wüßte ich doch keinen grausameren Menschen zu nennen, außer vielleicht Uguccione della Faggiola) und rüstete sich zum Marsch auf Rom, gerufen vom dortigen Stadtfürsten Sciarra Colonna.

Dies war die Lage, als ich – damals ein blutjunger Benediktiner-Novize im Stift zu Melk – aus der Klosterruhe gerissen ward, denn mein Vater, ein Baron im Gefolge Ludwigs, hielt es für richtig, mich mitzunehmen, auf daß ich die Wunder Italiens sähe und anwesend sei bei der erwarteten Kaiserkrönung in Rom. Indessen beanspruchte die Belagerung Pisas seine militärischen Dienste, und ich nutzte die Zeit, mich ein wenig umzutun in toskanischen Städten, halb aus Langeweile und halb aus Neugier. Doch dieses freie und regellose Leben ziemte sich nicht, wie meine Eltern meinten, für einen dem kontemplativen Dasein gewidmeten Jüngling, und so gaben sie mich auf den Rat des Marsilius, der Gefallen an mir gefunden hatte, in die Obhut eines gelehrten Franziskaners, des Bruders William von Baskerville, der sich zu jener Zeit gerade anschickte, eine geheimnisvolle Mission zu erfül-

len, die ihn durch eine Reihe berühmter Städte und ehrwürdiger Abteien Italiens führen sollte. So wurde ich sein Adlatus und sein Schüler zugleich – und hatte es nicht zu bereuen, denn an seiner Seite erlebte ich Dinge, die es wahrhaftig wert sind, dem Gedenken der Nachwelt überliefert zu werden, wie ich es nun tun will.
(Umberto Eco, Der Name der Rose, S. 17–21)

Eine vielversprechende Einleitung für ein Buch, das mit allen Wassern der literarischen Kunst gewaschen ist: Es lebt nicht nur von der Spannung, die die absonderliche, wenn auch logische Abfolge der Morde evoziert, und auch nicht nur von dem historischen Hintergrund, den sich Eco minutiös genau zueigen gemacht hat, um ihn subtil mit unserer Zeit und Denkweise zu verbinden. Die Faszination dieser „Rose" liegt vielmehr in ihrer raffinierten Gestaltung, in der Kunstfertigkeit, die Handlung doppelt zu brechen und den Stoff damit mehrfach zu bespiegeln und –spitzeln. So verwundert nicht, daß Eco seinen Chronisten Adson von Melk nicht einfach erzählen lassen kann, wie ihm sein 14. Jahrhundert-Kopf und Mund gewachsen sind. Er schiebt vielmehr flugs einen Epilog vor, der auf raffinierte Weise darlegt, wie es zur heutigen Gestalt des Textes gekommen ist:

Am 16. August 1968 fiel mir ein Buch aus der Feder eines gewissen Abbé Vallet in die Hände: *Le manuscript de Dom Adson de Melk, traduit en français d'après l'édition de Dom J. Mabillon (Aux Presses de l'Abbaye de la Source, Paris 1842).* Das Buch, versehen mit ein paar historischen Angaben, die in Wahrheit recht dürftig waren, präsentierte sich als die getreue Wiedergabe einer Handschrift aus dem 14. Jahrhundert, die der große Gelehrte des 17. Jahrhunderts, dem wir so vieles für die Geschichte des Benediktinerordens verdanken, angeblich seinerseits im Kloster Melk gefunden hatte. Der kostbare Fund – meiner, also der dritte in zeitlicher Folge – heiterte meine Stimmung auf, während ich in Prag die Ankunft einer mir teuren Person erwartete. Sechs Tage später besetzten sowjetische Truppen die gebeutelte Stadt. Ich konnte glücklich die österreichische Grenze bei Linz erreichen, begab mich von dort aus weiter nach Wien, wo ich mit der langersehnten Person zusammentraf, und gemeinsam machten wir uns, aufwärts dem Lauf der Donau folgend, auf die Rückreise.
In einem Zustand großer Erregung las ich, fasziniert, die schreckliche Geschichte des Adson von Melk, und so heftig ließ ich mich von ihr

packen, daß ich gleichsam aus dem Stand eine Rohübersetzung anfertigte. Rasch füllten sich mehrere jener großen Hefte der Papeterie Joseph Gibert, in denen es sich so angenehm schreiben läßt, wenn die Feder geschmeidig ist. Unterdessen erreichten wir die Gegend von Melk, wo in einer Biegung des Flusses noch heute steil das herrliche, mehrmals im Lauf der Jahrhunderte restaurierte Stift aufragt. Wie der Leser unschwer errät, fand ich in der Klosterbibliothek keine Spur der Adsonschen Handschrift.

Noch ehe wir Salzburg erreichten – es war eine tragische Nacht in einem kleinen Hotel am Mondsee – fand unsere idyllische Reise zu zweit ein abruptes Ende, und die Person, mit der ich gereist war, entschwand, wobei sie das Buch des Abbé Vallet mitnahm – nicht aus Bosheit, sondern infolge der wirren und brüsken Art, in der unsere Beziehung endete. So blieben mir lediglich eine Anzahl vollgeschriebener Quarthefte und eine große Leere im Herzen.

Monate später, in Paris, entschloß ich mich, der Herkunft meines erstaunlichen Fundes auf den Grund zu gehen. Von den wenigen Hinweisen, die ich dem französischen Buch entnommen hatte, war mir der folgende, außerordentlich detaillierte und präzise Quellenvermerk geblieben:

Vetera analecta, sive collectio veterum aliquot operum & opusculorum omnis generis, carminum, epistolarum, diplomaton, epitaphiorum, &, *cum itinere germanico,* adnotationibus & aliquot disquisitionibus R.P.D. Joannis Mabillon, Presbiteri ac Monachi Ord. Sancti Benedicti e Congregatione S. Mauri. – *Nova Editio* cui accessere *Mabilonii* vita & aliquot opuscula, scilicet Dissertatio de *Pane Eucharistico, Azymo et Fermentato,* ad Eminentiss. Cardinalem *Bona.* Subjungitur opusculum *Eldefonsi* Hispaniensis Episcopi de eodem argumento *Et Eusebii* Romani ad *Theophilum* Gallum epistola, *De cultu sanctorum ignotorum,* Parisiis, apud Levesque, ad Pontem S. Michaelis, MDCCXXI, cum privilegio Regis.

Unschwer fand ich die *Vetera Analecta* in der Bibliothèque Sainte Geneviève, doch zu meiner großen Überraschung wich die dort vorhandene Ausgabe in zwei Punkten von der zitierten ab: erstens war als Verleger Montalant, ad Ripam Augustinianorum (prope Pontem S. Michaelis) angegeben, und zweitens war das Datum zwei Jahre früher. Überflüssig zu sagen, daß diese *Analecta* keinerlei Manuskript eines Adson oder Adso von Melk enthielten – es handelt sich vielmehr, wie jeder selbst nachprüfen kann, um eine Sammlung von mehr oder minder kurzen Texten, während die von Vallet übersetzte Geschichte sich über mehrere hundert Seiten erstreckte. Ich konsultierte daraufhin eine Reihe illustrer Mediävisten, unter anderem den teuren und unvergeßlichen Etienne Gilson, doch es gab keinen Zweifel: die einzigen existierenden *Vetera Analecta* waren jene, die ich in der Sainte Geneviève gefunden hatte. Ein Besuch in der Abbaye de la Source, unweit von Passy, und ein Gespräch mit meinem alten Freund Dom Arne Lahnestedt überzeugten mich ferner, daß kein Abbé Vallet jemals Bücher mit dem Druckvermerk dieser Abtei (die überdies gar keine Druckerei besitzt) veröffentlicht hat. Man kennt die Nachlässigkeit französischer Gelehrter bei der Angabe halbwegs zuverlässiger Quellenvermerke, doch dieser Fall überstieg jeden vernünftigen Pessimismus. War mir etwa eine Fälschung in die Hände gefallen? An das Buch von Vallet konnte ich mittlerweile nicht mehr heran (oder jedenfalls wagte ich nicht, es von der Person zurückzuerbitten, die es mir entführt hatte), und so blieben mir lediglich meine Aufzeichnungen, an denen ich nunmehr zu zweifeln begann.

Es gibt magische Augenblicke von großer körperlicher Erschöpfung und heftiger innerer Spannung, in denen einem zuweilen Visionen von Menschen erscheinen, die man früher gekannt hat („en me retraçant ces détails, j'en suis à me demander s'ils sont réels, ou bien si je les ai rêvés"). Wie ich später aus dem schönen Büchlein des Abbé de Bucquoy erfuhr, gibt es ebenso auch Visionen von Büchern, die noch nicht geschrieben worden sind.

Hätte sich nicht ein weiterer Zufall ereignet, ich stünde noch heute ratlos da mit meiner Frage nach dem Ursprung der unerhörten Geschichte des Adson von Melk. Doch als ich im Jahre 1970, während eines Aufenthaltes in Buenos Aires, die Regale eines kleinen Antiquariats an Corrientes durchstöberte, unweit des berühmten Patio del Tango an jener großen Straße, fiel mir die kastilianische Version eines Buches von Milo Temesvar in die Hände, *Vom Gebrauch der Spiegel beim Schachspiel*, das zu zitieren (aus zweiter Hand) ich bereits in meiner Studie *Apokalyptiker und Integrierte* Gelegenheit hatte, wo ich sein jüngeres Werk *Die Apokalypsen-Händler* besprach. Es handelte sich bei meinem Fund um die spanische Übersetzung des inzwischen unauffindbaren Originals in georgischer Sprache (Tbilissi 1934), und zu meiner allergrößten Überraschung las ich darin ausführliche Zitate aus der Handschrift des Adson – nur daß als Quelle weder Vallet noch Mabillon angegeben waren, sondern Pater Athanasius Kircher (aber welches seiner Werke?). Zwar versicherte mir inzwischen ein Gelehrter, dessen Namen ich hier nicht nennen möchte (und er nannte Belege aus dem Gedächtnis), der große Jesuit habe niemals von einem Adson aus Melk gesprochen. Aber ich habe die Stellen bei Temesvar mit eigenen Augen gesehen, und die Episoden, auf die er Bezug nahm, glichen aufs genaueste denen des von Vallet übersetzten Manuskripts (insbesondere die Beschreibung des Labyrinths erlaubte keinerlei Zweifel).

Mithin kam ich zu dem Schluß, daß die Erinnerungen des Mönches Adson offenbar teilhaben an der Natur der Ereignisse, über die er berichtet: wie jene sind sie umgeben von vielen dunklen Geheimnissen, angefangen bei der Person des Autors und bis hin zu jener so detailliert beschriebenen Abtei, über deren geographische Lage er sich beharrlich ausschweigt, so daß wir nur durch Konjekturen eine vage Zone in Nordwestitalien, etwa zwischen Pomposa und Conques vermuten können; am ehesten dürfte der Ort des Geschehens irgendwo an den Hängen des Apennin zwischen Piemont, Ligurien und der französischen Grenze zu finden sein (also in den Bergen an der Riviera oder, um es mit Dante zu sagen, zwischen Lerici und La Turbie). Was die Zeit des Geschehens betrifft, so versetzt uns Adsons Bericht in die letzte Novemberwoche des Jahres 1327, doch wann der Autor ihn niedergeschrieben hat, ist unklar. Bedenkt man, daß er zur Zeit des Geschehens Novize war und zur Zeit der Niederschrift seiner Erinnerungen an der Schwelle des Todes stand, so ist anzunehmen, daß sein geheimnisumwittertes Manuskript in den letzten zehn oder zwanzig Jahren des 14. Jahrhunderts entstand.

Spärlich sind also, bei Licht besehen, die Gründe, die mich zu bewegen vermochten, meine Aufzeichnungen zu veröffentlichen. Der geneigte Leser möge bedenken: was er vor sich hat, ist die deutsche Übersetzung meiner italienischen Fassung einer obskuren neugotisch-französischen Version einer im 17. Jahrhundert gedruckten Ausgabe eines im 14. Jahrhundert von einem deutschen Mönch auf Lateinisch verfaßten Textes.

Vor allem stellte sich mir die Frage, welchen Stil ich wählen sollte. Der Versuchung, mich an volkssprachlichen Vorbildern der Epoche zu orientieren, mußte ich widerstehen. Ein solches Verfahren wäre ganz ungerechtfertigt gewesen – nicht nur, weil Adson lateinisch schrieb, sondern mehr noch, weil aus der gesamten Diktion des Textes klar hervorgeht, daß seine Kultur (oder die der Abtei, von der er so offenkundig beeinflußt war) ganz andere Wurzeln hatte. Es handelt sich fraglos um eine über Jahrhunderte akkumulierte Summe von Kenntnissen und Stilgewohnheiten, die sich mit der spätmittelalterlich-klerikalen Bildungstradition verknüpft. Adson dachte und schrieb als ein Mönch, der gegen die sprachlichen Umwälzungen seiner Epoche resistent geblieben ist und sich, aufs engste verbunden mit den Büchern der Bibliothek, von deren Schicksal er uns so eindrucksvoll zu berichten weiß, an den Schriften der Kirchenväter und ihrer scholastischen Interpreten geschult hat. Was die Sprache und die gelehrten Zitate betrifft, so hätte sein Manuskript (läßt man die gelegentlichen Anspielungen auf zeitgenössische Ereignisse beiseite, die der Autor im übrigen stets nur gleichsam unter vielfachem Kopfschütteln und wie vom Hörensagen erwähnt) ohne weiteres im 12. oder 13. Jahrhundert geschrieben worden sein können.

Andererseits unterliegt es keinem Zweifel, daß sich Vallet beim Übersetzen des Adsonschen Mönchslateins in sein neugotisches Französisch durchaus einige Freiheiten erlaubt hat, nicht immer nur solche stilistischer Art. So sprechen zum Beispiel die Personen der Handlung des öfteren von den Heilkräften der Natur und vor allem gewisser Kräuter, wobei sie unverkennbar Bezug nehmen auf jenes Buch der geheimen Mächte, das dem Albertus Magnus zugeschrieben wird und im Verlauf der Jahrhunderte unzählige Emendationen erfahren hat. Daß Adson es kannte, ist gewiß, gleichwohl bleibt die Tatsache, daß er Abschnitte daraus zitiert, die allzu wörtlich an manche Rezepte des Paracelsus erinnern – oder auch in Interpolationen einer Albertus-Edition, die mit Sicherheit aus der Tudorzeit stammt.[1] Wie ich später herausfand, zirkulierte zu der Zeit, als Vallet die Adsonsche Handschrift übertrug (?), in Paris eine mittlerweile ganz und gar unzuverlässige Edition des *Grand* sowie des *Petit Albert* aus dem frühen 17. Jahrhundert.[2] – Doch freilich, wer wollte andererseits ausschließen, daß der Text, auf den sich Adson, beziehungsweise die von ihm aufgezeichnete Diskussion der Mönche bezog, nicht zwischen Glossen, Anmerkungen und Appendizes auch einige Annotationen enthielt, die in der späteren Tradition verarbeitet worden sind?

Sollte ich schließlich das Latein in jenen Passagen beibehalten, in denen es schon der Abbé Vallet unübersetzt gelassen hatte, wohl um

---

1 *Liber aggregationis seu liber secretorum Alberti Magni*, Londinium, juxta pontem qui vulgariter dicitur Flete brigge, MccccL–v.

2 *Les admirables secrets d'Albert le Grand*, A Lyon, Chez les Héritiers Beringos, Fratres, à l'Enseigne d'Agrippa, MDCCLXXV; *Secrets merveilleux de la Magie Naturelle et Cabalistique du Petit Albert*, A Lyon, ibidem, MDCCXXIX.

das Flair der Zeit zu bewahren? Es gab dafür eigentlich keine überzeugenden Gründe, wenn man von einer vielleicht übertriebenen Treue zur Vorlage absieht. Ich habe das Übermaß eliminiert, doch einiges stehengelassen. Und ich fürchte ein wenig, mich dabei so verhalten zu haben wie jene schlechten Romanciers, die, wenn sie Franzosen in die Handlung einführen, ihnen Ausrufe in den Mund legen wie „parbleu!" oder „la femme, ah! la femme!"

So bin ich, alles in allem, zutiefst von Zweifeln erfüllt. Eigentlich weiß ich gar nicht so recht, was mich schließlich bewogen hat, meinen ganzen Mut zusammenzunehmen und den Bericht des Adson von Melk der geneigten Öffentlichkeit vorzulegen, als ob er authentisch wäre. Sagen wir: es war eine Geste der Zuneigung. Oder, wenn man so will, ein Akt der Befreiung von zahllosen uralten Obsessionen.

Ich schreibe (will sagen: bearbeite meine Rohübersetzung) ohne Präokkupationen um Fragen der Aktualität. In den Jahren, da ich den Text des Abbé Vallet entdeckte, herrschte die Überzeugung, daß man nur schreiben dürfe aus Engagement für die Gegenwart und im Bestreben, die Welt zu verändern. Heute, mehr als zehn Jahre danach, ist es der Trost des homme de lettres (der damit seine höchste Würde zurückerlangt), wieder schreiben zu dürfen aus reiner Liebe zum Schreiben. So fühle ich mich denn nun frei, aus schierer Lust am Fabulieren die Geschichte des Adson von Melk zu erzählen, und es erscheint mir stärkend und tröstlich, daß sie so unendlich fern in der Zeit ist (heute, da das Erwachen der Vernunft all jene Monster vertrieben hat, die ihr Schlaf einst zeugte), so herrlich frei von allen Bezügen zur Gegenwart, so zeitlos fremd unseren Hoffnungen und Gewißheiten.

Denn es ist eine Geschichte von Büchern, nicht von den Kümmernissen des Alltags, und ihre Lektüre mag uns dazu bewegen, mit dem großen Imitator a Kempis zu rezitieren: „In omnibus requiem quaesivi, et nusquam inveni nisi in angulo cum libro."

5. Januar 1980

(Umberto Eco, Der Name der Rose, S. 7–12)

Beide Romane, „Die Fabel von der Freundschaft" wie „Der Name der Rose" kokettieren mit der Lebens- und Denkweise der Benediktiner. Daß es beide Male die Mönche von Melk sind, die portraitiert werden, mag die zwei Bücher dazu prädestinieren, in die Reisebibliothek aufgenommen zu werden.

Unterwegs in der Wachau: Nibelungenlied

Unterhalb des Stiftes, am Fuß des Felsens, findet sich eine Tafel, die auf eine Begebenheit verweist, die sich noch vor der Gründung des Melker Benediktinerordens zugetragen hat. Auf Kriemhilds Reise nach Ungarn ist Melk die nächste Station nach Pöchlarn. Auch hier stärkt sich der Troß, ehe sich Bischof Pilgrim von seiner Nichte verabschiedet. Bewirtet werden die Gäste von einem gewissen Astold, der von seiner Burg herabsteigt, um Wein auszuschenken:

Ein ander si vil selten   gesâhen nâch den tagen.
ûzer Medelicke   ûf handen wart getragen
vil manic goltvaz rîche,   dar inne brâht' man wîn
den gesten zuo der strâze: si muosen willekomen sîn

Ein wirt was dâ gesezzen,   Ástolt was dér genant:
der wîste si die strâze   in das Ôsterlant
gegen Mûtâren   die Tuonouwe nider.
dâ wart vil wol gedienet   der *rîchen* küneginne sider.

Der bischof minneclîche   von sîner nifteln schiet.
daz si sich wol gehabete,   wie vast' er ir daz riet,
und daz si ir êre koufte,   als Helche het getân.
hey waz si grôzer êren   sît dâ zen Híunén gewan!
(Nibelungenlied, Str. 1328–1331)

Astold kennt man weder als sagenhafte noch historische Persönlichkeit. Im Nibelungenlied taucht er als Burgherr und Wirt auf, der den Reisenden nach der Stärkung den Weg nach Mautern weist. Demnach haben die Burgunden das rechte Donauufer benützt, um nach Mautern, ihrer darauffolgenden Rast, zu gelangen. Heute ist diese Straße im Vergleich zu ihrem Pendant auf der linken Seite des Flusses die weniger befahrene und schlechter ausgebaute. Wahrscheinlich deshalb, weil die linke Uferstraße die Möglichkeit bietet, die bekannteren Weinbauorte der Wachau aus nächster Nähe zu erkunden.

Besonders in diesem Abschnitt der Strecke empfiehlt es sich, das Auto gegen das Fahrrad auszutauschen, denn viele der Dörfer sind für den Verkehr gesperrt. Zum Glück: Auf diese Weise konnte der Kern so manches alten Weinbauortes in letzter Minute gerettet und einem beschaulicheren Leben zurückgegeben werden. Wer den gut ausgebauten Fahrradweg auf der linken Seite der Donau als erste Tagesetappe wählt, kann sich am zweiten Tag am rechten Flußufer auf den Rückweg nach Melk machen. Auf diese Weise gelingt es, die Wachau von verschiedenen Blickwinkeln aus zu betrachten. Beide Abschnitte dieser Tour sind etwa 46 Kilometer lang und weisen kaum Steigungen auf. Fahrräder sind in fast jedem größeren Ort zu leihen.

Aggsteiner Raubritteridylle: Josef Viktor von Scheffel und die Wiener Gruppe

Über die Brücke bei Melk, begrüßt von Schloß Schönbühel, das majestätisch auf einem Felsblock über der Donau thront, erreicht man als ersten größeren Ort Aggsbach-Markt, wo sich der Blick unwillkürlich auf das gegenüberliegende Donauufer heftet. Dort reckt sich auf einem Felsvorsprung die Ruine Aggstein in den Himmel. Sie war einst Sitz der Kuenringer, eines berüchtigten Raubritter-Geschlechts, das die Wachau beherrschte und tyrannisierte. Schon in den Namen der prominentesten Sprosse dieses Clans spiegeln sich Geschichte und Geschichtchen: Nizzo von Kuenring, Azzo von Hezzmannswiesen oder Georg Schreck vom Wald. Geblieben sind von ihrem Ruhm ein paar Mauern, Anekdoten und ein Sprichwort: „Er sitzt in Schreckenwalds Rosengärtlein", heißt es in dieser Gegend immer dann, wenn sich jemand in einer ausweglosen Lage befindet. Das Rosengärtlein, so idyllisch die Bezeichnung auch anmutet, war ein Verließ, dem niemand entkommen konnte. Direkt auf steiler Felsspitze gelegen, handelte es sich um einen unzugänglichen, schmalen Raum, der lediglich eine Öffnung in die Tiefe freigab. Nun kennt aber die Sage einen Mann, der sich durch einen tollkühnen Sprung, der glücklicherweise in einem Baumwipfel endete, retten konnte. Er soll es dann auch gewesen sein, der den wüsten Schreck vom Walde überwältigt und einer gerechten Strafe zugeführt hat: wilde Abenteuer. Ein Ort, seine Phantasie ohne Zügel treiben zu lassen, sind die heutigen Überreste der Burg Aggstein immer noch.

Auch Josef Viktor von Scheffel, wie viele seiner Dichterfreunde von der Mittelaltersehnsucht befallen, hat sich der Atmosphäre der Ruine nicht entziehen können:

Der Aggstein

. . das purcstal hat angvangen tze pawen her Jörig der Schrekk von
Wald, des nechsten mantag nach unser Fraun tag nativitatis, da von Crist
gepurd warn ergangen MCCXXVIII.

Inschrifttafel am dritten Tor der Burg.

Nun die ersten Lerchen stiegen
Und der Himmel freundlich lacht,
Hab' auch ich zu neuem Fliegen
Wanderfroh mich aufgemacht.
Dir gilt's heut, Kuenringer Veste,
Aggstein, wetterbraun und rot,
Der gleich einem Geierneste
Auf die Wachau niederdroht.

Leicht ist Einlaß zu gewinnen,
Kein Gewaffen sperrt den Pfad
Und kein Hornstoß von den Zinnen
Meldet, daß ein Wandrer naht.
Linder Frühlingsluft erschlossen
Stehn des Burgstalls Trümmerreihn
Und Jerg Schreckenwalds Genossen
Reiten nicht mehr aus und ein.

Hoch im Innern schlüpft ein Pförtlein
Auf den freien Fels hinaus
Und ein schaurig schmales Örtlein
Überrascht mit starrem Graus.
Rosengarten ist's geheißen,
Doch vieldeutig klingt das Wort,
Nur die dornig wilden weißen
Todesrosen blühen dort.

Mancher stand hinausgestoßen
Auf der Klippe steilem Rand,
Bis ihn Sturm und Wettertosen
Und der Hunger übermannt;

Mancher, seine Qual zu kürzen,
Zog den Sprung zur Tiefe vor,
Wo zerschellt in jähem Stürzen
Bald sich sein Gebein verlor.

... Schwer empört schau ich das wilde
Denkmal wilder Menschenart ..
Sieh – da winkt versöhnlich milde
Auch ein Gruß der Gegenwart:
Schwindlig ob des Abgrunds Schauer
Nagt des höchsten Giebels Zack,
Und am höchsten Saum der Mauer
Prangt der Name – K I S E L A K.
(Josef Viktor von Scheffel, Bd. 4, S. 246 f.)

Kyselak? Auch heute noch prangt dieser seltsame Namen auf den Mauern der Burg Aggstein. Ein Autogramm übrigens, das man bei genauerem Hinsehen in den Weinbergen der Wachau immer wieder aufstöbern kann: auf Wänden, Felsen oder Säulen, meist an unzugänglichen Stellen angebracht und mit nicht abwaschbarer Ölfarbe gemalt.

In der Zwischenzeit sind die Lettern verblaßt, denn der Urheber dieser Inschrift ist schon lange tot. Josef Kyselak (1795–1831), Registraturakzessist bei der Hofkammer zu Wien und unermüdlicher Wanderer, hat sich auf diese kuriose Weise den Weg in so manches Konversationslexikon geebnet. Seine eigenen Werke hingegen hätten ohne seine auffälligen Unterschriften in der Wachau wohl nicht überlebt: Die beiden Bände mit Reisebeschreibungen, die „Skizze einer Fußreise durch Österreich", die er hinterlassen hat, sind nicht weiter bemerkenswert, es sei denn für die Charakteristik Kyselaks selbst. In der Schilderung seiner angeblich vulgären und einfältigen Mitreisenden zeigen sich sein Dünkel und sein Bemühen, sich nicht nur als Bürovorsteher zu profilieren.

Auffälliger als seine Signaturen in den Akten, die heute unter Verschluß der Öffentlichkeit vor sich hindämmern, waren die im Freien an exponierten Stellen angebrachten Buchstaben allemal: Hier hat sich einer abseits offizieller Pfade ein beständiges Denkmal gesetzt und seine Unterschrift als Kunstwerk in der Natur gefeiert.

Nicht von ungefähr war Kyselak eine Figur, die gerade die Künstler der legendären „Wiener Gruppe" zu faszinieren wußte: In der Nachfolge von August Stramm, Kurt Schwitters und Hans Arp entstanden in diesem Dichterkreis, häufig auch als Arbeiten im Kollektiv, vorwiegend Textmontagen, Chansons sowie Laut- und Dialektgedichte. Durch die wohlgeordnete Literaturlandschaft fegte ein heftiger Sturm, der nicht wenigen den Hut hochgehen ließ: Die Provokation und das Auseinanderheben festgefahrener Denk- und Handlungsmuster war eines der Ziele der Gruppe, die hauptsächlich von Konrad Bayer, H. C. Artmann, Gerhard Rühm, Friedrich Achleitner und Oswald Wiener getragen wurde. Kein Wunder, daß sie eine Figur wie Josef Kyselak als literarischer Stoff interessierte: In ihm steckte immerhin auch ein ganzes Stück Bemühen, Konventionen zu brechen. Unter dem Titel „kyselack" veröffentlichten Konrad Bayer und Gerhard Rühm denn auch einen zweiteiligen Text, der sich gegen eindeutige Gattungsbestimmungen wehrt und seiner Hauptfigur auf eigenwillige Weise Tribut zollt:

zwölf jahre lang zitterte kyselack.

dann kam kyselack mit nicht zu unterschätzender fingerfertigkeit, um zu behaupten, dass er die menschheit auf jeden fall vor geschlechtlichen einfällen und gedanken beschützen möchte. trotzdem ist es verhältnismässig leicht, sich vor kyselack zu hüten.

schwierige politische fragen löst kyselack wie einen gordischen knoten, über den krieg unterhält er sich wie der erfahrenste feldherr und wenn er mit den gelehrten in ein gespräch kommt, weiss kyselack keinen verhängnisvolleren zwiespalt als den, beides miteinander vereinigen zu wollen.

die nacht über braucht kyselack nicht zu wachen.

kyselack schrieb keinen galanten roman; nehmen wir es also nicht für sinnliche lüsternheit, wenn er uns gesteht, dass er noch niemals ein weib mit dieser innigkeit, dieser schmelzenden hingabe umarmt hat.

kyselack war von herkulischem wuchse, tapfer, unternehmend und ging sehr leicht gekleidet oder ganz nackt.

einst nahm eine junge frau ein schermesser, ging hin zum grabe ihres mannes, benetzte es mit tränen und näherte sich, um kyselack, den sie im grabe ausgestreckt liegend fand, die nase abzuschneiden. kyselack richtete sich empor, mit der einen hand seine nase haltend, mit der anderen das schermesser entfernend. „frau!" sagte kyselack, „schrei du künftig nicht mehr so heftig über den jungen kyselack, denn seine nase abschneiden zu wollen, ist wenigstens so arg, als einen bach ableiten."

(dieses erlebnis traf kyselack, nachdem er die entsprechende stelle bei voltaire gelesen hatte.)

in einer weit glücklicheren stimmung befand sich kyselack, als er vom september bis zum dezember fünf autogramme in wien vollendete. kyselack fühlte sich, nach seiner eigenen versicherung, bei der arbeit unendlich wohl und meinte nach ihrer vollendung, seine bisherigen autogramme weit übertroffen zu haben.

da kyselack die wände nicht zu entfernen vermochte, versah er sie mit seinem namen.

kyselack tritt überall persönlich vor, ohne sich um die schutzmassregeln zu kümmern, die für seine person getroffen sind.

kyselack stellt sich breit vor den vorhang, kreischt seine biografie mit dem ton und der haltung einer furie herunter, und wenn er mit höchster anstrengung der stimme dreimal das wort „kyselack!" ausruft, strömt ihm der regen von allen seiten entgegen.
(Wiener Gruppe, Texte, Gemeinschaftsarbeiten, Aktionen, S. 236–239)

Von Aggsbach-Dorf aus, am rechten Flußufer gelegen, erreicht man die Ruine Aggstein in etwa 45 Minuten auf einem Fußweg. Die Wanderung lohnt sich, da man von oben einen wunderschönen Blick auf das Donautal genießt.

Spitzen gegen den Bürger: Arthur Schnitzler in Spitz

Auf der Landstraße geht es indes über Willendorf, dem Fundort der 25 000 Jahre alten „Venus von Willendorf", weiter in die Region, in der das eigentliche Weinbaugebiet der Donau beginnt. Irgendwo in dieser Idylle zwischen Hügeln, Weinreben und verfallenen Burgen siedelt Ödön von Horváth eines seiner poetischsten und zugleich kritischsten Stücke an, die „Geschichten aus dem Wienerwald". Insgesamt fünf Szenen läßt er in der Wachau spielen, nicht ohne die Landschaft ironisch einzusetzen, wie aus den Regieanweisungen zu Beginn des Volksstücks ersichtlich ist: „Vor einem Häuschen am Fuße einer Burgruine. Alfred sitzt im Freien und verzehrt mit gesegnetem Appetit Brot, Butter und saure Milch – seine Mutter bringt ihm gerade ein schärferes Messer. In der Luft ist ein Klingen und Singen – als verklänge irgendwo immer wieder der Walzer ‚Geschichten aus dem Wienerwald' von Johann Strauß. Und in der Nähe fließt die schöne blaue Donau."

Die Wachau, die als Landschaft zum Inbegriff österreichischer Gemütlichkeit und Geborgenheit geworden ist, wird hier der Bösartigkeit der meisten handelnden Figuren gegenübergestellt: Der Kontrast zwischen Fassade und Realität ist entsprechend ausgeprägt.

Blick auf Spitz, Stich um 1840

Ein ähnliches Auseinanderklaffen zwischen wohlmeinender, solider Bürgerlichkeit und hinterhältiger Unaufrichtigkeit hat Arthur Schnitzler in seiner Erzählung „Frau Berta Garlan" dargestellt. Mit großer Wahrscheinlichkeit ist als Schauplatz Spitz an der Donau anzunehmen:

Langsam schritt sie den Hügel hinab; nicht über die breite Fahrstraße, die in Windungen zur Stadt hinunterlief, sondern über den schmalen Weg zwischen den Weingeländen. Ihr kleiner Bub, den sie an der Hand hielt, ging immer einen Schritt voraus, denn für beide war nicht Platz genug. Die späte Nachmittagssonne strahlte ihr entgegen und hatte noch so viel Kraft, daß Berta ihren dunklen Strohhut ein wenig tiefer in die Stirn drücken und den Blick senken mußte. Auf den Hängen, an die die kleine Stadt sich lehnte, flimmerte es wie ein goldener Nebel, die Dächer unten glänzten, und der Fluß, der dort, außerhalb der Stadt, zwischen den Auen hervorkam, zog leuchtend ins Land. Die Luft war ganz regungslos, und die Kühle des Abends schien noch fern.

Berta blieb einen Augenblick stehen und sah um sich. Sie war ganz allein mit ihrem Buben, und eine merkwürdige Stille war um sie. Auch oben auf dem Friedhof hatte sie heute niemanden begegnet, nicht einmal die alte Frau, die sonst die Blumen begoß, den Gräberschmuck in gutem Stand erhielt, und mit der sie manchmal plauderte. Es kam Berta vor, als wäre sie schon recht lang vom Hause fort und hätte schon lang mit niemandem gesprochen. Jetzt schlug es von einem Kirchturme sechs Uhr. So war noch kaum eine Stunde verflossen, seit sie ihre Wohnung verlassen, und noch kürzere Zeit, daß sie auf der Straße mit der schönen Frau Rupius geplaudert. Und selbst die wenigen Minuten, die verstrichen waren, seit sie am Grabe ihres Mannes gestanden, schienen ihr schon weit zu liegen. –

„Mama!" hörte sie plötzlich ihren Buben rufen. Er hatte sich von ihrer Hand losgemacht und war vorausgelaufen. „Mama, ich kann schneller gehen als du!"

„So warte doch, Fritz!" rief Berta. „Du wirst die Mama doch nicht allein lassen." Sie folgte ihm und nahm ihn wieder bei der Hand.

„Gehen wir schon nach Hause?" fragte der Kleine.

„Ja, Fritz, wir wollen uns zum offenen Fenster setzen, so lang, bis es ganz dunkel wird."

Bald waren sie am Fuß des Hügels angelangt und spazierten nun unter den schattigen Kastanien, neben der staubweißen Reichsstraße, dem

Städtchen zu. Auch hier trafen sie nur wenige Menschen. Auf der Fahrstraße kamen ihnen ein paar Lastwagen entgegen, die Kutscher trotteten daneben, die Peitsche in der Hand, zwei Radfahrer kamen aus der Stadt und fuhren landeinwärts, Staubwolken hinter sich lassend. Unwillkürlich blieb Berta stehen, sah den beiden nach, bis sie beinahe ganz verschwunden waren.

Indes war der Kleine auf eine Bank geklettert. „Schau, Mama, was für eine Kunst ich kann!" rief er aus und machte sich bereit, herunterzuspringen. Die Mutter faßte ihn bei den Armen und hob ihn sorgsam herab. Dann setzte sie sich.

„Bist du müd?" fragte der Kleine.

„Ja," sagte sie und wunderte sich selbst, daß es so war. Denn jetzt erst fühlte sie, daß die schwüle Luft sie bis zur Schläfrigkeit ermattet hatte. Sie erinnerte sich übrigens nicht, jemals Mitte Mai so warme Tage erlebt zu haben.

Von der Bank aus, auf der sie saß, konnte sie den Weg zurück verfolgen, den sie gekommen war, wie er zwischen den Weingeländen in der Sonne hinauflief, bis zu der hell glänzenden Friedhofmauer. Es war ein Spaziergang, den sie zwei- oder dreimal in der Woche zu machen pflegte. Schon lange hatte dieser Weg für sie nichts anderes zu bedeuten. Wenn sie dort oben auf dem gepflegten Kies, zwischen den Kreuzen und Steinen umherwandelte, und am Grab ihres Mannes ein stilles Gebet verrichtete oder auch ein paar Feldblumen hinlegte, die sie auf dem Hinweg selbst gepflückt, empfand sie kaum mehr die leiseste schmerzliche Bewegung. Freilich waren nun drei Jahre hingegangen, seit sie ihn begraben, ebenso viele als sie mit ihm zusammen verlebt hatte. –

Ihre Augen schlossen sich. Sie gedachte ihrer Ankunft in der Stadt, wenige Tage nach ihrer Hochzeit, die noch in Wien stattgefunden. Sie hatten eine kleine Reise gemacht, wie sie sich eben ein Mann in geringen Verhältnissen gestatten konnte, der eine Frau ganz ohne Mitgift geheiratet. Sie waren mit dem Schiff von Wien aus stromaufwärts gefahren und hatten in einem kleinen Ort in der Wachau, ganz nahe ihrem künftigen Bestimmungsort, ein paar Tage zugebracht. Berta erinnerte sich noch deutlich des kleinen Gasthofs, in dem sie gewohnt, des Gärtchens am Fluß, wo sie nach Sonnenuntergang zu sitzen pflegten, an diese ruhigen und etwas langweiligen Abende, die so völlig anders waren, als sie sich, ein ganz junges Mädchen, die Abende einer jungen Ehe vorgestellt hatte. Freilich, sie hatte sich bescheiden müssen.

(Arthur Schnitzler, Das erzählerische Werk, Bd. 2, S. 73–75)

Die Beschaulichkeit des Lebens in der kleinen Stadt, wie man sie in Spitz auch heute noch zu spüren meint, täuscht jedoch: Hinter dem soliden Lebensstil, den die Familien nach außen hin zur Schau stellen, verschafft sich die Sehnsucht nach Abwechslung und Abenteuern Raum: Geheime Affären belasten so manches vorgespiegelte Eheglück und bieten spitzen Zungen reichlich Nahrung. Berta gelingt dieser Blick hinter die Gesichter jedoch erst, als sie sich selbst außerhalb der Grenzen bürgerlicher Scheinmoral bewegt. Der Versuch, Verbindung mit ihrer Jugendliebe, einem inzwischen gefeierten Geiger, aufzunehmen, gipfelt wohl in einer gemeinsam verbrachten Nacht, steht aber ansonsten auf wackeligen Beinen: Für Emil bleibt sie die Geliebte für wenige Stunden, weshalb er Bertas Vorschläge, nach Wien zu übersiedeln, vehement abwehrt. Sie kehrt in die Kleinstadt zurück, resigniert und desillusioniert.

Schnitzler hat in dieser Erzählung, die 1900 entstanden ist und zum erstenmal ein Frauenschicksal ins Zentrum der Handlung rückt, ein Stück eigenes Leben verdichtet. „Es ist über 30 Jahre her, daß Berta Garlan erlebt wurde,“ vertraut er anläßlich des Todes seiner Jugendliebe Franziska „Fanny“ Reich am 25. 8. 1930 seinem Tagebuch an: Auch er hatte, als Fanny verwitwet in einer Provinzstadt lebte, ein kurzes Verhältnis mit ihr begonnen und sie daraufhin zurückgewiesen. Mit seiner Erzählung stellt er nicht zuletzt sich selbst und seine damaligen Ausreden bloß.

Spitz mag man darüber hinaus aus dem Kino oder Fernsehen kennen: Nicht wenigen wird das malerische Städtchen ein Begriff sein, das als Schauplatz der inzwischen legendären „Mariandl-Filme“ das Wachau-Bild in den fünfziger Jahren recht eindimensional geprägt hat: Waltraud Haas und Hans Moser haben der Fremdenverkehrwerbung große Dienste erwiesen.

Dürnsteins ganzer Stolz: Richard Löwenherz und sein treuer Blondel

Über Joching und Weissenkirchen erreicht man schließlich das eigentliche Herz der Wachau, das romantische Städtchen Dürnstein, das von den Resten der Burg Dürnstein behütet wird. Sie ist das Wahrzeichen der Wachau und als solches Hauptanziehungspunkt für Tausende von Touristen.

Klosterkirche Dürnstein

Daß der Ruhm Dürnsteins allerdings ein zweifelhafter ist, wissen nur wenige. Die rührende Geschichte von König Richard Löwenherz und seinem treuen Diener Blondel, historisch nicht haltbar, hat sich zu einer Sage verdichtet, die inzwischen zum Volksgut geworden ist. Erzählt ist sie in wenigen Sätzen: Nachdem Richard Löwenherz auf der Rückkehr von einem Kreuzzug in Österreich gefangengenommen worden war, brachte man ihn nach Dürnstein, wo er den verrufenen Kuerenringern ausgeliefert wurde. Einzig sein Diener, der Sänger Blondel, stand ihm in diesen schweren Tagen bei: Er irrte von Burg zu Burg, sang sein Lied und wartete auf Antwort. In Dürnstein schließlich erscholl die zweite Strophe seiner Weise aus dem Verlies, in das man Richard eingekerkert hatte.

Eine herzbewegende Geschichte also, die für die Dichtung und Musik jahrhundertelang von außerordentlichem Reiz war. Wilhelm Shakespeare etwa beschwört in seinem Königsdrama „King John" den Charakter des Löwenherz in der Figur des Bastards, des natürlichen Sohnes Richards.

Eine wirkliche Renaissance erlebte der Stoff schließlich im 18. und 19. Jahrhundert. Friedrich A. Müller, Felix Dahn oder Ludwig Uhland wählen Richard Löwenherz und Blondel zu den Helden ihrer Gedichte und Balladen.

Auch Heinrich Heine läßt Richard Löwenherz in seinem „Romanzero" auftreten:

König Richard

Wohl durch der Wälder einödige Pracht
Jagt ungestüm ein Reiter;
Er bläst ins Horn, er singt und lacht
Gar seelenvergnügt und heiter.

Sein Harnisch ist von starkem Erz,
Noch stärker ist sein Gemüte,
Das ist Herr Richard Löwenherz,
Der christlichen Ritterschaft Blüte.

Willkommen in England! rufen ihm zu
Die Bäume mit grünen Zungen –
Wir freuen uns, o König, daß du
Östreichischer Haft entsprungen.

Dem König ist wohl in der freien Luft,
Er fühlt sich wie neugeboren,
Er denkt an Östreichs Festungsduft –
Und gibt seinem Pferde die Sporen.
(Heinrich Heine, Sämtliche Werke, Bd. 1, S.357)

Wirklich bekannt wurde Richard Löwenherz durch Sir Walter Scott, der mit seinen 1819 und 1825 fertiggestellten Romanen „Ivanhoe" und „The Talisman" das England Richards thematisiert und das Schicksal des „Lionhearted" aufgreift.

Doch auch die Musik hat über Jahrhunderte hinweg mit den Geschichten um Richard Löwenherz kokettiert: Georg Friedrich Händel und Georg Philipp Telemann sind die prominentesten Komponisten, die sich dieses Sujets annahmen.

Historische Genauigkeit freilich darf man von den meisten dieser Bearbeitungen nicht erwarten. Hier blühen Sage und Mythos, denn die Wirklichkeit stellt sich ganz anders dar: Richard Löwenherz wurde am 21. oder 22. Dezember 1192 vom Babenberger Herzog Leopold V. auf Grund einer langen Feindschaft gefangengenommen und von dessen Ministerialen Hademar II. von Kuenring nach „Dirmstein, Dirnstein oder Dürrenstein, einem entlegenen Schloß in den Bergen in der Nähe von Krems", gebracht. Den Sänger Blondel hat er dort ebensowenig getroffen wie anderswo: Die beiden sind sich, so will es die Geschichtswissenschaft, nie begegnet. Löwenherz blieb nicht lange in Dürnstein: Im März 1193 wurde er nach Deutschland überstellt, wo man ihn in der Reichsburg Trifels über Annweiler im Pfälzerwald ins Gefängnis warf. Langwierige Lösegeldverhandlungen zwischen dem deutschen und englischen Hof begannen, ehe man Richard im Frühjahr 1194 seinen Landsleuten auslieferte, die verzweifelt für seine Freilassung gesammelt hatten. Die 35 000 Kilo Silber, die Leopold V. sich ausbedungen hatte, gelangten schließlich nach Österreich, wo man mit dem Geld diverse Stadtmauern und Befestigungsanlagen in Niederösterreich ausbaute.

In Dürnstein jedoch lebt man nicht von Fakten, sondern von der Sage – und das nicht schlecht. Clevere Fremdenverkehrsobmänner wußten das Histörchen von Richard Löwenherz immer schon zu nutzen und haben auf ihm und seinem Gefährten Blondel die Werbung für den Ort aufgebaut: Kaum ein Haus, das nicht mittels Namen oder Fresken an die beiden erinnert, kaum ein Geschäft, das nicht alle nur erdenklichen Souvenirs, die die beiden Burghelden in Erinnerung rufen, feilbietet. Romantisch ist und bleibt Dürnstein dennoch, zumal man die Stadt zur autofreien Zone gemacht hat: Hier kann man die Reise durch die Wachau gemütlich unterbrechen, sofern man nicht gleich nach Krems, wo diese Etappe eigentlich endet, weiterfährt.

VI. Durch die Donauauen von Krems nach Wien

Literarische Stationen:
KIRCHSTETTEN: Josef Weinheber, W. H. Auden
MÜHLBACH AM MANHARTSBERG: Joseph Misson
MAUTERN, TRAISMAUER: Nibelungenlied
TULLN: Neidhart von Reuental, Dieter Kühn
ATZENBRUGG: Peter Härtling
ALTENBERG: Peter Altenberg
GUGGING: Edmund Mach, Ernst Herbeck
KIERLING: Franz Kafka, Jürg Amann, Milena Jesenská
KLOSTERNEUBURG: Abraham a Sancta Clara
WEIDLING: Nikolaus Lenau, Adalbert Stifter

Entfernungen (Orientierungswerte)
Krems–Kirchstetten: 46 km; Krems–Mühlbach am Manhartsberg:
23 km; Krems–Mautern: 4 km; Mautern–Traismauer: 14 km; Traismauer–Atzenbrugg: 15 km; Atzenbrugg–Tulln: 16 km; Tulln–Altenberg:
13 km; Altenberg–Gugging: 7 km; Gugging–Kierling: 1 km; Kierling–Klosterneuburg: 4 km; Klosterneuburg–Weidling: 5 km; Weidling–Kahlenberg: 7 km

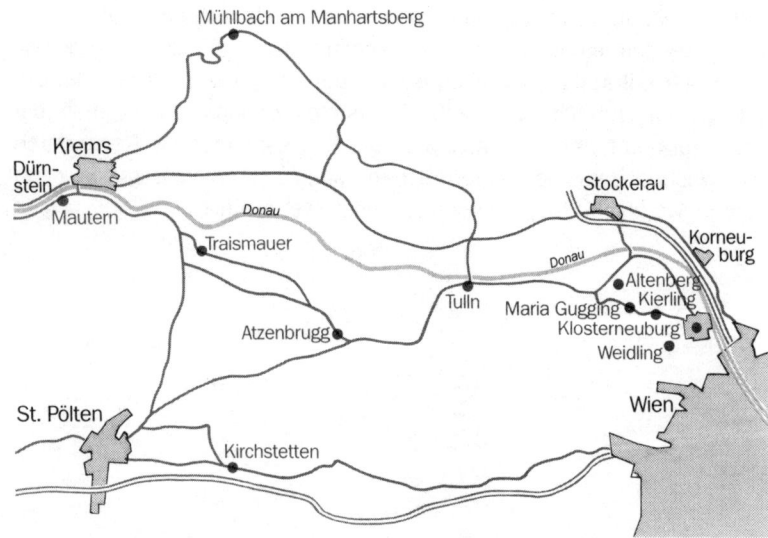

„wenn du auf der Brücke stehst
und schaust ins Wasser
siehst du daß die Donau stillsteht
und die Brücke fährt
stromaufwärts
und die Strömung steht still und das Ufer fließt"
Franz Tumler, Sätze von der Donau, S. 15

Dichten auf dem Lande: Josef Weinheber und W. H. Auden

Krems mag man als Ausgangspunkt für zwei Ausflüge ins Auge fassen: Zum einen bietet sich ein Abstecher nach Kirchstetten an, wo man die Häuser der beiden Dichter Josef Weinheber (1892–1945) und W. H. Auden (1907–1973) besichtigen kann, und zum anderen besteht die Möglichkeit, in Mühlbach am Manhartsberg das Misson-Haus zu besuchen, das zu den skurrilsten Literaturmuseen dieser Region zählt.

Lohnend ist allein schon der Weg von Krems nach Kirchstetten. Weinberge wechseln sich mit Feldern ab, kleine Dörfer mit Orten, in deren Zentren Klöster thronen: Auf dem Weg in Richtung St. Pölten passiert man die Stifte Göttweig und Herzogenburg. Besonders das Benediktinerkloster Göttweig verfügt über eine reiche literarische Vergangenheit. Der „Göttweiger Physiologus", eine gewissenhafte Auflistung von Naturwundern und -besonderheiten aus dem frühen Mittelalter, ist jedoch ebensowenig zugänglich wie der Rest der Bibliothek. Lediglich Wissenschaftlern gewährt man Einblick in die reichhaltige Sammlung von Büchern und Schriften. Der Blick von der Anhöhe des Göttweiger Stiftes, der von der Donau über die Donauauen bis in die Hügellandschaft um St. Pölten schweifen mag, ist herrlich.

Paula von Preradovic (1887–1951), die ihre Schulzeit bei den Englischen Fräulein in St. Pölten verbracht hat und der Österreich den Text für seine Bundeshymne verdankt, hat die schlichte Schönheit dieser Gegend in anrührenden Strophen besungen:

Sonett auf das Sankt-Pöltener Land

Du Landschaft, aus verschütteten Bezirken
Der Seele tauchend! Schlichte Landschaft! Weit
Wölbt sich der Himmel deiner Nördlichkeit
Ob Pappelzeile, Weidenstrunk und Birken.

Es schmiegen sich in strengen Musters Treue
Die bunten Äcker ins gewellte Land,
Indes Gebirge dich am Himmelsrand
Umsteht in schwindend blasser Dämmerbläue.

O Landschaft, demutsvoll und unbesungen!
Durchs Auendickicht läuft der Schierlingspfad,
Der schattenkühle, siebenfach verschlungen.

Die Sommerwiese weht am Hügelgrat,
Und fernher grüßen über Wälderzungen
Die Zwiebeltürme deiner alten Stadt.
(Paula von Preradovic, Gesammelte Werke, S. 147)

Bevor man in Richtung St. Pölten weiterfährt, sollte man hinter Göttweig in Richtung Kleinwien abzweigen: Dort, direkt am Fladnitzbach gelegen, steht immer noch der Wohnturm der Frau Ava, die gemeinhin als erste deutschsprachige Dichterin gilt. Ava war vermutlich eine 1127 verstorbene „Inclusa" aus der Nähe des Klosters Melk, eine vornehme Dame, die sich im Alter in eine Eremitenzelle zurückgezogen hatte. Dort schrieb sie an ihren religiösen Schriften, deren innige Frömmigkeit berührend ist: Ihre vier geistlichen Epen verstehen sich als verdichtete Heilsgeschichte, die den Bogen spannen vom neuen Bund bis hin zum Weltende und Jüngsten Gericht.

Zurück auf der Hauptstraße erreicht man Kirchstetten auch ohne den Umweg über St. Pölten. Eine Abzweigung in Richtung Böheimkirchen kürzt den Weg ab und führt direkt zur Bahnstation in Kirchstetten, von wo die Straße nach rechts in den eigentlichen Ort abbiegt.

Wäre Kirchstetten nicht Wahlheimat von gleich zwei Schriftstellern, würden sich wohl nur wenige Gäste dorthin verirren. So aber profitiert man ein wenig von deren Bekanntheit, was sich an den vielen Hinweisschildern, die den Weg zu den beiden Gedenkstätten

Wohnturm von Frau Ava

weisen, ablesen läßt. Die wahrscheinlich sehenswertere ist zweifellos das Weinheber-Haus. Einstmals idyllisch am Waldrand gelegen, hat es nun mit dem Lärm und den Abgasen der Autobahn zu kämpfen, die direkt vor seinen Toren vorbeigeht. Hat man allerdings das Gartentor passiert und den hinteren Teil des Gartens erreicht, fühlt man sich ungestörter: Das Innere des Hauses strahlt eine behäbige Gemütlichkeit aus.

Josef Weinheber in Österreich nicht zu kennen, ist fast unmöglich. Kaum eine Lesefibel, die nicht schon die Kleinsten mit seinem Namen vertraut macht, kaum eine Anthologie mit Gedanken zum ländlichen Leben, in der sich keines seiner Gedichte findet. Von den Straßen, Plätzen und Brücken, die mehr oder minder stolz seinen Namen tragen, ganz zu schweigen.

Geboren wurde Weinheber 1892 in Wien, wo er sich als Vollwaise mit Gelegenheitsarbeiten durchschlug, ehe er sich als freier Schriftsteller versuchte. Anfangs von Rilke, Morgenstern und Karl Kraus beeinflußt, wandte er sich später immer stärker der volkstümlichen Lyrik zu, die ihm eine breite Leserschaft sicherte. Größte Erfolge stellten sich während der Zeit des Austrofaschismus und der NS-Herrschaft ein, weshalb sein Werk nach dem Zweiten Weltkrieg immer wieder kritischen Untersuchungen unterzogen wurde.

Wie soll man sich Weinhebers Haltung zu den politischen Entwicklungen dieser Jahre wirklich vorstellen? Viele Söhne haben in den letzten Jahrzehnten begonnen, sich die bisweilen undurchsichtige Vergangenheit ihrer Väter und Verwandten während der NS-Zeit zu erklären. Christoph Meckel (geb. 1935) etwa versuchte, in „Suchbild" seinem Vater, dem Schriftsteller Eberhard Meckel, auf die Spur zu kommen, dessen Popularität in den dreißiger Jahren nach Kriegsende schnell vergessen war. Entstanden ist in diesem Buch ein literarisches Portrait eines Menschen, der danach trachtet, sich als Künstler abseits der politischen Ereignisse zu bewegen:

Betäubt von der Ausdünstung nationaler Klischees, ideologisch bewußtlos und nicht interessiert an den ökonomischen Grundlagen der Epoche, verlor er sich immer tiefer in die Idee von der Würde des Geistes in würdeloser Zeit.

Er gehörte zu einer unpolitischen Generation, rechnete sich zur Elite des Geistes und war doch nur der typische Epigone, von verbrauchten Ideen über die Gegenwart hinweggetragen, ein schlecht geflügelter Höhenflug, der ihn weiter in die Verengung trieb. Von der eigenen Enge schien er nichts zu ahnen. Er war nicht der einzige Blinde unter den Freunden, und er war nicht der einzige, der getragen wurde. Er war umgeben von Trägern, noch mehr von Getragenen, er war zu Tausenden von ihnen umgeben. Als MANN DES GEISTES saß er aufrecht in der herrenmenschlichen Sänfte und ließ sich gleichsam in die Kaserne tragen. Im Kasernenhof wurde er aus der Sänfte geschmissen, würdig und aufrecht ging er weiter zu Fuß, flüchtete in Pflicht- und Leidenshaltung und steigerte sie und sich selbst bis zum Opfergedanken. Die Formel Weinhebers: „Adel und Untergang" bezeichnete, was auch er zu erwarten schien: die Vernichtung des würdigen durch den unwürdigen Deutschen.

In der Zeit vor dem Krieg ließ sich nicht länger übersehen, daß er in einer Diktatur lebte. Er lieferte seinen Ariernachweis und schien die Sache noch als Farce zu empfinden. Die ATMOSPHÄRE wurde gefährlich. Er erhielt wiederholt Besuch von zivilen Personen, die ihn in die Partei verpflichten wollten – er lehnte ab. Er wies die erwünschte Mitarbeit an der KULTURPROPAGANDA der NSDAP zurück.

REICHSSCHRIFTTUMSKAMMER war keine Verführung für ihn. Es gab in Schöneiche einen Blockwart, der ihn beobachtete, einer von der SS. Hinter geschlossenen Läden, mit Freunden, nachts, hörte er die Nachrichten ausländischer Sender. Das alles änderte nichts an seiner Haltung.
Elitäre Versteifung schützte sein Gewissen.
(Christoph Meckel, Suchbild, S. 46–48)

Weinhebers Beliebtheit indes hat die Nähe zur NS-Diktatur, in die man ihn vielfach gerückt hat, nicht geschadet: Man findet ihn heute auch wieder auf den Programmzetteln des Burgtheaters. Er selbst hat das Ende des Krieges nicht mehr erlebt. Im April 1945 nahm er sich in Kirchstetten das Leben und liegt nun in einem Winkel des Gartens begraben.

Daß man ihn dort unter hohen Bäumen beerdigt hat, ist kein Zufall. Sein Haus in Kirchstetten war ihm wichtiger als seine Wiener Wohnung, weshalb er sich besonders in seinen letzten Lebensjahren ganz dort niederließ. Das Landleben, an dem er regen Anteil nahm – er hielt sich sogar eine Kuh –, faszinierte ihn und beeinflußte seine Lyrik nachhaltig. Immer stärker rückten Sujets aus dem bäuerlichen Jahreskreis ins Zentrum seiner Gedichte. In seiner „Kammermusik" (1939), einer Serie lyrischer Variationen über verschiedene Musikinstrumente und musikalische Formen, hat er seine Erfahrungen in Kirchstetten literarisch verarbeitet:

Sinfonia Domestica

Es ist nicht leicht (wir treiben
zu sehr im Gewohnten hin),
dir die Umwelt hier zu beschreiben,
in der ich lebe und bin.
Ein Rest bleibt ungesagt.

Du denkst, die Heimat zu kennen.
Ich glaub, ich kenne sie auch.
Und kannst doch die Dinge nur nennen:
hier Busch, hier Baum, hier Strauch –
Aber: Wird es zum Bild?

Da siehst du die Hügelwellen
sich werfen im gelben August.
Die Himmel wechseln mit schnellen
Bildern der Trauer und Lust –
Groß sind die Himmel bei uns.

Immerzu geben die Winde
kleine Unruh dem Land.
Daß uns die Müh nicht schwinde,
reißt uns der Sonnenbrand
handbreit die Erde auf.

Dunkle Stellen von Wäldern,
Richtbäumen und Alleen
kannst du zwischen den Feldern
edler aufgeteilt sehn,
als das ein Künstler ersinnt.

Vom großen Gebirg im Süden
ist immer die Ahnung nah.
Die Föhne im März ermüden,
die Sternnächte schrecken dich da
seltsam stark und tief.

Zwar sind wir nicht einsam. Es betten
sich ringsum Dörfer genug.
Ich sehe allein von Kirchstetten
fünf Türme. Soeben schlug
es von dem in Ollersbach elf.

Am Abend kommen die Rehe,
äsen bis an den Zaun.
Es schreit der Fasan und die Krähe
und ist ein ewig Geraun
und Gesumm und Gesang in der Luft.

Im Spätherbst freilich haben
wir Nebel und trostlosen Wind.
Das Land liegt offen. Begraben,
wie es die Toten sind,
sind wir im Jännerschnee.

Solche Wehen und Wächten
hast du nicht gesehn.
Im finstern Hohlweg möchten
keine Riesen bestehn.
Und der Weg ins Dorf ist lang . .

Da sitzen wir in der Halle,
und wochenlang kommt kein Gast.
Mit Brutzeln und lautem Knalle
bersten Scheiter und Knast
im mächtigen Kachelofen.

Im Sommer waren wir grade
zum Schlafen im sichern Haus.
Jetzt spüren wir erst die Gnade
soliden Ziegelbaus,
und der Hausrat wird uns lebendig.

Zögernd, mit Zweifelsmute,
(finster liegt draußen das Land)
nehm ich die alte, gute
Guitarre herab von der Wand
„Wenn alle Brünnlein fließen . .“

Jetzt sind uns die derben Stühle
um den wuchtigen Tisch schon recht;
die braunen Balken der Diele,
das Schmiedeeisengeflecht
der Ampeln und schwarzen Leuchter;

die vielen hundert Dinge,
Bild und Model und Krug,
die ich in Zufalls Schwinge
mählich zusammentrug
wie ein Hamster die Körnlein.

Glaub mir, ein gut Teil Lebens
hangt an jedem Stück.
Manches wohl flüstert: „vergebens";
aber es ist ja Glück
immer etwas Gewesnes.

Ich denk es, wie wir bei wilden
Stürmen, kein Wasser, kein Licht,
im Hause Einzug hielten.
Zwei Stühle, mehr gab es nicht,
so hockten wir dumm in der Küche.

Heut ist auf Böden und Zimmern
alles an seinem Ort.
Im Keller unten schimmern
die Flaschen auf ihrem Bord,
und die Fässer bauchen sich blitzblank.

Wir haben Kartoffel gegraben,
wir haben Obstmost gepreßt.
Was uns die Sommer gaben,
ist wie ein Geschenk und ein Fest
in diesen langen Wintern.

Wir brauchen hier kein Theater.
Oft schaun wir stundenlang zu,
wie unser falber Kater
mit anmutvollem Getu
dem Hund nach den Lichtern tatzelt.

Es muß uns auch nichts ängsten.
Die Uhr tickt, fern ist die Welt.
Da lese ich an den längsten
Abenden, Mondlicht fällt,
aus meinen Lieblingsdichtern.

Laut lese ich, das Glas roten
Göttweigers nah bei der Hand:
Ein Lied des Wandsbeker Boten –,
Du bist Orplid, mein Land –,
der Droste erhabnes „Im Grase".

Im Grase . . Es will schon tauen?
Es ist schon Februar.
Wir sollten zum Dorngraben schauen.
Dort blühten im vorigen Jahr
um diese Zeit schon Primeln . .
(Josef Weinheber, Sämtliche Werke, Bd. 2, S. 375–379)

Auch heute noch entdeckt man im Inneren des Hauses die Einrichtung, die man aus der „Sinfonia Domestica" zu kennen glaubt. Weinheber hat beinahe das gesamte Mobiliar selbst entworfen und für ein genaues Konzept für dessen Aufstellung gesorgt. Wie Photos bezeugen, wurde daran auch nach seinem Tod nichts verändert. Immer noch sind die vier Räume, die zur Besichtigung freistehen, so erhalten geblieben, wie Weinheber sie zurückgelassen hat. Selbst seine Bilder – es ist wenig bekannt, daß er auch malte – hängen noch an ihrem Platz.

Neben dem ländlichen Wohnzimmer mit seinem behäbigen Kachelofen und dem Schlafzimmer, über dessen Bett hölzerne Barockengelchen wachen, ist das Arbeitszimmer mit der Bibliothek Herz des Hauses, in dem man um ein ganz persönliches Andenken an Weinheber bemüht ist: Seine Aschenbecher finden sich dort genauso wie ein alter Mantel oder Teile seiner Toilettenartikel. Intimer hätte man diese Dichtergedenkstätte nicht gestalten können. Daß die Schwiegertochter Weinhebers durch die Räume führt, verstärkt diesen Eindruck.

Besichtigen kann man das Weinheberhaus zwar erst seit 1980, doch es war schon vorher Anziehungspunkt für Neugierige. Zu den ersten, die Weinhebers Grab besuchten, zählte der englische Lyriker Wystan Hugh Auden. Er hat seine imaginäre Begegnung mit Weinheber literarisch gestaltet:

Wohnzimmer Weinhebers in Kirchstetten

Vom Dorf aus führt ein schmaler
Weg an meinem Haus
vorbei in einen Wald: dort
bleib ich stehen, um
durch einen Gartenzaun zur
Stelle hinzublicken,
wo man dich damals, den
Umständen entsprechend,
wie den geliebten alten
Hofhund eingrub.

Vor zwanzig Jahren zu Feinden
abgestempelt, jetzt
Nachbarn, wären wir durch die
gleiche Umgebung
und die Liebe zum Wort wohl
Freunde geworden,
die bei einem Glas *Kremser*
lange Gespräche
über Syntax, Kommas und
Versbau führten.

Es muß einmal gesagt sein:
üble Verführer
wickelten dich ein – doch wie
lange? Deine Antwort
auf Goebbels Kulturanbot
war: „In Ruah lossen!"
Die Masse aber will den
Skandal, und die
Jungen verurteilen dich
schon vor dem Lesen.

Was hätte dir, dem Dichter,
dem Österreicher,
dein Herz gesagt, hättest du
von Franz Jägerstätter,
dem Bauern aus St. Radegund,
gehört, den sein
einsames NEIN zum Nazistaat
den Kopf kostete?
Natürlich gab man acht, daß
du es nicht erfuhrst.

Nicht vorbereitet auf den
Tag, der kommen mußte,
eine Zeit des Grauens, der
Auflösung und der
Tränen, zerstörtest du dich
selbst, von Visionen
heimgesucht. Seit jeher war
die Rache ein Stümper:
Dies alles ist furchtbar, hier
nur Schweigen gemäß.

Die Stunde deines Todes
war mir unbekannt,
und du sprachst mich nicht an, als
mich die Vorsehung
bei strömendem Regen im
Oktober jenes

annus mirabilis, das
die Welt änderte,
als die Parität fiel, nach
Kirchstetten führte.

Schon waren die Verlierer-
mächte wieder stark
und wohlgenährt, ihre
Verbrechen alltäglich,
Leichen und Schutt, der Stein des
Anstoßes, längst
beseitigt, der Schock der Opfer
im Abklingen, die
entführten Wissenschaftler
nicht mehr heimwehkrank.

Heute lächeln wir, wenn ein
Paar heiratet, das
zur Welt kam, als der Schatten
sich hob – nein, weiter-
wanderte: nie noch war die
Welt frei von ihrem
Blutmal, ohne Job für
Folterknechte (wo sieht
man sie gern, welche Mädchen
nehmen sie zum Mann?),

oder auf ihrer Nährfläche
überall Frieden.
Keiner hat sich, soviel man
weiß, je sicher gefühlt:
mit mönchischer Inbrunst
bewachen brave
Väter in Sperrbezirken
Geräte, deren
harmloses Material
sich tödlich auswirkt.

Hier aber fühle ich mich
so zu Hause, wie
du einst: dieselben Eintags-
geschöpfe stimmen ihr
sorgloses Lied an, die
Gärten sind ihrem
Regime treu, vom Farbtaumel
im April bis zum
Herbst, wenn bei jedem Windstoß
Äpfel aufschlagen.

Blicke ich übers Tal, wo,
dem Blick entzogen,
der Sichelbach westwärts der
Perschling zueilt – ein
menschlich-bescheidenes Bild
voll sanfter Höhen –,
gilt meine Reverenz den
größeren Nachbarn:
den Bergen hinter mir, dem
edlen Strom vor mir.

Doch will ich auch dich ehren,
Nachbar, Kollege,
denn selbst mein englisches Ohr
spürt an deinem Deutsch
den virtuosen Tonfall
des Begnadeten,
der auf umzäuntem Rasen
Geigenspiel hörte,
um als letzten Auftrag *den*
Abgrund zu nennen.
(W. H. Auden, Poems-Kirchstettner Gedichte 1958–1973, S. 153–159)

Auden kam 1957 nach Kirchstetten, zwölf Jahre nach Weinhebers
Tod. Seinen Vorstellungen von einer geeigneten Sommerfrische in einem deutschsprachigen Land außerhalb Deutschlands, wo es trinkba-
ren Wein und ein nahegelegenes Opernhaus geben sollte, kam Kirchstetten sehr entgegen. So kaufte er sich kurzerhand ein ehemaliges

Bauernhaus, um von New York aus ein Refugium in seinem „beloved Kirchstetten" zu wissen.

Sechzehn Sommer hat er hier verbracht, die nicht bloß eine glückliche, sondern auch produktive Zeit für ihn bedeuteten. Neben Essays, Rezensionen, Libretti und Übersetzungen entstanden in Kirchstetten eine Reihe von Gedichten, die vielfach als Weiterentwicklung von Audens Hauptwerk, dem „Zeitalter der Angst", gewertet wurden, das ihm 1947 den Pulitzer-Preis eingebracht hatte. Darin entwickelte er Erklärungen für jene existentielle Angst, die seiner Meinung nach auch für die Gewalt in unserer Zeit verantwortlich zu machen ist.

In den Kirchstettner Gedichten nun griff Auden diesen Fragekomplex wieder auf. Gleichzeitig fand er zu einer volkstümlicheren, einfacheren Sprache, die, wie die Kritik unterstellte, durchzogen ist von einer „Austrian Gemütlichkeit". Auden selbst hat dieses Wort, wie auch manche andere aus dieser Sprachregion, in seine Gedichte miteinbezogen, wenngleich nicht naiv oder ungebrochen.

Pfingstsonntag in Kirchstetten
(für H. A. Reinhold)

> Gnade tanzt. Ich möchte pfeifen. Tanzt alle!
>
> (Acta Ioannis)

Komm Schöpfer Geist, plärr ich, während Herr Beer
unseren Obolus einsammelt und Pfarrer Lustkandl
still mit dem Opfer fortfährt,
wie Rom es tut. Draußen vollziehen Auto-Anbeter
den rituellen Exodus aus Wien,
den ihr Erfolgskult verlangt, obwohl sie
wie ihre Fußgängerväter die Zeit nach der
jüdischen Woche und dem christlichen Jahr berechnen.
Wenn die Messe aus ist,
wird man zu mir, einem Anglikaner,
herzlich „Grüß Gott!" sagen und um eine Spende
für die *Caritas* bitten, ich, ein Zugereister, werde
heimgehen, um auf eigenem Grund und Boden mittagzuessen.
Natürlich wäre die Gemütlichkeit nicht so groß, hätten
die Alliierten die Ostmark nicht erobert, würde der
Dollar fallen – doch waren der Friede und sein Begleiter,
das Lächeln, jemals weniger schön, nur, weil unverdient?
Im Zwiebelturm über mir

läuten die Glocken zur Wandlung, rufen
Österreich auf, sich zu ändern. Ob die Welt sich
gebessert hat, ist zu bezweifeln, doch wir glauben, sie
könnte es (der göttliche Tiberius tats nicht). Freue dich,
rufen die Glocken mir zu. [. . .]
(W. H. Auden, Poems-Kirchstettner Gedichte, 1958–1973, S. 133)

Die – relative – Simplizität und Gemütlichkeit seiner Gedichte allein auf die Kirchstettner Atmosphäre zu reduzieren, wäre jedoch falsch, wenngleich das kleine romantische Bauernhaus, in dem er mit seinem Freund gelebt hat, dazu verführen mag: Ebenfalls am Waldrand gelegen, hat man von dort einen schönen Blick auf das sanfte Hügelland um Kirchstetten. Im Augenblick ist das Haus zwar noch nicht zugänglich, doch es ist daran gedacht, auch hier einen Gedenkraum einzurichten.

UI – wie schön: Joseph Misson

Zurück in Krems, lohnt sich ein Ausflug nach Mühlbach am Manhartsberg, wo man in einem putzigen Häuschen den wohl bekanntesten niederösterreichischen Heimatdichter konserviert: Joseph Misson (1803–1875). Schon die Fahrt stimmt auf die Idylle ein, die in Mühlbach sorgfältig kultiviert wird: Durch das Straßertal mit seinen Weinbergen und waldigen Schluchten erreicht man die „Misson-Heimat", wie eine Tafel bei der Ortseinfahrt stolz verkündet, in etwa zehn Minuten. Abgesehen vom Wohnschloß aus der Spätrenaissance, das sich in der Mitte des Dorfes hoheitsvoll erhebt, ist es ein kleines Haus am rechten Straßenrand, das alle anderen an Schmuckheit übertrifft. Daß es ausgerechnet das Geburtshaus von Joseph Misson ist, das die Jahrhunderte so unbeschädigt überstanden hat, um dann vom Misson-Bund liebevoll restauriert zu werden, ist ein glücklicher Zufall.

Schon von außen strahlt der eingeschossige Bau jene Behaglichkeit und Geborgenheit aus, die man auch in der Dichtung Missons zu entdecken glaubt: Das Biedermeierhäuschen ist mit Holzschindeln gedeckt, die kleine Dachluken freigeben. Durch ein originales Holztor betritt man die kleinen Stuben im Inneren, geführt von Kustos Walther Sohm, der um Anmeldung des Besuchs bittet. Das Misson-Haus ge-

Misson-Haus in Mühlbach

hört nicht zu den Hauptattraktionen der Gegend und führt in Mühlbach ein abgeschiedenes, aber dafür um so angenehmeres Leben.

Ehe man mit Joseph Misson konfrontiert wird – zu sehen sind Autographen, Photos und Erstausgaben – gilt es, die Stuben, die anderen Dialektdichtern wie Peter Rosegger, Josef Weinheber und Franz Stelzhammer gewidmet sind, zu durchqueren. Beeindruckend ist vor allen Dingen die Vielzahl von Publikationen von und über Mundartdichtung, die den einzelnen Regionen Österreichs zugeordnet ist: Die Sammlung des Hauses, die der ehemalige Volksschuldirektor Sohm in fünfzig Jahren zusammengetragen hat, gehört zu den wichtigsten Dokumentationsstellen des Landes, die sich mit Dialektforschung beschäftigen.

In der größten der fünf Stuben ist naturgemäß Joseph Misson zu Hause, wiewohl nicht genau zu eruieren war, in welchem der Zimmer er tatsächlich zur Welt gekommen ist. Erst hier eröffnet sich all denjenigen, die ihn nicht kennen, seine Rolle als Vater der örtlichen Heimatdichtung. 1803 als Sohn eines friulanischen Kaufmanns in Mühlbach geboren, gab man ihn, das jüngste der acht Kinder, in die Obhut der Piaristen. In der Folge wurde er selbst Pater und wirkte jahrzehntelang als Deutschlehrer an verschiedenen Gymnasien in Horn, Krems, Wien und Freistadt, ehe er 1875 starb.

In die Literaturgeschichte eingegangen ist Misson weniger durch seine Gedichte als durch sein Bauernepos „Naz", das ihm auch den Beinamen „österreichischer Voß" einbrachte und vielfach mit dessen „Luise" verglichen wurde. Zumindest die Form, die Hexameter, und den Schauplatz, die ländliche Szenerie, teilen die beiden Idyllen. Missons Versdichtung ist allerdings in mundartlichen Hexametern geschrieben, was eine Besonderheit darstellt. Kein Wunder also, daß Sprache und Versmaß den Inhalt des „Naz" in den Schatten stellen, der ohne große Mätzchen auskommen muß und von seiner Bescheidenheit lebt: Ein junger Bursch zieht in die Welt, erlebt verschiedene kleine Abenteuer und freut sich des Lebens. Der Grundton der acht Gesänge – Misson hat sein Epos nie vollendet – ist heiter, die Sprache die typische sogenannte UI-Mundart der Gegend. Eine Kostprobe gefällig?

Wia da Naz auf Bremsendorf kimmt
und zebm über Nacht bleibt.

Barfuißi kimmt unser Naz zun Bachl und will
    wieder umi –
Schaut wia a Narr! – ös Bachl is groß – iatzt
    kann er nöd umi!
Dös aber, sagt er, wird doh was sein? Jiatzt kann
    ih nöd umi! –
Geht nebma Bachl bald auffi, bald abi, er kann
    halt nöd umi. –
's Wasser is toif und broat und örterweis schlagt's
    übern Wö z'samm;
D' Felberbam, die auf da Gstöttn san, stehngnau
    iatzt mitten in Wasser.
Wer soll das moan! sagt da Naz, bleibt stehn,
    schaut allaweil umi;
Grundelbah, Blindenmark, Schafflahof und a da
    Bledl in Mühlthal,
Lauter bikanti Örter san drenten, und – er is
    herenten.
Stöcklbah, Biasenreith, alles liegt drenten und –
    er ist herenten!
Fest bleibt er stehn, wia angnagelt, schaut allwl ös
    gmurigi Wasser.

Obnaus, sagt er, hat's noh mehr auslassen, wird
    allwl größer;
's Wasser rinnt gahling, schaut ma lang eini, ma
    wird völli damisch.
's Wasser bringt allerhand Holzwerk, Laabwerk,
    allerhand Gsträußat;
Näst und Nastln und Bredln und Ladndln und
    Nadeln und Schoaten;
's Wasser bringt allerhand Strohwerk, Bürdln
    und Schindeln und Grassat;
Bald schwimmt a Scheit daher, bald nimmts an
    Prügel mit und bald a Latten,
's Wasser, dös tragt a an Bam daher, aber – da
    Naz kann nöd umi;
Gleih wieder bringts von an Brückl a Stückl –
    er kann drauf nöd umi.
's Wasser, dös soidt und saust und macht vieli
    Kroas wia a Tailla;
Randweis draht sie sih um, schaut z'ruck, als wenn
    sie sih bsinnat,
Daß öppa wo was vogessen hätte was's aufn Wö
    noh gern mitnahm.
's Wasser is wild, und bis 's wieder kleaner wird,
    kann er nöd warten.
Draht sih drauf rechter Hand umi durchs Feld –
    iatzt kemman zwen Manner:
Oaner, der schaut in sein Troadern nah, wo 's ihm
    koan Schaden nöd thon hat:
Is nöd mit Gold zun zahln! Den Regn, sagt er,
    den hätt ma scho lang braucht.
Aber der Aner schaut trübabseli 's Wasser an, er ist
    a Müllner,
Hat ma mein Wihr zrissen, sagt er, und thuit mar
    in Räderwerk kari;
Dös is a wilder Bah, dös, und hennt muiß a
    Wolkenbruch gwöst sein.
(Joseph Misson, Der Naz, S. 55–57)

Daß dieser „Naz" keinesfalls nur regionale Bedeutung erlangt hat, beweisen die 14 Ausgaben, die man im Misson-Haus stolz präsentiert. Und daß man den Dichter des „Naz" zu würdigen und verehren weiß, zeigt auch die letzte Stube, in die der Besucher tritt. Hier findet man ein typisches Bauernzimmer mit Tisch, Bank und Herrgottswinkel und sorgsam ausgewählten Bildern versehen. Eine Hilfe, sich das Innenleben des Häuschens zur Zeit Missons vorzustellen? Gefehlt. Der Misson-Bund hat vielmehr jene Stube, die als Bild die Erstausgabe des „Naz" ziert, rekonstruiert und sie gleichsam als Geschenk an den Dichter in seinem Vaterhaus eingerichtet.

Mautern – Kriemhilds und Etzels erster Kuß

Zurück in Krems empfiehlt es sich, die Donaubrücke zu passieren, um nach Mautern zu gelangen, dem ehemaligen römischen Lager Castrum Favianis, das in seiner Größe die heutige Altstadt umschließt. Rundturm und Teile der Mauer und des Grabens des ehemaligen Kastells sind aus dieser Zeit erhalten geblieben. Weitere Fundstücke aus der Ära der römischen Besatzung befinden sich im Mauterner Museum, wo man auch Reste von Badeanlagen und Häusern besichtigen kann.

Mautern war schon für die Römer Verkehrsknotenpunkt und diente auch den Burgunden als Rastplatz vor der nächsten größeren Station: „Viel Dienst ward geboten der reichen Königin da wieder." Eigentliches Ziel jedoch war Traismauer, etwa 20 Kilometer von Mautern entfernt. Dort besaß, wie der Dichter des Nibelungenlieds versichert, Helche, die erste Gattin Etzels, eine Burg. Auf diese zog sich Kriemhild vier Tage lang zurück, um sich auf das Treffen mit ihrem zukünftigen Mann vorzubereiten:

Zuo der Treisem brâhte   man die geste dan.
ir pflâgen vlîzeclîche   die Rüedêgeres man,
unze daz die Hiunen   riten über lant.
dô wart der küneginne   vil michel éré bekant.

Bî der Treisem hête   der künic von Hiunen lant
eine burc vil rîche,   diu was vil wol bekant,
geheizen Zeizenmûre   vrou Helche saz dâ ê
und pflac sô grôzer tugende,   daz wætlîch nimmer mêr ergê,

Ez entǽte danne Kriemhilt,   diu alsô kunde geben:
si mohte nâch ir leide   daz liep vil wol geleben,
daz ir ouch jâhen êre   die Etzelen man,
der si sît grôzen vollen   bî den héldén gewan.

Diu Etzelen hêrschaft   was so wît erkant,
daz man z'allen zîten   in sînem hove vant
die kûenésten recken,   von den ie wart vernomen
under krísten und únder heiden: die wâren mit im alle komen.

Bi im waz z'allen zîten,   (daz wætlîch mêr ergê)
kristenlîcher orden   unt ouch der heiden ê,
in swie getânem lebene   sich ietslîcher truoc.
daz schuof des küniges milte,   daz man in allen gap genuoc.

Wie Kriemhild zu den Hunnen fuhr, Holzschnitt

Die Reise ging [...] dann fort über Mautern nach Traismauer, der ersten Festung König Etzels, einem Lieblingssitz der verstorbenen Helche. Hier wurde die Reisegesellschaft von Rittern hunnischen Stammes empfangen; es waren die ersten Heiden, die Kriemhild erblickte, und hatte sie bis dahin vor dieser Begegnung gebangt, so vertrieb ihr die herzliche Aufnahme schnell alle Scheu. Sie gewahrte erstaunt, daß die so fremdartig aussehenden Herren und Damen mit ihrem tiefschwarzen glatten Haar und den schrägstehenden Augen über den gemuldeten Wangen an Takt und Zucht dem Hof vom Rhein in nichts nachstanden, ja ihn an Zuvorkommenheit und liebenswürdig aufmerksamem Wesen in den Schatten stellten; sie war entzückt, daß viele der sie Umringenden der deutschen oder französischen Zunge mächtig waren, auch wenn sie die schwierigen Wörter mit lustigen Kehltönen über die Lippen brachten, und so fand sie es bald lobenswert, daß ihr künftiger Gemahl nicht darauf achtete, zu welchem Glauben sich einer bekannte, wenn der nur ein rechtschaffener Ritter war.

(Nibelungenlied, Str. 1331–1335. Übertragung von Franz Fühmann, aus W. Storck, Das Buch der Nibelungen)

Heute noch erinnert ein Fresko Walter Prinzls, das Kriemhilds Rast in Traismauer in heroisch-romantischer Manier darstellt und die beiden dazugehörigen Strophen aus dem Nibelungenlied zitiert, an diese Station der Reise. Es schmückt die der Altstadt zugewandte Seite des Römertors aus dem 16. Jahrhundert; auch Traismauer geht auf ein römisches Castell zurück.

Die eigentliche Begegnung Kriemhilds mit Etzel fand wenige Kilometer weiter in Tulln statt, wo der Königin, ehe sie nach Wien zu ihrer Hochzeit weiterreiste, ein glänzender Empfang bereitet wurde. Insgesamt fünfundzwanzig Fürsten und Regenten, darunter Dietrich von Bern und Hawart von Dänemark, und über fünftausend Ritter hießen die Braut willkommen.

Schon hier kündigt sich das düstere Schicksal der frohen Festgemeinschaft an. Vorerst jedoch ahnt davon noch niemand: Man freut sich an ritterlichen Spielen, und Kriemhild nimmt von ihrem späteren Gemahl huldvoll den ersten Kuß entgegen:

Ein stat bî Tuonouwe   lit in osterland
diu ist geheizen Tulne: dâ wart ir bekant
vil manic site vremede,   den si é nie gesach.
si enpfiengen dâ genuoge,   den sît leit von ir geschach.

Vor Étzéln dem künege   ein ingesinde reit,
vró únd vil rîche,   hófsch únt gemeit,
wol vier und zweinzec fürsten   tiwer unde hêr.
daz si ir vrouwen sæhen,   dâ von engerten si niht mêr.

Der herzoge Râmunc   ûzer Walachen lant,
mit siben hundert mannen   kom er für si gerant.
sam vlíegénde vogele sáh mán si varn.
dô kom der fürste Gibeche   mit vil hêrlîchen scharn.

Hornboge der snelle   wol mit tûsent man
kêrte von dem künege   gegen síner vrouwen dan.
vil lûte wart geschallet   nâch des landes siten.
von der Hiunen mâgen   wart ouch dâ séré geriten.

Dô kom von Tenemarken   der küene Hâwart
unt rinc der vil snelle,   vor valsche wol bewart,
unt Irnfrit von Düringen,   ein wætlîcher man.
si ẹnpfiengen Kriemhilde,   daz sis êre muosen hân,

Mit zwelf hundert mannen,   die fuortens' in ir schar.
dô kom der herre Blœdelin   mit drin tûsent dar,
der Etzelen bruoder   ûzer Hiunen lant.
der kom vil hêrlîche,   da er die küneginne vant.

Dô kom der künic Etzel   und ouch her Dietrîch
mit allen sînen gesellen.   dâ was vil lobelîch
manic ritter edele,   bíderbe unde guot.
des wart dô vroun Kriemhilde   vil wol gehǽhét der muot.

Dô sprach zer küneginne   der herre Rüedegêr:
„vrouwe, *iuch* wil enpfâhen   hie *der* künic hêr.
awen ich iuch heize küssen,   daz sol sîn getân:
jane múget ir niht gelîche   grüezen alle Etzelen man.“

Dô huop man von dem moere   die küneginne hêr.
Etzel der vil rîche   enbeitẹ dô niht mêr.
er stuont von sînem rosse   mit manegem küenem man
man sach in vroelîche   gegen Kríemhílde gân.

Zwêne fürsten rîche, als uns daz ist geseit,
bî der frouwen gênde truogen ir diu kleit,
dâ ir der künec Etzel hin engegen gie,
dâ si den fürsten edele mit kusse güetlîch empfie.

In Traismauer blieben sie vier Tage, dann ritten sie weiter [in Richtung] Wien, und es geleiteten sie mittlerweile schon so viele Herren, daß der Staub über Österreich schwebte, als brenne es in Feuern der Huldigung. Unter den Herren waren Christen wie Heiden, das sagte ich schon, und sie stritten nicht untereinander ob ihres Glaubens und ließen alle Gebete gelten. Wie staunte Kriemhild, wie groß die Welt jenseits des Rheins war: Da stürmten Helden aus Griechenland und aus Rußland über das Feld, und kühne Walachen und Polen ritten miteinander um die Wette; man sah Gesandte aus Kiew in blauen Pelzen, die trugen ein Kreuz mit zwei Balken aus Heliotrop auf den Marderfellhüten, und ihnen zur Seite sprengten Petschenegen, die spannten den Bogen bis zur äußersten Krümmung und beteten einen Vogel an und galten um nichts minder als ihre Brüder, die vor einem Gekreuzigten auf den Knien lagen. Das gefiel Kriemhild wohl, und ihr Herz war fröhlich. Im Strom Tausender Spiele verrann die Zeit der Reise im Nu, und in Tulln empfing sie schon ihr Bräutigam.

Vor ihm her ritt sein nächstes Gefolge, das waren vierundzwanzig Fürsten, und jeder war ein hochberühmter Held und von hochberühmten Helden umringt wie der Mond von Sternen, und sie alle strahlten vor Glück, wieder eine Herrin zu haben. Da war Herr Ramung, der Herzog der kühnen Walachen, die stoben über die Brache, wie Schwalben schwirren; da war Herr Gibich, dessen Schloß wie ein Adlerhorst zwischen Schneegipfeln hing; da waren Herr Hawart aus Dänemark, der Landgraf Irmfried aus Thüringen, Herr Harborg der Harte aus Polen und Pruzzen und Herr Iring aus Lothringen, der war vom Kaiser geächtet und hatte in Ungarn Hilfe gefunden, und ihnen folgte mit dreitausend langbärtigen Hunnen in weißester Seide auf milchweißen Tieren Herr Bloedel, König Etzels Bruder, und hinter Herrn Bloedels Rittern folgte der Herrscher, und an seiner Seite ritt der gewaltigste Held der Christenheit, Herr Dietrich von Bern. Kriemhild stand überwältigt gleich einer Insel im Rollen des Meeres. „Ihr müßt Euch bereithalten, Herrin", sprach ihr Rüdiger ins Ohr, „ich will Euch die Ritter nennen, die Ihr mit einem Kuß auszeichnen müßt, die anderen mögt Ihr dann mit einer Verneigung ehren!" Da wurde Kriemhild auch schon von hundert Händen aus dem Sattel gehoben, und König Etzel war vom Pferd gesprungen und eilte ihr entgegen, und Freude durchzuckte sein zerfurchtes Gesicht wie Sonne einen Wolkenhimmel.

„Willkommen, Herrin!" sprach Etzel, und Kriemhild küßte ihn und seine Krone rührte an ihre Krone, und das Gold leuchtete über der beiden Gesichter gleich dem Morgenrot über zwei Alpengipfeln. Da sprachen die hunnischen Herren: „Sie ist schön wie Helche!" Dann küßte Kriemhild Herrn Bloedel und Herrn Dietrich von Bern und Herrn Gibich und noch neun andere Könige, die Rüdiger ihr heimlich zeigte und nannte; vor den anderen verneigte sie sich, und dann erdröhnten Himmel und Erde, als die tausendmal tausend Panzer im Kampfspiel zusammenkrachten, und Christen wie Heiden zeigten im Turnier ihre Künste, und jede war lauten Bewunderns wert.

(Nibelungenlied, Str. 1341–1348. Übertragung von Franz Fühmann)

Nachdem man sich ausgeruht hat, reist der Festzug am nächsten Tag übers Tullner Feld nach Wien weiter.

Der Reisende von heute hingegen kann im „Egon Schiele Museum" Rast machen: Dort hat man den wohl berühmtesten Sohn der Stadt im ehemaligen Bezirksgefängnis einquartiert. Neben einer Dokumentation über sein Leben (1890–1918) und seine Zeitgenossen sind hier insgesamt 90 seiner Bilder und Zeichnungen – vorwiegend Jugendwerke – zu sehen.

Wer zuletzt lacht: Neidhart von Reuental im Tullner Feld

Danach begleitet man die Donau entlang des Tullner Felds: Schon bei Krems beginnen sie, die riesigen Felder, von deren Fruchtbarkeit die Stadt Wien seit Jahrhunderten zehrt. Davon zeugen nicht zuletzt die Lieder Neidhart von Reuentals, jenes hochmittelalterlichen Sängers, der erstmals auch die Bauern zu literarischen Ehren kommen ließ. Seine Gesänge sind vielfach im Tullner Feld angesiedelt und setzen Motive aus dem bäuerlichen Leben zu einer kräftigen Ständesatire ein. Spurensuche in Atzenbrugg oder Zeiselmauer also? Dieter Kühn (geb. 1935), der sich ein Buch lang mit „Herrn Neidhart" auseinandergesetzt und eine bemerkenswerte literarische Biographie geschrieben hat, hält von solch einem Augenschein vor Ort wenig. (Aber vielleicht hat er sich auch nur verirrt: Die A 1 ist zum Glück weit entfernt von den Getreidefeldern.)

Im Auto-Atlas, Europa, habe ich mich längst davon überzeugt, daß eine Autobahn, A 1, am Tullner Feld entlangführt, das Neidhart in Liedtexten mehrfach erwähnt hat. Und Ortsnamen, die Neidhart in Winterliedern nannte, sie lassen sich, über die Abfahrten St. Pölten oder Altlengbach, leicht erreichen: Atzenbruck, Königstetten, Michelhausen, Pottenbrunn, Rust, Zeiselmauer. Ich könnte in einem Pottenbrunn oder Zeiselmauer spazierengehen oder in der Umgebung dieser Dörfer, aber das würde mich weder jenen Bauern noch den Liedtexten näherbringen, deren Spielhandlung Neidhart in diesem Gebiet angesetzt hat. Und wenn ich die Hände in die von Neidhart genannten Bäche und Flüsse hielte, in die Perschling, in den Lengbach, der in die Große Tulln mündet, und wenn ich mit beiden Füßen in die Traisen stiege – ich käme Neidhart damit nicht näher. Denn keine Überlieferung fixiert einen Wohnsitz Neidharts in dieser Donauniederung. Zwar hat er sich in einer Liedstrophe ein Haus am Lengbach gewünscht, aber hat sich dieser Wunsch erfüllt? Wahrscheinlich hat Neidhart in Wien gewohnt, wenn der Landesherr dort residierte, oder in Mödling. Neidhart hat auch diesen Namen genannt, als „Medelicke", das wurde bisher meist mit Melk gleichgesetzt, aber Oebbecke hat nachgewiesen, daß es mit Mödling identisch ist.

Ist Neidhart von Wien oder Mödling aus ins Tullner Feld geritten, ist er in Lengbach, Pottenbrunn oder Zeiselmauer gewesen oder waren diese Namen nur Spielmaterial für ihn? Ein topographisch fixiertes, halbfiktives Gebiet ‚gleich nebenan', mit lauter Hintertupfingens, bewohnt von dummdreisten Bauern? Es hätte keinen Sinn, in diese Gegend zu fahren, Neidharts wegen; hier lassen sich keine Spuren aufnehmen, 'kein genius loci wird Details der Lieder reproduzieren. Und selbst, wenn Bauern von Zeiselmauer den in einem Dorfgasthof sitzenden Schriftsteller aus dem fernen Rheinland foppen, hänseln, ärgern, und verächtlich drücken sie an seinem Wagen Roststellen ein oder lassen Luft aus den Reifen – ein Bauer Engelmar bleibt fern, unwirklich. Ja, ich würde Neidhart zu einem naturalistischen oder realistischen Dichter machen, wenn ich herumführe im Tullner Feld und die Beschreibung solch einer Fahrt und die Beschreibung ‚seiner' Orte mit aufnähme in dieses Buch.

Weiter: in Bayern hat Neidhart die Topographie seiner Region nicht in Liedtexte aufgenommen. Hier gibt es einen Namen: Reuental. Neidhart spielte oft auf diesen Namen an, der paßte ihm ins Konzept: der Dichtersänger im Jammertal, im Elendstal, wiederholt läßt er Mütter ihre unternehmungslustigen Töchter warnen, sich auf Neidhart einzulassen, ihm womöglich nach Reuental zu folgen, dort würde es ihnen schlimm ergehen. Dieser Name paßt so gut in sein Konzept, daß man annehmen könnte, er sei erfunden. Andererseits: bei Neidhart haben nur Bauernnamen charakteristische Bedeutung, Ortsnamen sind immer real – es könnte also vielleicht doch ein Reuental existiert haben, sein Reuental. Es gibt auch mehrere Versuche, Neidhart nachträglich anzusiedeln – ähnlich ist es bei Walther von der Vogelweide und den verschiedenen Vogelweidhöfen. Ein Schweizer hätte Neidhart gern in der Schweiz angesiedelt, macht hier ein klangähnliches Angebot, ein Landshuter hätte ihn gern bei Landshut, ein Tegernseer gern im näheren oder weiteren Bereich des Tegernsees, wenigstens nachträglich. Aber ich werde nicht in das etwa siebzig Kilometer östlich vom Tegernsee liegende Reuental fahren und nicht in das gut fünfzig Kilometer südwestlich von Landshut liegende Gebiet um Gesseltshausen, in dem es früher ein Rewental gab – solange kein Dokument vorliegt, das den Liedermacher, Liedersänger Neidhart mit einem dieser Orte in Verbindung bringt, bleibt hier alles Spekulation.

Aber vielleicht war Reuental gar kein Ortsname, sondern der Name eines Hofs, der nie sehr viel eingebracht hatte, und Neidhart spielte das systematisch aus vor bayerischem Publikum, beispielsweise an der herzoglichen Residenz zu Landshut, fand damit die rechte Resonanz.

Für uns freilich ist hier wenig Nachklang: wirklich-unwirklich das Reuental, und Philologen vermeiden heute denn auch die Namenskombination Neidhart von Reuental. Nur in einer Liedzeile heißt es „Neidhart von Reuental", sonst immer nur „Herr Neidhart" oder „Ritter von Reuental" oder „der von Reuental".

Schade, sehr schade, daß es kein einziges Dokument gibt, in dem ein Liedermacher und Liedersänger Neidhart erwähnt wird: keine Anhalts- und Ansatzpunkte. Es gibt über Neidhart nur Vermutungen, nur einige Schlüsse aus Hinweisen, Andeutungen, Anspielungen in literarischen Texten.

(Dieter Kühn, Herr Neidhart, S. 105–108)

Mehr als Vermutungen gibt es also nicht über Neidharts Herkunft und Leben. Nur mühsam lassen sich Bruchstücke seiner Biographie zu einem einigermaßen stimmigen Lebenslauf zusammenfügen. Bewiesen ist damit allerdings fast nichts. Und so bleibt auch Dieter Kühn äußerst vorsichtig, wenn er die Ergebnisse seiner Recherchen auflistet.

Neidhart könnte, darauf hat man sich gleichsam achselzuckend geeinigt, etwa 1180 geboren sein. Es gibt nur einen, ungefähren, Anhaltspunkt, von dem aus Rückschlüsse möglich sind. Wolfram von Eschenbach wies in seinem Epos „Willehalm" auf Neidhart hin, setzte damit voraus, daß sich unter seinen Zuhörern Assoziationen einstellten. Dieses Epos wurde um 1210 oder 1217 geschrieben; zu dieser Zeit war Neidhart also bereits ein bekannter Mann. Wie lange hat ein fahrender Dichterkomponist/Liedermacher/Liedersänger im Hochmittelalter gebraucht, um im deutschen Sprachbereich bekannt, berühmt zu werden? Ein Jahrzehnt? Und in welchem Alter konnte ein junger Mann erstmals hervortreten, auftreten mit Liedern? Anfang zwanzig? Mit solchen Schätzziffern kommt man auf etwa 1180. Und man setzt so voraus, daß Neidhart in den ersten vier Jahrzehnten des 13. Jahrhunderts als Dichter, Komponist, Liedermacher, Liedersänger aktiv war, als Fahrender und zeitweilig in „Diensten" der Herzöge von Bayern und von Österreich, auch des Erzbischofs von Salzburg. Ab Ende der dreißiger Jahre finden wir in Neidharts Liedern keinen Hinweis mehr auf Zeitereignisse. Das könnte heißen: etwa um 1240 hat Neidhart aufgehört zu dichten, oder er ist um diese Zeit gestorben. Ab Mitte des Jahrhunderts wird er von Kollegen unter die Verstorbenen gezählt.

(Dieter Kühn, Herr Neidhart, S. 108)

Daß Neidhart im Jahr 1217 an einem Kreuzzug in den Vorderen Orient teilgenommen hat, kann man nur vermuten. Kreuzzugslieder existieren jedenfalls. Wichtiger als diese und allfällige biographische Details ist jedoch Neidharts weiter reichende Bedeutung für die Dichtung: Immerhin zählt er zu den großen Neuerern in der deutschen Literaturgeschichte. Zu einem Zeitpunkt, da der Hohe Minnesang durch Walther von der Vogelweide, Heinrich von Morungen oder Reinmar dem Alten seine Blüte erlebt hatte und in seinen Möglichkeiten erschöpft zu sein schien, brachten die Lieder Neidharts neue Anregungen in das festgefahrene Figuren- und Themenrepertoire: Erstmals bricht das „Dörperliche", das Grob-Komische, Derbe, in die Dichtkunst ein. Neidhart scheut sich nicht, die Rituale des höfischen Minnesangs in das bäuerliche Milieu zu übertragen und es damit frech zu parodieren. Gleichzeitig erteilt er den unteren Ständen, die die gesellschaftliche Leiter hinaufklettern wollen, eine Absage.

Neidhart selbst begegnet man sowohl in seinen Sommer- als auch Winterliedern. Erstere sind einfache, leichte Reigenstrophen, die mit

Neidhart
inmitten fröhlicher
Bauern, Manessische
Liederhandschrift

einer Naturbeschreibung einsetzen und dann das kecke Buhlen des Dichters und ritterlichen Sängers um eine Bauernmagd beschreiben. Er gewinnt die Herzen der einfachen Mädchen durch seine raffinierten, wenn auch nicht eben feinen Annäherungsversuche und muß sich der Zudringlichkeit so mancher liebestollen Alten erwehren. Kurz und gut – er siegt auf allen Ebenen:

Ich habe die Heide
nie schöner gesehen,
einen strahlenden Anblick
bietet der grüne Wald.
An beiden können wir den Mai erkennen.
Ihr Mädchen, ihr sollt euch zu zweien gesellen,
zum Empfang der sonnigen Sommerzeit fröhlich tanzen!

Viele Zungen preisen
den Mai.
Die Blumen sind entsprossen
vielerorts,
wo man vorher keine finden konnte.
Neu belaubt steht die Linde.
Da hebt, wie ich hörte, ein Tanz von schmucken Mädchen an.

Die sind unbekümmert
und freudigen Sinnes.
Ihr schönen
und liebreichen Mädchen,
schmückt euch, daß euch die Baiern danken,
die Schwaben und die Franken!
Schnürt eure weißen Röcke mit Seidenbändern fest um die Hüften!

„Für wen sollte ich mich schön machen?",
sprach ein Mädchen.
„Die jungen Männer schlafen ja.
Ich habe keine Hoffnung mehr.
Frohsinn und Ehrgefühl sind aller Welt gleichgültig.
Die Männer sind flatterhaft.
Keiner wirbt um eine Frau, die ihm Ehre bringen könnte."

„So darfst du nicht reden",
sprach ihre Freundin.
„Wir haben Grund, fröhlich zu bleiben.
Es gibt noch viele Männer,
die tugendhaften Frauen gern dienen.
Laß darum solche Reden sein!
Um mich wirbt einer, der Trübsal vertreiben kann."

„Den mußt du mir zeigen,
damit ich sehe, wie er mir gefällt.
Der Gürtel soll dir gehören,
den ich umhabe!
Nenne mir seinen Namen, der dich lieben kann,
ohne daß jemand davon weiß!
Heute nacht träumt' ich von dir, du wolltest von hier fort!"

„Den sie alle nennen
den von Reuental
und dessen Lieder sie kennen
wohl allesamt,
der ist mir gewogen. In Güte lohn ich's ihm.
Schön um seinetwillen
will ich mich schnüren. Doch fort, man läutet Mittag!"
(Neidhart von Reuental, Sommerlied, Lieder, S. 11–13)

Weniger erfolgreich verläuft sein Werben in den Winterliedern, die er großteils im Tullner Feld spielen läßt: für ihn ein wenig ehrenvolles Schlachtfeld. Ähnlich bodenständig wie die Ortsnamen – Michelhausen oder Moosbierbaum – sind die Szenen, die sich in den Wirtshäusern im Kampf um die Mädchen abspielen: Da wird gerauft und geflucht, ganz ungeachtet der höfischen Kleidung, in die sich die Bauernburschen gezwängt haben. Diesmal sind die Tölpel die stärkeren und lassen den Ritter geschlagen und verbittert zurück:

Ach, Sommerzeit,
daß dir niemand Hilfe leistet!
Wieviel Feindseligkeit und Mißgunst
lastet wieder auf deinem Rücken,
ehe der Winter seinen Kampf
mit dir so ausgetragen hat, wie er es vorhat.

Er ist dir feind,
ich weiß nicht, warum.
Seitdem er deinen Thron eingenommen hat,
hat er nie vergessen,
dir immer noch mehr Gewalt anzutun.
Seine Macht übertrifft die deine sicherlich tausendfach.
Er hat in die Lande
dir zum Schaden ausgesandt
alle seine Vasallen, die dich unverhohlen mit gewalttätiger Hand
                                        ausplündern.
[...]

Mein ganzes Werben
ist eine erfolglose Sache.
Sobald ihr alle sagt: „Sing,
vertreib meinen Mißmut!",
dann läßt doch ein Bauernrüpel
sie meinen Gesang nicht hören: das laßt euch leid tun!
Der ist oft in ihrer Nähe
und wird Mandelzweig genannt.
Wie der Narr wirklich heißt,
das weiß ich nicht.
Drei seiner Nachbarn
haben ungefragt früher einmal gesagt,
daß er auf den Namen Eberzahn
getauft sei.
Diesen Sommer sind sie mir in die Quere gekommen, er und einer
seiner Kumpanen namens Heerbrand.

Die zwei Spießgesellen,
Landsleute aus Königstetten,
tapsen wie ein angeketteter Löwe
im Tanz mit der Liebsten herum,
ohne dazu aufgefordert zu sein.
Was sie da mit ihr flüstern, ist zu meinem Nachteil
und geht auf meine Rechnung.
Ach, welch dreiste Zuversicht!
Wieviel Unglück habe ich doch
(mehr als jeder andere Mensch),
das ich nicht abwenden kann!
Sie gehen meine Tage trostlos dahin.
Ach, Glücksrad,
wann werde ich meinen Platz
auf dir finden oder wann meinen Fuß auf den Glückspfad setzen?

Den Weg des Glücks
habe ich leider noch nie betreten.
Wo ich um Gunst je flehte,
da stieß mich beiseite
ein frecher Bauernlümmel.

So verlustreich hab ich schon gut dreißig Jahre gespielt,
der Liebe wegen umsonst gehabt
Schaden und Zorn,
die ich besser gemieden hätte.
Nie wird das jedoch vergessen und verziehen,
das habe ich hoch und heilig geschworen.
Bei der geliebten Friderun fing es mit Engelmar an,
der ihren Spiegel nahm,
was ihm Narren nicht zustand.
Ich denke schon dran, einer ihrer Herzensköniginnen dasselbe
                                                    anzutun.
(Neidhart von Reuental, Winterlied, Lieder, S. 61–67)

Zum Dummkopf machen Neidhart nicht nur die Bauern in seinen
eigenen Liedern. Hundert Jahre später erscheint er als Figur eines der
ersten deutschen Lustspiele auf der Bühne, wo er es sich lange Zeit
gefallen lassen muß, als Narr verhöhnt zu werden. Wiewohl es verschiedene Fassungen der Neidhartspiele gibt, bleibt der Stoff derselbe. Er basiert auf dem niederösterreichischen Brauch, in der Donauau
bei Zeiselmauer die ersten Veilchen mit Musik und Gesang zu begrüßen und damit den Frühling zu feiern. Ein unbekannter Spielmann hat
daraus ein Stück entwickelt, das sich größter Beliebtheit erfreute:

Neidhart findet das erste
Veilchen, Holzschnitt

Neidhart entdeckt in der Au das erste Veilchen, stülpt seinen Hut darüber und meldet seinen Fund voller Stolz der Herzogin. Als er sie und ihr Gefolge an die besagte Stelle geleitet und den Hut hebt, sieht er sich einem Kuhfladen gegenüber. Daß Neidhart in den drauffolgenden Jahrhunderten mehr als Figur eines Schwankes denn als Sänger bekannt bleibt, könnte man als späte Rache des gefoppten Bauernstandes deuten.

Scharaden auf Atzenbrugg: Peter Härtling

Auch wenn, wie erwähnt, die Neidhartschen Figuren in Atzenbrugg ihr Unwesen treiben, sucht man dort vergeblich nach Spuren seines Lebens oder seiner Dichtung – wenn man von der Hauptschule absieht, wo ein Fresko an ihn erinnert. Ein Abstecher nach Atzenbrugg, auf der Strecke zwischen Traismauer und Tulln ohne großen Umweg zu erreichen, lohnt sich aber trotzdem. Schloß Atzenbrugg ist nicht nur kunsthistorisches Prunkstück des Ortes, sondern genoß auch als Künstlertreff einen guten Ruf, besonders in der ersten Hälfte des 19. Jahrhunderts: Franz Schuberts „Atzenbrugger Tänze", 1821 während eines Sommeraufenthaltes im Schloß entstanden, haben das kleine Dorf sogar in die Musikgeschichte hineinmanövriert. Dort führt es immer noch ein stolzeres Dasein als im Tullner Feld selbst, wo es sich nicht wesentlich von seinen Nachbargemeinden unterscheidet.

Neben Schubert und seinen „Schubertiaden" waren es Sänger, Schauspieler, Dichter und Maler, die Atzenbrugg als Sommerfrische und Ort geselliger Feste schätzten. So kann sich denn auch die Gästeliste sehen lassen: Franz Schubert, Eduard von Bauernfeld, Moritz von Schwind oder Franz von Schober trafen sich dort jahrelang regelmäßig, um neueste Werke zu schaffen, zu diskutieren oder aufzuführen. Auf jeden Fall aber auch, um lustige Tage im Grünen zu verbringen, wie die launige Einladung, die Franz von Schober und Moritz Schwind an ihren Freund Eduard von Bauernfeld abschickten, vermuten läßt:

Ich lebe bereits in dem holden Wahn
Sie seyen mein Innsaß und Unterthan
Wo nicht, so sollst du alsbald
Bey uns erscheinen in Gestalt. Ob sie es nun sind oder nicht sind
So packen Sie mir und kommen geschwind
Wohnung Essen Wein und Bier Erwartet Dich mit Freude hier [. . .]
Vor allem aber vier Freundesarm
Die Sie umfassen daß Gott erbarm
Komm gleich Donnerstag heraus
Denn Samstag ist der Spaß schon aus.
Wir Pfieten Sie Gott jetzt die wir sind
Franciscus Schober und Moritz Schwind.

Dieser Franz von Schober ist es auch, der mit Franz Schubert eng befreundet war, mit ihm zusammenlebte und Libretti und Liedtexte für ihn schrieb. Vor allem aber hatte er einen Onkel, dem ein ganzer Freundeskreis launige Ferienwochen verdankte. Peter Härtling hat Szenen dieser unbeschwerten Tage in seinem „Schubert"-Roman verdichtet:

Das verfolgt ihn, selbst als er mit dem vertrauten Troß in den Atzenbrugger Sommer zieht, und ihn wieder wie im vorangegangenen Jahre eine Kette von Festlichkeiten, Nachtschwärmereien, Scharaden und Schubertiaden beschwingt.

Schobers Onkel, Josef Derffel, verwaltet das Schloß, das dem Stift Klosterneuburg gehört, ein Areal, das die Sonne geradezu auf sich zieht, beherrscht von dem ocker gestrichenen, zweiflügeligen Schloß, das, sobald Hof und Garten von Menschen belebt sind, sich als schöne Kulisse zurücknimmt und dem ungleich kleineren Pavillon im Park es überläßt, Spielraum zu sein.

(Peter Härtling, Schubert, S. 237)

Schubertiaden gibt es auch heute wieder, Jahr für Jahr. Doch nur, weil die Gemeinde Atzenbrugg das abbruchreife Schloß 1978 ersteigert hat und sich ein rühriges Komitee bemüht, die Restaurierungsarbeiten zu überwachen und die Tradition der Schubert-Konzerte aufleben zu lassen. Gleichzeitig wurde ein Museum eingerichtet, in dem Franz Schubert und sein Freundeskreis in Bildern, Autographen und liebevoll gesammeltem Mobiliar aus dem Biedermeier weiterleben.

Sommerfrische in Altenberg: Peter Altenberg

Vom Tullner Feld aus sollte man, so man mit dem Fahrrad oder zu Fuß unterwegs ist, die Donauauen mit ihren Wäldern, kleinen Flußarmen und der dazugehörigen selten gewordenen Flora und Fauna durchqueren: eine Tour, dessen Länge sich dosieren läßt. Zu den großen Freunden solcher Streifzüge gehörte übrigens Heimito von Doderer (1896–1966): „Der graugrüne tiefe Schaum der Auwälder, die gewundenen Wasserarme mit ihrem so vielfältig verschiedenen Grün, leuchtend und gelblich in Gewächsen, welche die Oberfläche bedecken, verhaltener in den Lanzenwäldern des Schilfes, vollends beruhigt unter den tiefhängenden, weit übers Ufer greifenden Ästen. Der Schrei eines Wasservogels wie unter geschlossenen Bogen hallend. Ferne, schwindelnd hohe Baumkronen in den goldenen Himmelsglanz verdampfend . . .“

Eine solche Wanderung mag einen darüber hinaus auf die nächste literarische Station einstimmen: Immerhin waren die Donauauen hinter Tulln jahrzehntelang wissenschaftliches Experimentier- und Beobachtungsfeld für den Nobelpreisträger Konrad Lorenz (1903–1989), den Vater der Verhaltensforschung, wie er gern genannt wird. Er residierte in einer Villa in Greifenstein-Altenberg, die er von seinem Vater geerbt hatte. In der Adolf-Lorenz-Gasse 1, direkt an der einzigen größeren Kreuzung in Altenberg gelegen, ist sie von einer dicken, alten Mauer umgeben, die neugierige Blicke abschirmt. Nur die oberen Geschosse der Wohn- und Gutsgebäude und die Gipfel der Bäume lassen dahinter eine verwunschene Idylle vermuten. Inmitten der adretten, unauffälligen Einfamilienhäuschen, die Altenberg zu einer eher unscheinbaren Ortschaft an der Straße machen, sind sie Fluchtpunkt für das beleidigte Auge und als solcher nicht zu übersehen.

Lediglich das Nachbarhaus in der Adolf-Lorenz-Gasse 3 kann mit dem Lorenzschen Anwesen mithalten, wenngleich es weit weniger groß und von einem relativ kleinen Garten umgeben ist. Es wirkt etwas heruntergekommen durch den allzu häufigen Besitzerwechsel und kann nur mehr bescheiden auf die besseren Tage verweisen, die offenbar hinter ihm liegen. Denn Geschichte hat das Anwesen ohne Zweifel. Die „Lecher-Villa" war zur Zeit der Jahrhundertwende ein Begriff: Sie diente der Familie Zacharias Konrad Lecher nicht bloß als Sommerfrische, wie sie in den großbürgerlichen Kreisen Wiens ganz einfach zum Lebensstil gehörte, sondern war auch Treffpunkt für junge Künstler, hauptsächlich angehende Schriftsteller. Als Chefredakteur der „Neuen

Lecher-Villa in Altenberg

Freien Presse" und Präsident der Schriftstellervereinigung „Concordia" verfügte Lecher über genügend Kontakte und Spürsinn, Talente aufzustöbern und zu fördern.

Der junge Richard Engländer jedoch zählte nicht zu seinen Entdeckungen. Ihn hatte einer seiner drei Söhne bereits als Gymnasiast nach Altenberg mitgebracht, wo er bald schon zur Familie gehörte und jahrelang regelmäßig zu Gast war. Der seltsam überspannte Schöngeist, Sproß eines wohlhabenden Kaufmanns, wußte die Lechers gleichermaßen zu amüsieren und faszinieren. Er selbst fühlte sich am meisten zu der jüngsten der drei Schwestern, Bertha, hingezogen, der er auf vielerlei Arten zu gefallen versuchte. So ließ er sich sogar das Schwimmen beibringen, um dem jungen Mädchen zu imponieren. In den wenigen Zeilen seines „Strandbads in den Donau-Auen" hat er seine Erinnerung an die Badefreuden dieser Tage atmosphärisch verdichtet und überhöht. Die kleine Skizze ist typisch für seine Methode, schnelle Blicke auf scheinbar Alltägliches zu werfen, um dann abrupt zum nächsten Eindruck zu eilen. Entstanden sind pointierte und zugleich poetische Miniaturen, die, wie Hugo von Hofmannsthal charakterisiert, so sind „wie ganz kleine Teiche, über die man sich beugt, um Goldfische und bunte Steine zu sehen, und plötzlich undeutlich ein menschliches Gesicht aufsteigen sieht".

Strandbad in den Donau-Auen

Ich sah eine 15jährige, in hechtgrauem Seiden-Trikot und mit hechtgrauer Seiden-Mütze, mit schneeweißen langen schmalen Füßen; ich sah einen 14jährigen, der noch schlanker, noch biegsamer, noch zarter war als die hechtgraue. Er trug schwarze, seidene, ganz kurze Höschen. Ich sah den Damm in Sonne gebadet, mit den graugrünen Weiden, und der russische Gefangene führte in brauner Jacke die braune Überfuhr-Fähre. Niemand sprach vom Kriege. Alle waren auf ihre Gesundheit konzentriert, auf ihr Braun-werden, sogar das Wasser war Nebensache, sie hielten mehr von der Sonne. Im Wasser wird Einem bald zu kalt, aber in der Sonne nie zu heiß! Auch ein Standpunkt. Ein falscher!

Ich ging stundenlang in dem keller-kühlen Donau-Buschwerk und traf keine Liebespaare. In den herrlichen dichtumlaubten Tümpeln vermisse ich nur Flamingos, Reiher und Krokodile. Dafür gab es kleine blaue Schmetterlinge. Eine Stunde von unserer „Kapitale". Da kann man nur träumen: „Pfui, Lido!"

(Peter Altenberg, Mein Leben, S. 206 f.)

Bertha und die Sommeraufenthalte in Altenberg kann man jedoch nicht einfach als Episode im Leben des Richard Engländer abtun, obwohl er dies in seiner „Selbstbiographie" aus dem Band „Was der Tag mir zuträgt" so darzustellen versuchte: „Mit 23 Jahren liebte ich ein wunderbares dreizehnjähriges Mädchen abgöttisch, durchweinte meine Nächte, verlobte mich mit ihr, wurde Buchhändler in Stuttgart, um rasch Geld zu verdienen und für sie sorgen zu können später. Aber es wurde nichts aus alledem. Nie wurde etwas aus meinen Träumen."

Seine Hoffnungen auf ein gemeinsames Leben mit Bertha zerschlugen sich schnell: Sie heiratete schon als sehr junge Frau den Pädagogen Eduard Jordan und wurde Lehrerin, später sogar Schuldirektorin. Unter ihren Schülern war eine zeitlang auch ihr Neffe Konrad Lorenz. Den Plänen Richard Engländers, die er mit ihr zusammen entworfen hatte, wußte sie sich offenbar zu entziehen. Er hingegen blieb sowohl Bertha als auch Altenberg treu, indem er sein Leben lang ein Pseudonym benutzte, das an beide Jugenderfahrungen erinnert: An Bertha, die von ihren Brüdern Peter gerufen wurde und als solcher die drei Burschen bedienen mußte, gemahnt sein Vorname, an die Sommeraufenthalte in Altenberg in der Lecher-Villa sein Nachname.

Seine Anhänglichkeit an Altenberg und seine erste Liebe spiegeln sich zudem in der Skizze „Ort Altenberg", einem wehmütigen Rückblick:

Ort Altenberg

Ich war heute, nach 30 Jahren, in dem kleinen lieben Orte „Altenberg", an der Donau. Heißt er so nach mir, heiße ich so nach ihm, gleichviel! Die Gebüsche der Weiden und der Birken sind Waldungen geworden, und Niemand schwimmt mehr in der „freien großen breiten Donau", sondern in den sogenannten reizenden „toten Lacken". Wo ist Emma, wo ist Bertha, wo ist Hilda, wo ist Elsa?! Ja, Emma hat eben hier, eingedenk ihrer holdesten Kinderzeit, mit Hilfe ihres berühmten Mannes (Hofrat Professor Adolf Lorenz) sich hart an diesen lieblichsten Donautümpeln ein herrliches Garten-Schloß erbaut mit weißer hoher Aussichtswarte über die Donau-Auen. Frische feuchte Luft kommt abends von den Hügeln. Was man da Alles sich einst erträumte, ist verweht. Alle, Alle haben sich gerettet, irgendwohin, nur ich nicht. Ich mache eine Landpartie hinaus, in dieses Land meiner heiligen Jugendträume, und bemerke, daß die Weiden, die Birken dichte Waldungen geworden sind mit der Zeit!

(Peter Altenberg, Mein Leben, S. 150 f.)

Peter Altenberg ist es auch, der einen Kollegen, den Tiroler Arzt und Dramatiker Karl Schönherr (1867–1943), treffend zu charakterisieren wußte: „Karl Schönherr halte ich für eine stille, in sich gekehrte Erdkraft, die Philosophie der Geschichte in drei Akten umzusetzen versteht, oder, wie in dem Drama ‚Erde', die Philosophie der menschlichen Erbärmlichkeiten! Er, und wie früher Rudolf Hans Bartsch, könnten Kriegsarchive und Memoirenwerke in ‚moderne lebendige Kraft' ummodeln." Ob Altenberg Karl Schönherr in späteren Jahren kennengelernt hat? Schönherr war wochenlang bei Adolf Lorenz zu Gast und hat dort eines seiner bekanntesten Stücke, „Die Erde", geschrieben. 1908 wurde seine Komödie erstmals publiziert. Portraitiert hat er darin ein junges Paar, das mit dem Stück Land liebäugelt, das ihnen als

Erbe versprochen worden ist. Doch der sterbende Vater steht nochmals vom Totenbett auf und macht sich auf den Weg zurück ins Leben: Die Erde wird ihn nicht los.

Karl Schönherr hingegen ist in unseren Tagen kaum mehr auf den Spielplänen zu finden, und wenn, dann meist mit seinen Stücken „Weibsteufel" oder „Glaube und Heimat": Ihn hat man erbarmungslos in den ewigen Schlaf geschickt.

Die Künstlerkolonie von Gugging

Von Altenberg erreicht man über St. Andrä in kurzer Zeit Gugging, wo man einen Abstecher in das Niederösterreichische Landeskrankenhaus für Psychiatrie und Neurologie nicht versäumen sollte. Was daran besonders ist? Vielleicht die Lage inmitten lichter Wälder, ganz sicher jedoch der Pavillon 11, der letzte in der weiträumigen Anlage. Von den anderen Abteilungen unterscheidet er sich schon von weitem: Bunt bemalt, auffällig und eigenwillig, sind nicht nur die Hauswände, sondern auch viele der Gebrauchsgegenstände im Garten: Tische und Bänke, Gartenpfosten, Bäume. Hier sind Künstler am Werk, die Künstler von Gugging, bekannte Exponenten der „Art Brut", die inzwischen mit ihren Ausstellungen die Galerien und Museen der ganzen Welt erobert haben: August Walla, Johann Hauser oder Oswald Tschirtner. Daneben leben hier, in dieser Gemeinschaft, auch Dichter: Edmund Mach etwa, oder, vor kurzem verstorben, Ernst Herbeck, den man auch unter seinem Pseudonym „Alexander" kennt.

Beide haben wiederholt Lyrik veröffentlicht, die sie, so ihr Arzt und Mentor Leo Navratil, ihrer Psychose verdanken. Navratil, der das Entstehen dieser Werke fördert und ihnen den Weg an die Öffentlichkeit ebnet, beweist damit eindrücklich, daß seelische Krankheiten keine Behinderung darstellen müssen, sondern schöpferische Kräfte freisetzen können, die erstaunlich sind. Die zeitgenössische Kunst erlebt durch diese Bilder und Gedichte eine interessante Spiegelung und Ergänzung, weshalb sie verschiedentlich stark und positiv auf die Gugginger Künstler reagiert hat.

Auf dieses Echo wiederum haben die Dichter und Maler aus Gugging geantwortet, so daß manch anregender Dialog entstanden ist. Edmund Mach etwa, 1929 in Wien geboren und seit 1957 in psychiatrischer Behandlung, hat je ein Gedicht für Friederike Mayröcker und Ernst Jandl geschrieben, die sich für diese Lyrik wiederholt eingesetzt haben.

Mein Herz (Für Friederike Mayröcker)

Mein Herz geht gut.
Es ist nicht besonders schön
hält aber alle Anforderungen
der Herzschwäche der Herz
Emporheit aus. Bei Reimen
umschließt das Herz eine
fiktive Wunde.

Der Traum (Für Ernst Jandl)

Ebenstößer der Nacht
etwas Positives mitunter
Inzwischenfäller freundlich
mitunter vom Schläfer
abonniert.
Bringt Humor der Nacht
und bringt den Schläfer
in der Nacht durch.
(Leo Navratil, Schizophrenie und Dichtkunst, S. 265–267)

Ernst Herbeck:
Mann und Frau, 1959

Ernst Herbeck (1920–1991), ebenfalls schizophren, war noch stärker in den Literaturbetrieb integriert als sein Kollege: Seine Gedichte, für die nicht zuletzt auch Künstler wie Otto Breicha, André Heller und Gerhard Roth vehement eingetreten sind, fanden ein großes Publikum, er selbst sah sich Interviews, Lesungen und Fernsehaufzeichnungen gegenüber – mit großer Freude offenbar. Von ihm stammt auch ein Gedicht, das die symbiotische Beziehung zwischen Arzt und Patient thematisiert:

Der Patient

die Katze ist ein Lamm des Friedens.
so denkt ein Dichter seiner Zeit.
die im inneren Zeichen eines Psychiaters
einer eigenen Welt gehorcht, – dem Patienten.
der Arzt zieht die Nummer dann
dem Patienten eine neue Seele an.
der im neuen Geiste einer Krankheit,
immer weiterziehen soll.
(Ernst Herbeck, Ausgewählte Werke, S. 42)

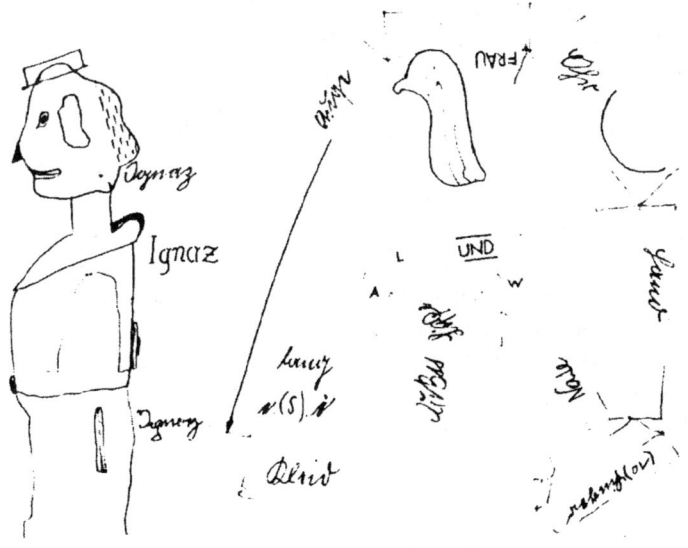

Ernst Herbeck: Frau, 1958

Im Gugginger Künstlerhaus jedenfalls wirkt die Atmosphäre zwischen Patienten und Betreuern entspannt – aber das Haus ist überhaupt untypisch für eine psychiatrische Anstalt. Nicht nur, daß auch das Innere von den Künstlern gestaltet worden ist, auch der Zutritt ist jedem gern gestattet, sofern man nicht zu nächtlicher Stunde eintrifft. Und bei einem Rundgang durch die Gänge, die einer Galerie gleichen, ist es nicht schwer, mit den betreffenden Malern ins Gespräch zu kommen: ein lebendiges Kulturdenkmal, ein Gesamtkunstwerk!

Langsames Sterben in Kierling: Franz Kafka

Nur wenige Kilometer sind es von Gugging nach Kierling. Lediglich eine versteckte grüne Tafel verweist auf ein kleines Museum, das direkt an der Hauptstraße liegt und beinahe zu übersehen ist. Das Haus Nr. 187, heute ein solides Wohnhaus mit mehreren Parteien, war einstmals ein Sanatorium, wenn auch kein besonders großes oder berühmtes. Es wäre wohl auch schon in Vergessenheit geraten, hätte es nicht für einige Wochen einen prominenten Gast beherbergt, der dort auch gestorben ist: Franz Kafka.

Kierling und das Sanatorium Dr. Hoffmann waren Kafkas letzte Station auf einer Odyssee durch die verschiedensten Heilanstalten, die ihm nur wenig oder gar nicht zu helfen imstande waren. Seine Lungentuberkulose, die in der Folge auch auf den Kehlkopf übergriff, war viel zu spät entdeckt und behandelt worden, als daß eine Gesundung möglich gewesen wäre. Kafka selbst hat sich dieser Krankheit nicht rechtzeitig gestellt, wenngleich er die Ursachen für seine gesundheitliche Schwäche und seine Lebensuntauglichkeit, wie er sie an sich selbst konstatierte, schon Jahre vor Auftreten akuter Symptome mit außerordentlicher Klarsicht erkannt hatte. In seinem Tagebuch stößt man immer wieder auf erstaunliche Selbstanalysen, in denen er sich die Opfer, die ihm das Schreiben abverlangte, klar vor Augen führt:

In mir kann ganz gut eine Konzentration auf das Schreiben hin erkannt werden. Als es in meinem Organismus klargeworden war, daß das Schreiben die ergiebigste Richtung meines Wesens sei, drängte sich alles hin und ließ alle Fähigkeiten leer stehn, die sich auf die Freuden des Ge-

Ehemaliges
Sanatorium in Kierling

schlechtes, des Essens, des Trinkens, des philosophischen Nachdenkens, der Musik zuallererst, richteten. Ich magerte nach allen diesen Richtungen ab. Das war notwendig, weil meine Kräfte in ihrer Gesamtheit so gering waren, daß sie nur gesammelt dem Zweck des Schreibens halbwegs dienen konnten. Ich habe diesen Zweck natürlich nicht selbständig und bewußt gefunden, er fand sich selbst und wird jetzt nur noch durch das Bureau, aber hier von Grund aus, gehindert. Jedenfalls darf ich aber dem nicht nachweinen, daß ich keine Geliebte ertragen kann, daß ich von Liebe fast genauso viel wie von Musik verstehe und mit den oberflächlichsten angeflogenen Wirkungen mich begnügen muß, daß ich zum Silvester Schwarzwurzeln mit Spinat genachtmahlt und ein Viertel Ceres dazu getrunken habe und daß ich Sonntag bei Maxens Vorlesung seiner philosophischen Arbeit nicht teilnehmen konnte; der Ausgleich alles dessen liegt klar zutage. Ich habe also nur die Bureauarbeit aus dieser Gemeinschaft hinauszuwerfen, um, da meine Entwicklung nun vollzogen ist und ich, soweit ich sehen kann, nichts mehr aufzuopfern habe, mein wirkliches Leben anzufangen, in welchem mein Gesicht endlich mit dem Fortschreiten meiner Arbeiten in natürlicher Weise wird altern können.

(Franz Kafka, Tagebuch, 3. 1. 1912. Gesammelte Werke, Tagebuch, S. 167 f.)

Erst als Todkranker wird ihm die Konsequenz und weitreichende Bedeutung seiner Haltung bewußt: Er, der immer vor Frauen geflüchtet ist und ihre Nähe nicht zulassen konnte, hat im Sommer 1923 erstmals eine Frau kennengelernt, die ihm das Gefühl gibt, er könne ihren Ansprüchen an das Glück genügen: Dora Diamant begleitet ihn wohl bis zu seinem Tod, also nicht ganz ein Jahr lang, doch retten kann sie ihn nicht mehr, obwohl sie ihn auch in Kierling Tag und Nacht betreut. Die geplante Heirat, die sich Kafka, der früher eine ganze Reihe von Verlobungen in letzter Minute in Panik gelöst hat, plötzlich zutraut, scheitert am Nein des Vaters Diamant: eine Nachricht, die ihn in Kierling erreicht und niederwirft.

Jürg Amann (geb. 1947) hat dieser Dora Diamant, deren Spur sich nach 1924 verliert, in „Nachgerufen" einen Monolog in den Mund gelegt, der Kafkas psychische Disposition aus ihrer Sicht anklingen läßt:

> Kierling bei Wien,
> Anfang Juni 1924

Franz. Hörst du mich? Bist du noch da? Darf man zu dir hinein? Ich habe geklopft. Du hast nicht geantwortet. Ist es erlaubt? Ich bringe dir Blumen. Ich habe dir Blumen gebracht. Wo bist du denn, Franz? Wo bist du denn hingekommen? Versteckst du dich etwa vor mir? Man sieht dich ja gar nicht. Was hast du nur mit der Decke gemacht? So zugedeckt mußt du doch jetzt noch nicht sein. Du wirst ersticken. Du bekommst keine Luft. Wo nimmst du die Luft her? Ich werde das Bett etwas herrichten. Sieht denn hier keiner zu dir?

So klein bist du schon? So zum Verschwinden klein? Hörst du mich, Franz? Ich bin es, Dora. Kannst du mich hören? Ich habe dir ein paar Blumen gebracht. Ich habe sie auf den Nachttisch gelegt. Ich stehe ganz nahe bei dir am Bett. Ich spreche zu dir. Ich beuge mich über dein Ohr. Siehst du mich? Schaust du mich an? Erkennst du mich, Franz? Das weiß man bei dir ja nie. Schläfst du? Mit offenen Augen?

Was bist du nur für ein Mensch? Das habe ich mich oft gefragt. Was geht in dir vor, von dem man nichts weiß, wenn man so vor dir steht? So neben dir? So weit von dir weg? Was hörst du von mir, wenn ich in dein Ohr hinein rede? Was siehst du, wenn deine Augen den leeren Winkel des Zimmers fixieren? Was willst du mir sagen, mit geschlossenem Mund, wenn deine Lippen sich spitzen? Wenn deine Lippen zittern? Oder zittern sie nicht? Bin ich es, die zittert?

Ich verstehe dich nicht. Ich kann dich nicht mehr verstehen. Es ist zu spät, Franz. In dir hat die Krankheit gehaust wie ein hungriges Tier. Es läßt nichts zurück. Du weißt es. Du selbst hast es gefüttert. Du hast deine Freude daran gehabt. Das tägliche Füttern des Raubtiers ist deine Freude gewesen. Hat Farbe ins Grau deiner Tage gebracht. Blut in dein Leben. Daß es dein eigenes Blut gewesen ist, hast du zu spät bedacht. Jetzt soll ich dir helfen? Aber ich helfe dir ja. Ich hätte dir ja gerne immer geholfen, wenn du dir nur hättest helfen lassen. Man kann dir nicht helfen. Das ist die Wahrheit. Verstehst du? Du stirbst mir. Ich habe dich sterben lassen. Mir unter den Händen bist du gestorben. Du Narr. Du Narr. Du Büchernarr.

Warum hast du nicht auf dich aufgepaßt? Du hättest doch gesund bleiben können und schreiben. Dein ganzes Leben lang, das dann ein längeres Leben gewesen wäre. Mich läßt du doch schließlich zurück. Denkst du denn nicht an mich? Hast du denn immer nur an deine Arbeit gedacht?

Mein erster Mann, und du stirbst mir. Stirbst mir einfach davon.

Ich will die Blumen einstellen. Sie brauchen Wasser. Sie lassen die Köpfe hängen. Man darf sie nicht so verkommen lassen, verstehst du. Nicht so verkommen lassen. Hörst du mich, Franz? Man weiß gar nicht, ob du noch lebst.

Das Fieberthermometer ist mir heruntergefallen. Es ist unter den Blumen gelegen. Scherben bringen Glück. Es ist nicht zerbrochen.

(Jürg Amann, Nachgerufen, S. 44–46)

Im Sanatorium Dr. Hoffmann kann man Kafka nicht mehr helfen. Die ärztliche Behandlung beschränkt sich darauf, seine Schmerzen zu lindern und ihm das Sterben zu erleichtern: Man quartiert ihn in ein Zimmer ein, das den Blick freigibt auf Rosenbeete, den Kierlingbach, auf sanfte Weinberge und den Wienerwald. Umsorgt von Dora Diamant und Robert Klopstock, einem befreundeten Medizinstudenten, gibt sich Kafka bis zuletzt der Hoffnung hin, wieder zu genesen, obwohl ihn unerträgliche Schmerzen, Schluckbeschwerden und das Abnehmen der Stimme des Gegenteils belehren müßten. Mit letzter Kraft und unglaublicher Anstrengung korrigiert er die Fahnen des Bandes „Der Hungerkünstler", die ihm der Verlag „Die Schmiede" nach Kierling geschickt hat. Er selbst kann kaum mehr essen, so sehr er es möchte. Am 5. Juni stirbt er. Textpassagen aus dem „Hungerkünstler" klingen wie ein Reflex letzter Leiden:

Doch vergingen wieder viele Tage, und auch das nahm ein Ende. Einmal fiel einem Aufseher der Käfig auf, und er fragte die Diener, warum man hier diesen gut brauchbaren Käfig mit dem verfaulten Stroh drinnen unbenützt stehenlasse; niemand wußte es, bis sich einer mit Hilfe der Ziffertafel an den Hungerkünstler erinnerte. Man rührte mit Stangen das Stroh auf und fand den Hungerkünstler darin. „Du hungerst noch immer?" fragte der Aufseher, „wann wirst du denn endlich aufhören?" „Verzeiht mir alle", flüsterte der Hungerkünstler; nur der Aufseher, der das Ohr ans Gitter hielt, verstand ihn. „Gewiß", sagte der Aufseher und legte den Finger an die Stirn, um damit den Zustand des Hungerkünstlers dem Personal anzudeuten, „wir verzeihen dir." „Immerfort wollte ich, daß ihr mein Hungern bewundert", sagte der Hungerkünstler. „Wir bewundern es auch", sagte der Aufseher entgegenkommend. „Ihr solltet es aber nicht bewundern", sagte der Hungerkünstler. „Nun, dann bewundern wir es also nicht", sagte der Aufseher, „warum sollen wir es denn nicht bewundern?" „Weil ich hungern muß, ich kann nicht anders", sagte der Hungerkünstler. „Da sieh mal einer", sagte der Aufseher, „warum kannst du nicht anders?" „Weil ich", sagte der Hungerkünstler, hob das Köpfchen ein wenig und sprach mit wie zum Kuß gespitzten Lippen gerade in das Ohr des Aufsehers hinein, damit nichts verloren ginge, „weil ich nicht Speise finden konnte, die mir schmeckt. Hätte ich sie gefunden, glaube mir, ich hätte kein Aufsehen gemacht und mich vollgegessen wie du und alle." Das waren die letzten Worte, aber noch in seinen gebrochenen Augen war die feste, wenn auch nicht mehr stolze Überzeugung, daß er weiterhungere.

‚Nun macht aber Ordnung!" sagte der Aufseher, und man begrub den Hungerkünstler samt dem Stroh. In den Käfig aber gab man einen jungen Panther. Es war eine selbst dem stumpfsten Sinn fühlbare Erholung, in dem so lange öden Käfig dieses wilde Tier sich herumwerfen zu sehen. Ihm fehlte nichts. Die Nahrung, die ihm schmeckte, brachten ihm ohne langes Nachdenken die Wächter; nicht einmal die Freiheit schien er zu vermissen; dieser edle, mit allem Nötigen bis knapp zum Zerreißen ausgestattete Körper schon auch die Freiheit mit sich herumzutragen; irgendwo im Gebiß schien sie zu stecken; und die Freude am Leben kam mit derart starker Glut aus einem Rachen, daß es für die Zuschauer nicht leicht war, ihr standzuhalten. Aber sie überwanden sich, umdrängten den Käfig und wollten sich gar nicht fortrühren.

(Franz Kafka, Der Hungerkünstler. Gesammelte Werke, Erzählungen, S. 199 f.)

Franz Kafkas Tod blieb beinahe unbemerkt. Einzig seine Freundin Milena Jesenská, jene Milena, die man aus Kafkas wohl bekanntester Briefsammlung kennt, verstand es, der Bedeutung seines Werkes in einem Nachruf gerecht zu werden: Sie hatte Kafka nicht nur als Person erkannt, sondern ihn als seine Übersetzerin auch als Schriftsteller gewürdigt und vertreten. Erschienen ist dieser denkwürdige Artikel in der Prager „Národny Listy" vom 6. Juni 1924:

Vorgestern starb im Sanatorium in Kierling bei Klosterneuburg in der Nähe von Wien der deutsche Schriftsteller Dr. Franz Kafka, der in Prag lebte. Hier kannten ihn nur wenige Menschen, da er ein so scheuer, ein so wissender, durch das Leben verschreckter Mensch war; er litt an einer Lungenkrankheit und war schon jahrelang in Behandlung, doch nährte er das Leiden bewußt und hat es gedanklich unterstützt. „Wenn die Seele und das Herz die Last nicht mehr ertragen können, dann möge die Lunge einen Teil übernehmen, damit die Last wenigstens gleichmäßig verteilt wird", schrieb er einmal in einem Brief; und so war es auch mit seiner Krankheit. Sie verlieh ihm eine Feinsinnigkeit, eine mehr als rätselhafte, intellektuelle und schauderhaft kompromißlose Ästhetik; seine ganze intellektuelle Lebensangst bürdete er noch seiner Krankheit auf. Er war schüchtern, ängstlich, sanft und gütig, aber schrieb grausame und leidvolle Bücher. Die Welt sah er voller unsichtbarer Dämonen, die einen schutzlosen Menschen zerstören und zerschmettern.

Er war zu hellsichtig, zu klug, um leben zu können, und viel zu schwach, um zu kämpfen. Er war von der Schwäche der edlen Wesen, der herrlichen Menschen, die den Kampf mit der Angst vor Mißverständnis, Unliebenswürdigkeit und intellektueller Lüge nicht aufnehmen können, weil sie im voraus wissen, daß sie, unfähig und unterlegen, den Sieger beschämen. Er kannte die Menschen, wie sie nur Wesen mit großer, herrlicher Feinfühligkeit kennen können; Wesen, die einsam sind und fast prophetisch aus einem einzigen Aufflackern im Gesicht den Menschen erkennen. Ungewöhnlich und tief kannte er die Welt, ungewöhnlich und tief war er selbst. Seine Bücher waren die markantesten der jungen deutschen Literatur; in ihnen ist der Kampf der heutigen Weltgeneration, doch ohne tendenziöse Worte. Sie sind wahrhaftig, entblößt und schmerzlich, so daß sie, wenn er sich sinnbildlich ausdrückt, mehr als naturalistisch sind. Sie sind voll von trockenem Spott und vom sensiblen Staunen eines Menschen, der die Welt so klar sah, daß er es nicht ertragen konnte, und deshalb sterben mußte, weil er nicht wie die

anderen nachgeben und sich in irgendwelche intellektuelle, unterbewuß-
te, vielleicht sogar edelste Fehler retten wollte. Dr. Franz Kafka schrieb
das Fragment „Der Heizer" (in tschechischer Übersetzung abgedruckt in
Neumanns „Červen"/Juni) als erstes Kapitel des bisher unveröffentlich-
ten Romanes „Das Urteil", ein Konflikt zweier Generationen; „Die Ver-
wandlung", das gewaltigste Buch der modernen deutschen Literatur,
„Die Strafkolonie" und die kleinen Erzählungen „Die Betrachtung" und
„Der Landarzt". Der letzte Roman, „Vor dem Gericht", liegt bereits seit
Jahren als Manuskript vor. Es ist eines dieser Bücher, das den Eindruck
einer so inhaltsreichen Welt hinterläßt, daß man, wenn man es zu Ende
gelesen hat, kein Wort mehr hinzufügen könnte. In allen seinen Büchern
schildert er das Grauen geheimnisvoller Mißverständnisse zwischen
Menschen, durch unverschuldete Schuld. Er war ein Mensch und Künstler von so ängstlichem Gewissen, daß er auch dort etwas vernahm, wo
andere taub waren und sich geborgen fühlten.

(Milena Jesenská, Nachruf)

Die Wiener Presse war zu sehr mit Tagespolitik und Lokal-
nachrichten beschäftigt, als daß sie diesen Dichter, der in Kierling gestorben war, gebührend betrauert hätte. Am 5. Juni wurde er in einem
schmucklosen verlöteten Sarg nach Prag überführt und dort am
11. Juni beigesetzt. Die Schlußworte seiner allerletzten Erzählung, „Josefine, die Sängerin", im Herbst 1923 in Berlin entstanden, nehmen
dieses sein Schicksal unmittelbar voraus: „Vielleicht werden wir also
gar nicht sehr viel entbehren, Josefine aber, erlöst von der irdischen
Plage, die allen ihrer Meinung nach Auserwählten bereitet ist, wird
fröhlich sich verlieren in der zahllosen Menge der Helden unseres Volkes, und bald, da wir keine Geschichte treiben, in gesteigerter Erlösung vergessen sein wie alle ihre Brüder."

Für ihn selbst kann dieses Vergessen-Werden nicht gelten, denn
bald nach seinem Tod setzte eine breite Rezeption ein, in die nicht zuletzt auch die in Klosterneuburg und Wien beheimatete Franz-Kafka-Ge-
sellschaft einstimmt. Sie betreut, neben den regelmäßig stattfinden-
den Symposien und diversen Schriftreihen, auch die Kafka-Gedenkräu-
me in Kierling, die im ehemaligen Sanatorium Dr. Hoffmann untergebracht sind: Dort hat man versucht, anhand ausgesuchter Photos die
letzten Monate des kranken Dichters zu rekonstruieren. Eine kleine Bibliothek, die auf ihre Erweiterung wartet, lädt zum Verweilen ein. Das
Geld für diesen Ausbau der Büchersammlung verdient man in Kierling

jedoch auf seltsame Weise. Kleine Holzquader werden verkauft, die, glaubt man den Beteuerungen der Initiatoren dieser Aktion, aus dem Balkon stammen, der zu Kafkas Zimmer in Kierling gehört hat. Bislang hält sich der Erfolg des Verkaufs in Grenzen.

Ein kurioser Ort, Kafka zu begegnen, ist dieses Haus allemal, hat es doch wenig gemein mit sonstigen Literaturgedenkstätten: Den Schlüssel verwalten die drei Hausparteien, der Eintritt ist frei und die Gefahr, dort weiteren Literaturreisenden zu begegnen, gering. Die wenigen Stücke, die Kafkas Ende dokumentieren, berühren um so mehr.

Verwiesen sei noch auf das Kafka-Denkmal auf dem Kierlinger Hauptplatz. Bewacht vom Gendarmerieposten macht sich die Bronzebüste in einem Sandsteinmantel seltsam fremd aus.

Daß in Kierling auch der Stricker (um 1200 bis um 1250) für einige Zeit Quartier nahm, hat man offenbar vergessen. Jedenfalls erinnert nichts an den fränkischen Fahrenden, dessen „Schwänke vom Pfaffen Amis" durchschlagenden Erfolg beim Publikum hatten. Als Ahnherr Till Eulenspiegels ist Amis ein Geistlicher, den schlechte Erfahrungen zum Lügner und Betrüger machen. Er jedoch weiß sich mit Hilfe pfiffiger Streiche zur Wehr zu setzen und die Toren zu prellen.

Klosterneuburger Predigten: Abraham a Sancta Clara

Von Gugging erreicht man in wenigen Minuten eine der letzten Stationen auf der literarischen Reise. Klosterneuburg hat mit seinen großen Schwestern Melk oder Göttweig, deren Erscheinungsbild Heiterkeit, Würde und Harmonie ausstrahlt, wenig gemein und stellt seine aparte Eigenwilligkeit gelassen zur Schau. Rein äußerlich ist die Klosteranlage, die den Ortskern in die Ober- und Unterstadt zerschneidet, eine seltsame Stilmixtur, die schwer einzuordnen ist. Barock und Gotik, Romanik und Klassizismus fügen sich hier auf engstem Raum zusammen, nicht zuletzt verbunden durch die gemeinsame Geschichte, die für die aufregende Vielfalt an Stilen verantwortlich ist.

Eine fromme Legende bildet den Ausgangspunkt für das wechselnde Schicksal des Stifts:

Agnes, Kaiser Heinrichs IV. Tochter, stand mit Leopold dem Heiligen, Markgrafen von Östreich, den achten Tag ihrer Hochzeit an einem Fenster der Burg und redete von der Stiftung eines Klosters, um die ihm

Agnes anlag. Indem kam ein starker Wind und führte den Schleier der Markgräfin mit sich fort. Leopold aber schlug ihr die Bitte mit den Worten ab: „Wenn sich dein Schleier findet, will ich dir auch ein Kloster bauen." Acht Jahre später geschah es, daß Leopold im Walde jagte und auf einem Holunderstrauch Agnesens Schleier hangen sah. Dieses Wunders wegen ließ der Markgraf auf der Stelle, wo er ihn gefunden hatte, das Kloster Neuburg bauen; und noch heutigentages weist man daselbst den Schleier sowohl als den Stamm des Holunderbusches.

(Brüder Grimm, Deutsche Sagen, S. 476)

Eine schöne Anekdote, der die Geschichtsschreibung nicht so recht glauben mag. Sie hingegen verweist darauf, daß auf dem Platz des römischen Kastells Asturis schon sehr früh ein Kloster gestanden ist, das aber erst mit der Übersiedlung der Babenberger auf den Kahlenberg an Bedeutung gewann. Leopold III. (1095–1136) nämlich berief 1133 die Augustiner nach Klosterneuburg und beschenkte sie großzügig mit umfangreichen Ländereien, von deren Erträgen die Mönche auch heute noch zehren: Sie gehören zu den größten Weinberg- und Waldbesitzern der Umgebung. Keines der anderen Klöster Österreichs ist zudem so reich an Kunstschätzen. Leopold III., der den Grundstein gelegt hatte für diesen Wohlstand, wurde zum Dank dafür heiliggesprochen.

Geblieben sind aus jenen Tagen der Stiftsgründung durch die Babenberger die von der Anlage her romanisch-gotische Stiftskirche und der bekannte Verduner Altar, der die Reihe der klösterlichen Juwelen anführt: In einer düsteren Seitenkapelle der Kirche angebracht, schimmern, wenn das Licht auf sie fällt, die Bildfelder der 51 Emailtafeln, die den Flügelaltar bilden, in allen Farben. Dem Stiftsgründer Leopold als Grabstätte geweiht, ist der Altar ein Werk des Nikolaus von Verdun, der damit 1181 sein Meisterstück abgegeben hat. Ursprünglich als Verkleidung für die Kanzel gedacht, setzte man die Emailplatten erst 1331 zu einem Flügelaltar zusammen. Heute gilt er als eine der größten kunsthistorischen Kostbarkeiten aus dem frühen Mittelalter.

Noch älter und nicht minder kostbar, wenn auch weniger publikumswirksam ist ein Schriftstück aus dem späten 10. Jahrhundert, das ein wertvolles literarisches Zeugnis aus dem Althochdeutschen darstellt. Innerhalb der 200 000 Bände umfassenden Stiftsbibliothek, die nur für wissenschaftliche Zwecke zugänglich ist, nimmt das „Klosterneuburger Gebet" eine besondere Stellung ein: Gefunden hat man es auf dem letzten Blatt eines Psalters, den Herzog Leopold III. zu seiner Erbauung verwendet hat. Zu lesen ist es als Beichtgebet, in dem Gott um Vergebung der Sünden und um Gnade vor dem Jüngsten Gericht gebeten wird. Zu den weiteren Prunkstücken der Bibliothek, die, entgegen anderer Klostersitten, in schmucklosen Räumen untergebracht sind, zählt die Babenberger Riesenbibel: Sie war ebenfalls ein Geschenk Leopolds III. an das Stift.

Aus etwas späterer Zeit stammen die „Klosterneuburger Osterspiele", die, wie man annimmt, in Passau entstanden und in einer Handschrift aus dem 13. Jahrhundert überliefert sind. Sie stehen noch in der Tradition der lateinischen Osterspiele, die sich aus der liturgischen Osterfeier entwickelt haben. Es sind geistliche Dramen des Mittelalters, die um die Geschehnisse des Auferstehungsmorgens kreisen und sich vom 10. bis 16. Jahrhundert großer Beliebtheit erfreuten.

In das „Klosterneuburger Osterspiel" wurde eine Szene zusätzlich aufgenommen, die die Höllenfahrt Christi nach dem apokryphen „Nikodemius-Evangelium" gestaltet. Besonders diese Szene diente als Grundlage für viele volkssprachliche Aufführungen. Bahnbrechend waren die Osterspiele in der Folge auch dadurch, daß sie erstmals deutsche Verse in ihren Text aufnahmen und sich streckenweise einer lateinisch-deutschen Mischsprache bedienten. Besonders die Volkssprache setzte sich in der Folge immer mehr durch und erhöhte den dramatischen Ausdruck dieser Stücke, indem sie erklärend, übersetzend und ausmalend in den lateinischen Text eingriff und diesen schließlich verdrängte. Gleich blieb der moralisierende Grundton der Stücke.

Eine strenge Moral steckt auch hinter den Predigten eines Mannes, der mehrmals in Klosterneuburg von der Kanzel ins Volk wetterte. Abraham a Sancta Clara war wiederholt bei den Augustinern zu Gast, um seine vor Witz und Ironie sprühenden Standpauken vorzubringen.

Als Ulrich Megerle 1644 in der Gegend von Meßkirch geboren, erhielt er seine Ausbildung beim Augustiner-Barfüßerorden in Österreich, der ihn in Wien, Ferrara und Prag studieren ließ. Schon bald danach fiel er durch seine Sprachgewalt auf, avancierte zum Kaiserlichen Hofprediger und wurde zu einem Hauptvertreter des religiösen Moralismus. Bereits sein erstes Buch, das satirische Traktat „Mercks Wien", ein Predigtzyklus, erreichte im Jahr seines Erscheinens acht Auflagen. Weitere Bestseller religiösen Inhalts folgten. Im Jahr 1673 hielt Abraham a Sancta Clara seine erste „Leopoldspredigt", in der er den Klosterneuburger Stiftsgründer Leopold III. als Vorbild würdigte, um gleichzeitig gegen die Ehrlosigkeit dieser Zeit ins Feld zu ziehen. Eine kurze Kostprobe mag genügen, die Sprachgewalt zu dokumentieren:

Die erste Leopoldspredigt (1673)

das der himl von den abtrinigen Engl(en) auffriererisch ist gemacht worden, das das paradis mit der sindt des Adams so unbedachtsam ist verschlossen worden, das der eingefleischte sohn Gotes von der welt so schmehlich verworffen worden, das so vil Edle stät verhert undt zerstert worden, auch wo forhero die palläst gestanden, aniezo die *wilde* stauden waxen, das vil gekrente heibter seint in eisserste lebensgfar gerathen, das der menschen gemieter so vilfeltig zertrendt sein, das das schiffl Petri, die Remische kirchen, mit so grossen wellen getriben worden, das so stark die Entbleste schwerter dem teiren vndt kestlichen mensch(lichen) leben nachstreben, das die welt mit einer Einige(n) unrue geplagt ist, ist ursach ein kleins, ein einiges wertl mit 3 buechstaben, nemlich Ehr. wegen der Ehr thuet man lauffen, rauffen, treiben, schreiben, leiden, streiten, sehn, gehn. wegen der Ehr Nabuchodonosor, Absalon, Pharao, Amon, Chore, Abimelech, Adonias, Ptolomeus, Jason verlaut getlicher schrifft haben alls angwendt vndt ir eignes leben in verlurst gesezt. die Ehr ist ein Magnet, so all(e) ziehet, ist ein spigl, der all(e) glänzet, ist ein aker, auf dem alle *schneiden* wollen, ist ein abgot, dem alle opf(ern) wollen, ist ein deich(, in) dem alle wollen fischen, ist ein markt, auff dem alle wollen kauffen, ist ein glik(s)haffen, auf dem alle wollen heben. wegen der Ehr wachen die augen, heren die oren, redet die zung, arbeiten die hendt, gehn die fiess, tragt der rukhen, tracht der willen, betracht der verstandt. wegen der Ehr wirt nit erspart an der zeit, an dem gelt, an der arbeit, an der gfar, an dem leben.

aber alle dise wissen nit, was miten in der Ehr. dises wertl Ehr wirt geschriben Ehr. der mitlere buechstab ist ein h, vndt das h wirt ghalten bey den Latei(nern) for ein aspiration oder seifzer, dahero ein jeder, der auch sein lebtag das abc nit gsehn noch ghert noch gschriben, wan er vom grundt seines herzens seifzet, so macht er ein ha: ist also miten in der Ehr ein h, ein seifzer, undt bey den Latei(nern) *Onorari* vndt honorari nit weit underschiden, als wolle die natur selbst andeiten, das alle die Jenigen, so in hohen Ehren, die selbe nit one last, one seifzer, one we besizen. darumben hat sich der h Ambrosius in die flucht geben, damit er nuhr nit zur Ehr des bistumb khome.

(Abraham a Sancta Clara, Werke, S. 283)

Friedhofsidylle in Weidling: Nikolaus Lenau

Von Klosterneuburg empfiehlt sich ein Abstecher nach Weidling. Vom Stift am Rathaus vorbei in Richtung Wien, gelangt man nach etwa 100 Metern zur Abzweigung zu dem kleinen Weindorf. Links vor dessen Kirche zweigt die Lenaugasse ab, die direkt zum Weidlinger Friedhof führt. Ein schöner Ort, um begraben zu werden: Direkt an einer Wiese und einem Wald gelegen, strahlt er Stille und Gelassenheit aus. Hier, unterhalten vom Murmeln eines kleinen Baches, läßt es sich gut ruhen. Doch auch ein Spaziergang durch die Grabreihen ist lohnend, denn der Weidlinger Friedhof hat eine lange Geschichte, die man ihm ansieht: Unter Zedern und Pappeln finden sich Gräber aus mehreren Jahrhunderten und unterschiedlichsten Stilepochen. Namen und Grabsteine verraten hier besonders viel über die Zeit und die Lebensumstände der Toten und stellen unaufdringlich ein Stück Sozialgeschichte aus.

Grab von Nikolaus Lenau in Weidling

Unter all den Totenengeln und verblichenen Steinrosen sticht ein sarkophagähnlicher Grabstein hervor. Beinahe direkt neben ihm liegt Nikolaus Lenau begraben, der am 22. August 1850 in der Irrenanstalt Oberdöbling bei Wien gestorben ist. Sein Schwager Anton Schurz unterrichtete den Verleger Cotta in Stuttgart noch am selben Tag von Lenaus Tod: „Euer Hochwohlgeborn habe ich die nach den bisherigen trostlosen Umständen nicht mehr traurige Nachricht mitzutheilen, daß unser Lenau heute früh, Schlag 6 Uhr, meine Linke unter seinem gepeinigten Haupte, endlich den sechsjährigen Todeskampf ausgerungen habe. Sein Irdisches wollen wir übermorgen Abends im schönen, mildheimlichen Friedhofe zu Weidling, worauf seine Schwester aus den Fenstern ihrer ländlichen Wohnung sieht, der alten allgemeinen Mutter wiedererstatten. Sein Grab werden Blumen überduften."

Auch heute noch sind die Blumen, die Lenaus monumentales Grabmal mit seinem Relief bekränzen, frisch und mit Sorgfalt gepflegt. Eine verwelkte Rose aus Bronze hat man auf das eherne Buch gelegt, das malerisch aufgeblättert an sein Werk gemahnt. Drei Verse aus dem lyrischen Ouevre Lenaus, seltsamerweise drei Strophen aus unterschiedlichen Gedichten, sind darin eingraviert.

Doch wer möchte die literarische Reise entlang der Donau auf einem Friedhof ausklingen lassen? Ein Spaziergang durch den Rotgraben, der den Naturpark Eichenhain säumt, mag dafür der passendere Ort sein. Geführt von Adalbert Stifter und seinen „Ausflügen und Landparthien", ist man dabei in bester Gesellschaft:

Ein sanftes, schönes Thal geht, wenn man die Straße an der Donau aufwärts gegen Klosterneuburg zieht, links aus den Bergen heraus, läßt ein glasklares Wasser gegen die Donau hervorschießen, und schließt den Blick jenseits des Stromes mit den sanft dämmernden Wänden des Bisamberges. In dem Thale liegt der Ort Weidling mit seinen berühmten Rebenabhängen. Eine schöne Wanderung dem Bache entgegen führt in den Park von Dornbach, durch welchen man sich links wendend, wieder zur Hauptstadt gelangt. Der Kahlen- und Bisamberg stürzen gegenüber so steil ab, und lassen die Donau zwischen sich durch, daß sie wie zwei andere Säulen des Herkules dastehen, und daß sich die Sage gebildet hat, sie seien eigentlich ursprünglich ein einziger von der Donau entzweigerissener Berg gewesen. Dann müßte das Tulner Feld nothwendig ein See, und die gegen dasselbe schroff absteigenden Tulner Höhen seine Ufer gewesen sein. Wir können uns in diese geognostischen Speculationen

nicht einlassen, sondern bemerken blos, daß es ein wahrer Segen ist, daß jetzt die Donau zwischen den Bergen herausfließt, und daß oberhalb ein so schönes gartenartiges Land liegt. Die Waldhöhen, die von dem Kahlenberge südwärts ziehen, sind es, die die obigen Punkte und überhaupt die von den Landschaftsfreunden gesuchtesten und beliebtesten Stellen enthalten.
(Adalbert Stifter, Sämtliche Werke, Bd. 15, S. 220 f.)

Konkrete Hinweise für diese Stiftersche und zugleich typisch wienerische Landpartie gefällig? Direkt vom Weidlinger Friedhof folgt man der Verlängerung der Lenaugasse, der Reichergasse, etwa 2,5 Kilometer, wo ein Fahrverbotszeichen mit dazugehöriger Schranke alle Autofahrer zum Parken zwingt. Von hier aus geht es nur mehr zu Fuß weiter. Schon nach wenigen Schritten steht man mitten in einer üppigen Wald- und Bachlandschaft, die ein Flüßchen durchzieht. Die dicht bewachsene Schlucht, in die der Weg entführt, setzt der Phantasie kaum Grenzen. Dem Dichter Nikolaus Lenau offenbar auch nicht: Seine „Waldlieder" sollen, ebenso wie Teile der „Albigenser", auf Spaziergängen durch den Rotgraben entworfen worden sein, wo seine Schwester Therese mit ihrem Mann Anton Schurz 1836 ein Sommerhaus gekauft hatte. Besonders in den „Waldliedern" läßt er sich in so manche Winkel seiner Vorstellungen tragen:

Wie Merlin
Möcht ich durch die Wälder ziehn;
Was die Stürme wehen,
Was die Donner rollen
Und die Blitze wollen,
Was die Bäume sprechen,
Wenn sie brechen,
Möcht ich wie Merlin verstehen.

Voll Gewitterlust
Wirft im Sturme hin
Sein Gewand Merlin,
Daß die Lüfte kühlen,
Blitze ihm bespülen
Seine nackte Brust.

Wurzelfäden streckt
Eiche in den Grund,
Unten saugt versteckt
Tausendfach ihr Mund
Leben aus geheimen Quellen,
Die den Stamm gen Himmel schwellen.

Flattern läßt sein Haar Merlin
In der Sturmnacht her und hin,
Und es sprühn die feurig falben
Blitze, ihm das Haupt zu salben;
Die Natur, die offenbare,
Traulich sich mit ihm verschwisternd,
Tränkt sein Herz, wenn Blitze knisternd
Küssen seine schwarzen Haare. – –
Das Gewitter ist vollbracht,
Stille ward die Nacht;
Heiter in die tiefsten Gründe
Ist der Himmel nach dem Streite;
Wer die Waldesruh verstünde
Wie Merlin, der Eingeweihte!

Frühlingsnacht! kein Lüftchen weht,
Nicht die schwanksten Halme nicken,
Jedes Blatt, von Mondesblicken
Wie bezaubert, stille steht.

Still die Götter zu beschleichen
Und die ewigen Gesetze,
In den Schatten hoher Eichen
Wacht der Zaubrer, einsam sinnend,
Zwischen ihre Zweige spinnend
Heimliche Gedankennetze.

Stimmen, die den andern schweigen,
Jenseits ihrer Hörbarkeiten,
Hört Merlin vorübergleiten,
Alles rauscht im vollen Reigen

Denn die Königin der Elfen
Oder eine kluge Norn
Hält, dem Sinne nachzuhelfen,
Ihm ans Ohr ein Zauberhorn.

Rieseln hört er, springend schäumen
Lebensfluten in den Bäumen;
Vögel schlummern auf den Ästen

Nach des Tages Liebesfesten,
Doch ihr Schlaf ist auch beglückt;
Lauschend hört Merlin entzückt
Unter ihrem Brustgefieder
Träumen ihre künftgen Lieder.
Klingend strömt des Mondes Licht
Auf die Eich und Hagerose,
Und im Kelch der feinsten Moose
Tönt das ewige Gedicht.

(Nikolaus Lenau, Waldlied Nr. 5: „Wie Merlin . . .". Sämtliche Werke,
S. 427 f.)

Möglichkeiten, sich zu verirren, gäbe es hier genug, doch die weiß-grün-weiße Markierung, der man folgt, weist verläßlich den Weg zur Windischhütte. Diese erreicht man, nachdem man den Rotgraben in stetigem Anstieg durchwandert hat, je nach Gehtempo in 60–90 Minuten. Vom Plateau, auf dem man schließlich ankommt, öffnet sich ein herrlicher Blick über den Eichenhain und den Wienerwald. Für den Rückweg empfiehlt es sich, zuerst ein Stück weit denselben Weg zu benützen, um dann in Richtung Gsängerhütte – sie ist nicht bewirtschaftet – abzuzweigen. Nun hält man sich solange an die weiß-grün-weiße Markierung, bis man auf eine breite Schotterstraße stößt, die talabwärts nach Weidling führt und zuletzt in den Weg mündet, den man vom Aufstieg her kennt. Insgesamt wird man für diese Wanderung einen halben Tag veranschlagen müssen.

Als wirklicher Abschluß dieser Reise entlang der Donau empfiehlt sich freilich eine Fahrt auf den Kahlenberg: Von dort mag man zurückblicken auf einen Teil der Strecke, entlang der man die Donau begleitet hat. Auf der anderen Seite jedoch – da liegt Wien: Aber das wäre ein anderes Kapitel.

Literaturverzeichnis

Abraham a Sancta Clara: Werke, Hg. von der Akademie der Wissenschaften in Wien, Adolf Holzhauser, Wien, 1943

Altenberg, Peter: Auswahl von Karl Kraus, Anton Schroll, Wien, 1932

Amann, Jürg: Nachgerufen, R. Piper & Co. Verlag, München, 1983

Amann, Jürg: Tod Weidigs, R. Piper GmbH & Co. KG, München, 1989

Auden, W. H.: Poems – Kirchstettner Gedichte, 1958–1973, Aus dem Englischen von Johannes W. Paul, © by the Estate of W. H. Auden. Deutsche Rechte durch Paul & Peter Fritz AG, Literarische Agentur, Zürich

Bachmann, Ingeborg: Gesammelte Werke, R. Piper & Co. Verlag, München, 1978

Bachmann, Ingeborg: Malina, Suhrkamp, Frankfurt, 1981

Bachmann, Ingeborg: Undine geht, Das Gebell, Ein Wildermuth, Drei Erzählungen, Reclam, Stuttgart, 1984

Bechstein, Ludwig: Die Donau-Reise und ihre schönsten Ansichten, Akademische Druck- und Verlagsanstalt, Graz, 1990

Carossa, Hans: Sämtliche Werke, Band 2, Insel Verlag Frankfurt am Main, 1962. „Frühling" in: Band 1

De Boor, Helmut: Das Nibelungenlied. Nach der Ausgabe von Karl Bartsch, F. A. Brockhaus, Mannheim, 1988

Eco, Umberto: Der Name der Rose. Aus dem Italienischen von Burkhart Kroeber, Carl Hanser Verlag, München, Wien, 1982

Eichendorff, Joseph von: Werke, Carl Hanser, München, 1971

Fouqué, Friedrich de la Motte: Undine, Jugend und Volk, Wien, 1950

Frischmuth, Barbara: Kai und die Liebe zu den Modellen, Residenz Verlag, Wien und Salzburg, 1979

Fussenegger, Gertrud: Eines langen Stromes Reise, Deutsche Verlags-Anstalt, Stuttgart, 1981

Gerstinger, Heinz: „Holdes Märchen und böser Traum", August Strindbergs Ehe mit Frida Uhl, Herold, Wien, 1987

Greiffenberg, Catharina Regina von: Gedichte, Ausgewählt und mit einem Nachwort von Hubert Gersch, Karl H. Henssel, Berlin, o. J.

Grieser, Dietmar: Schauplätze österreichischer Literatur, Ullstein Verlag, Frankfurt, Berlin, 1990

Grimm, Brüder: Deutsche Sagen, Parkland Verlag, Stuttgart, o. J.

Gütersloh, Albert Paris: Die Fabel von der Freundschaft, R. Piper & Co. Verlag, München, 1969

Hackermüller, Rotraut: Das Leben, das mich stört, Eine Dokumentation zu Kafkas letzten Jahren 1917–1924, Medusa, Wien, Berlin, 1984

Härtling, Peter: Niembsch oder Der Stillstand, Sammlung Luchterhand, Frankfurt, 1989

Härtling, Peter: Schubert, Luchterhand Literaturverlag, Hamburg, Zürich, 1992

Haushofer, Marlen: Eine Handvoll Leben, Paul Zsolnay Verlag Gesellschaft m.b.H., Wien, 1955 und 1983

Herbeck, Ernst Alexander: Ausgewählte Texte, 1961–81, Residenz, Salzburg, Wien, 1982

Jünger, Ernst: Kubin Alfred, Eine Begegnung, Propyläen, Main, Berlin, Wien, 1975

Kafka, Franz, Ein Hungerkünstler, in: Sämtliche Erzählungen, © S. Fischer Verlag GmbH, Frankfurt am Main, 1972

Kafka, Franz: Tagebücher 1912, in: Tagebücher 1910–1923. Lizenzausgabe mit freundlicher Genehmigung von Schocken Books Inc., New York City, USA. © 1935 by Schocken Verlag Berlin, © 1946 und 1963 by Schocken Books Inc. New York City, USA

Kokoschka, Oskar: Das schriftliche Werk in drei Bänden, Hg. von Heinz Spielmann, Hans Christians, Hamburg, 1973. Mit freundlicher Genehmigung des Thomas Sessler Verlages, Wien. Sämtliche Rechte bei diesem.

Kolb, Julius: Vom Rhein zur Donau – Auf den Spuren der Nibelungen, Knaur, München, 1989

Kroeber, Burkhart: Zeichen in Umberto Ecos Roman „Der Name der Rose", Hanser, München, 1987

Kubin, Alfred: Aus meinem Leben, Gesammelte Prosa mit 73 Abb., Hg. von Ulrich Riemerschmidt, edition spangenberg, München, 1974

Kühn, Dieter: Herr Neidhart, Insel Verlag, Frankfurt am Main, 1981

Kunze, Reiner: Sensible Wege (dnb 80), Rowohlt Taschenbuch Verlag GmbH, Reinbek, 1976

Kunze, Reiner: auf eigene hoffnung, S. Fischer Verlag GmbH, Frankfurt am Main, 1981

Kunze, Reiner: Sensible wege, Rowohlt, Reinbek, 1969

Lachinger, Johann: Der Strudengau in Spiegelungen großer Dichter, in: Blickpunkt Oberösterreich, Linz, S. 50–55

Lachmann, Karl: Des Minnesangs Frühling, Hirzel, Leipzig, 1944

Lajta, Hans: Land an der Donau, Kunst- und Kulturlexikon, Bundesverlag, Wien, 1986

Lenau, Nikolaus: Sämtliche Werke und Briefe, Insel, Frankfurt, o. J.

Lenz, Hermann: Seltsamer Abschied, Insel Verlag, Frankfurt am Main, 1988

Litschel, Rudolf Walter / Sperl, Hans: Kirchschlag – Ein Heimatbuch, Selbstverlag der Gemeinde Kirchschlag bei Linz, 1971

Magris, Claudio: Donau, Hanser, München, Wien, 1988

Meckel, Christoph: Suchbild. Über meinen Vater, Claassen Verlag GmbH, Düsseldorf, 1980

Meid, Volker: Barocklyrik, J. B. Metzlersche Verlagsbuchhandlung, Stuttgart, 1986

Misson, Josef: Da Naz, Brüder Hollinek, Wien, 1947

Münchhausen, Börries Freiherr von: Das dichterische Werk in zwei Bänden, Deutsche Verlags-Anstalt, Stuttgart, 1955

Navratil, Leo: Schizophrenie und Dichtkunst, Deutscher Taschenbuch Verlag, München, 1986

Neidhart von Reuental: Lieder, Auswahl, Mittelhochdt. / Neuhochdt., übersetzt von Helmut Lomnitzer, Reclams Universal-Bibliothek Nr. 6927(2), Philipp Reclam jun., Stuttgart, 1966, 1984

Nibelungenlied: übertragen von Karl Simrock, Stiasny, Graz, Wien, 1960

Pöttinger, Josef: Donausagen, Kremayr und Scheriau, Wien, 1973

Pollack, Paul: Der Donauradwanderweg, Niederösterreichisches Pressehaus, 1990

Praxl, Paul: Adalbert Stifter und die Entdeckung des Böhmer- und Bayerwaldes, in: Neue Veröffentlichungen des Instituts für Ostbairische Heimatforschung, Nr. 19, Ausstellungs-Katalog Staatliche Bibliothek Passau, 30.9.–31.10.1968

Reichart, Elisabeth: Februarschatten, Edition Junges Österreich, Österreichische Staatsdruckerei, Wien, 1984

Rilke, Rainer Maria: Sämtliche Werke, Insel Verlag, Frankfurt, 1961

Roedl, Urban: Adalbert Stifter, Rowohlt Taschenbuch, Reinbek, 1987

Sapper, Theodor: Und wil ein lihter sumer komen, Österreichische Minnesänger 1170–1445, Stiasny, Graz, Wien, 1964

Scheffel, Josef Viktor v.: Werke in sechs Bänden, Th. Knaur Nachf., Berlin/Leipzig, o. J.

Scheffler, Walter: Lenau in Schwaben, Marbacher Magazin 5/1977, Marbach, 1977

Schmidt, Arno: Der sanfte Unmensch, Einhundert Jahre Nachsommer, in: Dya Na Sore, © 1958 Stahlberg Verlag GmbH Karlsruhe. Mit freundlicher Genehmigung des S. Fischer Verlags, Frankfurt am Main

Schnitzler, Arthur: Frau Berta Garlan, in: Gesammelte Werke, Die Erzählenden Schriften 1, © S. Fischer Verlag GmbH, Frankfurt am Main, 1961

Schütze, Peter: August Strindberg, Rowohlt Taschenbuch, Reinbek, 1990

Schutting, Julian: Der Wasserbüffel, Geschichten aus der Provinz, Residenz, Salzburg, Wien, 1981

Storck, Wolfgang (Hg.): Das Buch der Nibelungen, Wilhelm Heyne, München, 1988

Stifter, Adalbert: Die kleinen Dinge schreien drein, 59 Briefe, Ausgewählt und herausgegeben von Werner Welzig, Insel, Frankfurt, 1991

Stifter, Adalbert: Gesammelte Werke in vierzehn Bänden, Hg. von Konrad Steffen, Birkhäuser Verlag, Basel, Stuttgart, 1967

Stifter, Adalbert: Sämtliche Werke, Hg. von Gustav Wilhelm Verlag Franz Kraus, Reichenberg, 1935

Stifter, Adalbert: Schrecklich schöne Welt, Adalbert-Stifter-Institut, Vierteljahresschrift, Hg. von Johann Lachinger und Martin Sturm Jahrgang 39, Folge 1/2, Linz, 1990

Strindberg, August: Kloster, Claassen Verlag GmbH, Düsseldorf, 1967

Strindberg, August: Inferno, Sammlung Dieterich Verlagsgesellschaft mbH, 1991

Szekely, Gerlinde: Wanderung durch die Vergangenheit, Mythen und Sagen aus dem südlichen Waldviertel und dem Donauraum, J. H. Sandler, Pöggstall, 1986

Trost, Ernst: Die Donau, Fritz Molden, Wien, München, Zürich, 1968

Tumler, Franz: Sätze von der Donau, R. Piper & Co. Verlag, München, 1972

Twaroch, Johannes: Literatur aus Niederösterreich, Von Frau Ava bis Helmut Zenker, Verlag Niederösterreichisches Pressehaus, St. Pölten/Wien, 1984

Wehrli, Max: Geschichte der deutschen Literatur vom frühen Mittelalter bis zum Ende des 16. Jahrhunderts, Philipp Reclam jun., Stuttgart, 1980

Weinheber, Josef: Sämtliche Werke, Band 2, Otto Müller Verlag, Salzburg, 1972 (3. Aufl.)

Wolf, Christa: Die Dimension des Autors, Luchterhand Literaturverlag, Hamburg und Zürich

Zatloukal, Klaus: Das Nibelungenlied und Niederösterreich, Niederösterreichisches Pressehaus, St. Pölten, Wien, 1978

Abbildungsverzeichnis

Die Donau von Passau bis Wien

Eine Route mit Tradition: Wo schon einst die Burgunden im Nibelungenlied ihrem Schicksal entgegenzogen, führen heute Straßen und Fahrradwege entlang der Donau. Und gleichzeitig mitten hinein in eine Literaturlandschaft, die Bekanntes und Unbekanntes, spezifisch Österreichisches und aufregend Modernes bruchlos verbindet.

Ob Passau oder Linz, Klam oder Kier-ling, Stift Melk oder Burg Dürnstein: große und kleine Orte, vielbesuchte und verschlafene laden zu literarischen Ortsterminen. Aufregendes, Gemütvolles und auch Kurioses gilt es zu entdecken: Stifters Landschaften und Schnitzlers Kleinstadtmilieu, Peter Altenbergs Sommerfrische und Nikolaus Lenaus Grab, Kokoschkas Gedenkstätte und Kafkas Sterbeort.

Susanne Schaber
Literaturreisen Die Donau von Passau bis Wien
ISBN 3-12-895240-X

Schleswig - Holstein

Die literarische Reise durch Schleswig-Holstein beginnt mit Heine und Klopstock in Altona vor den Toren Hamburgs und endet in Lübeck. Dazwischen liegen Ausflüge und Streifzüge, auf denen sich die Vielseitigkeit der Literatur des Landes erweist.

Aus Storms Novellenwerk kennen wir gemütlich - gemütvolles Bürgerleben und -milieu einer Kleinstadt wie Husum. Ins Großbürgerliche gewendet, wird dieses Milieu im Lübeckroman „Die Buddenbrooks" von Thomas Mann meisterhaft festgehalten. Die bodenständige Literatur eines Klaus Groth, Timm Kröger oder Gustav Frenssen entwirft ein anschauliches Bild vom Land und dem dort ansässigen Menschenschlag. Siegfried Lenz blättert in seinem Roman „Deutschstunde", der in Niebüll spielt, ein dunkles Kapitel deutscher Vergangenheit auf.

Dietmar Albrecht
Literaturreisen Schleswig-Holstein
ISBN 3-12-895220-5